易成栋　陈敬安　黄卉　李玉瑶　著

扩大住房内需和增加租赁住房有效供给研究

武汉大学出版社
WUHAN UNIVERSITY PRESS

图书在版编目(CIP)数据

扩大住房内需和增加租赁住房有效供给研究／易成栋等著.
武汉 ：武汉大学出版社，2024. 12. -- ISBN 978-7-307-24715-4
Ⅰ. D632.1;F299.2
中国国家版本馆 CIP 数据核字第 2024GD5334 号

责任编辑:郭 静 责任校对:鄢春梅 版式设计:马 佳

出版发行：**武汉大学出版社** （430072 武昌 珞珈山）
（电子邮箱：cbs22@whu.edu.cn 网址：www.wdp.com.cn）
印刷:武汉邮科印务有限公司
开本:720×1000 1/16 印张:16.5 字数:266 千字 插页:1
版次:2024 年 12 月第 1 版 2024 年 12 月第 1 次印刷
ISBN 978-7-307-24715-4 定价:89.00 元

自　序

本书的研究背景。在城镇化和工业化的快速推进下，我国住房租赁部门得到了快速发展，同时出现了有效需求不足和有效供给不足，租赁领域乱象频发，受到了新技术、新金融、新平台的强大冲击，危与机并存，依然有很大上升空间。中国共产党第十九次全国代表大会报告提出"坚持房子是用来住的、不是用来炒的定位，加快建立多主体供给、多渠道保障、租购并举的住房制度，让全体人民住有所居"。在住房租赁市场发展不规范、不成熟的背景下，提升住房租赁有效需求，增加市场租赁住房和配租型保障性住房的有效供给，加快培育和发展住房租赁市场，实现城镇居民住有所居和促进住房消费，是推进租购并举住房制度建设的重要内容，是实现全面建成小康社会住有所居目标的重大民生工程。

研究问题。建立在文献综述和调研的基础上，本书旨在回答：住房租赁需求有什么特征，其影响因素是什么？发生了什么变化？住房租赁供给有什么特征，受哪些因素影响？发生了什么变化？如何借鉴国内外经验完善住房租赁体系的顶层制度设计？如何完善政策体系和技术工具体系优化租赁住房的供求匹配？

研究技术路线。本书第一章导论介绍了研究背景和研究问题。在此基础上，第二章分析了我国住房租赁体系的演进历程，并指出其发展需处理的四大关系，包括租赁住房与经济社会发展的关系，租房与购房的关系，租赁内部市场与保障的关系，目标与路径的关系。然后再具体分析了市场租赁住房和配租型保障房发展的现状和需解决的难题。第三章分析了我国市场租赁住房发展的现状和需要解决的问题。第四章分析了我国配租型保障房发展的现状和需要解决的问题。第五章借鉴世界发达国家的经验和发展方向，提出了我国住房租赁体系的制度变迁方向。第六章围绕顶层制度设计，提出完善我国住房租赁体系的政策体系和技术工具体系的建议。

　　主要结论。(1) 我国住房租赁体系是动态变化的，需处理的四大关系包括租赁住房与经济社会发展的关系，租房与购房的关系，租赁内部市场与保障的关系，目标与路径的关系。(2) 市场租赁住房需求规模增加，以流动人口和青年人为主，需求层次分化，偏好小户型和低总价；供给快速增加，多主体和多渠道，机构占比较低，供应小面积、小户型和低价位为主；供求动态匹配受到了信息流的影响，租金相对平稳，租期短和空置率高，租赁占比不高；需要解决市场发展不规范、不成熟、供求结构性不匹配等问题。(3) 配租型保障房需求受到了政策限定，以户籍中低收入家庭、新市民和青年人为主，需求层次分化；供给快速增加，多主体和多渠道，国有企业为主，供应小面积、小户型和低于市场价的住房；供求受政策的影响比较大，低租金和高补贴，租期较长；需要解决各类租赁住房边界不清、供需矛盾等问题。(4) 借鉴福利国家住房制度的经验，我国应走向共同富裕导向的住房制度，加大租赁住房和住房保障的占比；加快双循环，走向平衡消费和投资的住房制度，提升租赁住房消费；促进房地产业转型升级，走向高质量发展的住房制度，发展居住服务业；促进新型城镇化，走向城乡融合发展的住房制度，统筹利用城乡住房资源。这要求我国住房顶层制度设计中应确定适当的租赁比例。参照国际经验，我国城镇家庭自有住房占比为 60%～70%，租赁住房占比 30%～40%，配租型保障房占比为 10%～20%，配售型保障房占比 10% 左右。厘清公租房、保障性租赁住房和市场租赁住房的关系，加强租购联动的机制设计，加强国家治理能力、层级治理能力与市场社会合作能力。(5) 完善我国住房租赁的政策体系，包括立法、规划土地、财税、金融、行政监管协同等方面的政策。(6) 完善我国住房租赁的技术工具体系，包括供求匹配的数字化平台，租赁全业务流程监管，安全监管，住房租赁市场的监测指标体系。

　　课题支持。(1) 2021 年中国房地产估价师与经纪人学会委托的课题"增加租赁住房的有效供给研究"；(2) 国家自然科学基金面上项目 (72174220)；(3) 教育部人文社科一般项目 (21YJAZH104)；(4) 国家社科基金重大招标项目"城乡融合与新发展格局战略联动的内在机理与实现路径研究" (21&ZD085)；(5) 国家社科基金重大招标项目"实施扩大内需战略同深化供给侧结构性改革有机结合研究" (21ZDA034)；(6) 国务院国资委"国有企业促进房地产行业健康发展研究"；(7) 北京市发展和改革委员会"北京市房地产市场长效机制政策研究"。感谢这些课题的支持，并对原来的课题报告继续进行了深化。

本书的分工。全书由易成栋负责总体策划和第一章、第二章、第五章的写作，中央财经大学博士陈敬安负责第三章、第四章部分章节的写作，贝壳研究院黄卉研究员负责第三章、第四章市场租赁住房、保障性租赁住房部分的供求分析和第六章政策建议的部分内容，首都经贸大学博士李玉瑶负责第一章第三节文献综述，中央财经大学硕士生刘倍彤负责参考文献的整理，袁佳丽负责文中的图表制作和全书的格式处理。

致谢！本书的出版还要感谢中国房地产估价师和经纪人学会会长柴强研究员、副会长赵鑫明研究员、副秘书长王霞研究员及梁宇宇、程敏敏的大力支持，感谢住房和城乡建设部房地产市场监管司原司长张其光、李晓龙司长、王策副司长、信息中心张雪涛主任、住房保障司王德强处长、政策研究中心副主任钟庭军研究员、财政部综合司王茜调研员、北京市住房和城乡建设委员会林鹏处长和北京市发展改革委田成副处长的支持，还要感谢国务院发展研究中心市场经济研究所所长邓郁松研究员和刘卫民研究员长期以来的合作和支持。该书出版还得到了武汉大学出版社郭静副编审的大力协助。

由于作者学识有限，书中还存在不足之处，敬请读者批评指正。

本书可供房地产、城市与区域发展、公共政策等领域的教师、学者、研究生和高年级的本科生阅读。

目　录

第一章 导　论

第一节　研究背景和研究问题

一、研究背景

（一）发展住房租赁是落实房住不炒的定位和加快租购并举住房制度建设的重要环节

在城镇化和工业化的快速推进下，我国住房租赁部门得到了快速发展，依然有很大上升空间。全国城镇家庭住房来源中租赁商品房所占比重在 2000 年为 6.13%，2010 年为 18.60%，2020 年有所下降，为 17.70%，租赁住房（租赁公租房和租赁商品房之和）所占比重分别为 20.55%、21.05%、21.14%（见表 1-1）。从国际比较来看，2020 年发达国家其住户住房租赁比例一般在 30%~40%（OECD，2020），如美国（33%）、英国（31%）和法国（36%）等，德国略高，为 54%；而我国城镇家庭租赁住房占比为 21%，显著低于美国等国家。参照国际经验，随着我国城镇化的继续推进，我国租赁住房的城镇家庭占总体家庭比例将达到 30%~40%，还有很大的上升空间（见图 1-1）。

中国共产党第十九次全国代表大会报告提出"坚持房子是用来住的、不是用来炒的定位，加快建立多主体供给、多渠道保障、租购并举的住房制度，让全体人民住有所居"。《中共中央关于制定国民经济和社会发展第十四个五年规划和二〇三五年远景目标的建议》提出促进住房消费健康发展，坚持房子是用来住的、不是用来炒的定位，租购并举、因城施策，促进房地产市场平稳健康发展。有效

表 1-1　　**2000 年、2010 年、2020 年中国城镇家庭住房来源和产权的构成**

年份	住 房 来 源								住房产权（%）		
	自建	购商	购经	购公	租公（廉）	租商	其他	继承或赠与	自有	租赁	其他
2000	35.71	8.92	5.96	23.51	14.42	6.13	5.36	—	74.10	20.55	5.36
2010	31.47	26.38	4.07	12.94	2.45	18.60	4.10	—	74.86	21.05	4.10
2020	20.98	42.09	3.76	6.14	3.44	17.70	5.01	0.87	73.85	21.14	5.01

资料来源：根据 2000 年、2010 年人口普查汇总资料计算。其中 2000 年为租赁公房，2010 年为租赁廉租房，2020 年为租赁廉租住房/公租房。2010 年购买商品房与购买二手房合并为购买商品房，租赁其他住房与 2000 年的租赁商品房对应。2020 年购买新建商品房与购买二手房合并为购买商品房，租赁其他住房与 2000 年的租赁商品房对应。2000 年和 2010 年的继承或赠与数据缺失。

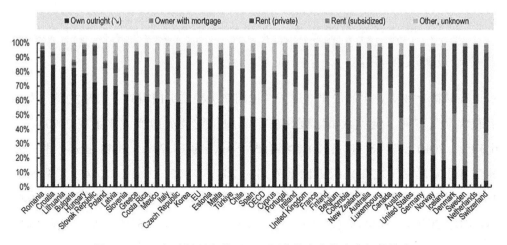

图 1-1　2020 年或最近年份 OECD 国家的家庭住房产权的构成

资料来源：https：//www.oecd.org/housing/data/affordable-housing-database/housing-market.htm

增加保障性住房供给，完善土地出让收入分配机制，探索支持利用集体建设用地按照规划建设租赁住房，完善长租房政策，扩大保障性租赁住房供给。"十四五"时期是我国由全面建设小康社会向基本实现社会主义现代化迈进的关键时期，是"两个一百年"奋斗目标的历史交汇期，也是全面建成社会主义现代化强国建设新征程的重要机遇期。在住房租赁市场发展不规范、不成熟的背景下，加快培育和发展住房租赁市场，增加市场租赁住房有效供给，增加公共租赁住房和保障性租赁住房的供给，实现城镇居民住有所居和促进住房消费，是推进租购并举住房制度建设的重要内容，是实现全面建成小康社会住有所居目标的重大民生工程。

为了促进住房租赁部门的发展，中央经济工作会议提出"完善长租房政策，规范发展长租房市场，土地供应向租赁住房倾斜，单列租赁住房计划"。2020 年 12 月 18 日，中央经济工作会议召开。此次政策明确，要高度重视保障性租赁住房建设，加快完善长租房政策，逐步使租购住房在享受公共服务上具有同等权利，规范发展长租房市场。土地供应要向租赁住房建设倾斜，单列租赁住房用地计划，探索利用集体建设用地和企事业单位自有闲置土地建设租赁住房，国有和民营企业都要发挥功能作用。国务院副总理韩正和刘鹤强调发展保障性租赁住房、完善长租房政策。2020 年 12 月 3 日，在住房城乡建设部召开座谈会上，韩正副总理强调，要以保障性租赁住房为着力点，完善基础性制度和支持政策，加强住房保障体系建设。要处理好基本保障和非基本保障的关系，尽力而为、量力而行，着力解决困难群体和新市民的住房问题。要处理好政府和市场的关系，既要强化政府保障作用，也要积极运用市场化手段。要处理好中央和地方的关系，坚持不搞"一刀切"，鼓励和指导城市政府因地制宜，完善住房保障方式，落实好城市主体责任。2020 年 11 月 25 日，国务院副总理刘鹤在《人民日报》撰文指出，房地产业影响投资和消费，事关民生和发展。要坚持房子是用来住的、不是用来炒的定位，租购并举、因城施策，促进房地产市场平稳健康发展。有效增加保障性住房供给，完善土地出让收入分配机制，探索支持利用集体建设用地按照规划建设租赁住房，完善长租房政策，扩大保障性租赁住房供给。

住房和城乡建设部作为房地产主责部门，提出"促进住房租赁市场健康发展，着力培育和发展租赁住房，做好公租房保障，大力发展保障性租赁住房，全面落实房地产长效机制"。2020 年 3 月，住房和城乡建设部部长王蒙徽指出，要着力培育和发展租赁住房，促进解决新市民等群体的住房问题，加快推动住房保障体系与住房市场体系相衔接，大力发展政策性租赁住房。并强调进一步培育机构化、规模化租赁企业，加快建立和完善政府主导的住房租赁管理服务平台。会

3

同有关部门落实和完善发展租赁住房的规划、土地、税收、金融等支持政策，鼓励发展长期租赁住房。2020 年 12 月 21 日住房和城乡建设部工作会议指出，针对房地产市场调控，稳妥实施房地产长效机制方案，促进房地产市场平稳健康发展。牢牢坚持房子是用来住的、不是用来炒的定位，全面落实房地产长效机制，强化城市主体责任，完善政策协同、调控联动、监测预警、舆情引导、市场监管等机制，保持房地产市场平稳运行，并强调，将建立加快构建以保障性租赁住房和共有产权住房为主体的住房保障体系。扩大保障性租赁住房供给，做好公租房保障，在人口净流入的大城市重点发展政策性租赁住房。

中央有关部门积极探索和加强了住房租赁市场的监管。2019 年 12 月，银保监会、国家网信办等 6 部门颁布了《关于整顿规范住房租赁市场秩序的意见》（建房规〔2019〕10 号），从备案登记、房源信息、企业监管等 14 个方面对住房租赁市场及企业提出要求。2020 年 9 月住建部公布了《住房租赁条例（征求意见稿）》对长租公寓经营不善给予了关注，其中对"高进低出"和"长收短付"等给予重点关注，提出建立租赁指导、租金公示和监管制度，行业监管进一步强化。2021 年 4 月 26 日住房和城乡建设部等 6 部门联合印发了《关于加强轻资产住房租赁企业监管的意见》（建房规〔2021〕2 号），对从事转租经营的轻资产住房租赁企业行为进行规范，要求住房租赁企业单次收取租金原则上不超过 3 个月。此次政策是针对"二房东"——长租公寓及其市场的首个系统监管政策，有助于规范市场经营。

住房租赁发展成为当前中央和地方政府的重要工作，并且从土地、财政、金融支持等多角度对市场租赁住房（长租房）、保障性租赁住房提供政策支持。

（二）住房租赁需求不断增长，有效供给不足

住房租赁需求总量不断增长。当前，在城市化率不断提高的大背景下，城市对人口的吸聚效应持续扩大。特别是部分热点城市的流动人口持续增长带来较大规模的住房租赁需求。国家统计局显示，2019 年末我国城市常住人口数量约为 84843 万人，乡村常住人口约为 55162 万人，城市化水平约为 60.6%，比上年末提高了约 1.02 个百分点。根据一些学者的预测，我国将在 2040 年至 2050 年达

到城市化率的高峰（80%）①。这意味着还将有 2~3 亿的城市人口增量，他们中的一部分将通过租赁住房来解决住房需求。

住房租赁需求多样化。新市民、青年人作为住房租赁消费的主要群体，其年轻化趋势明显，在消费升级的浪潮下，体验式、个性化消费兴起，"85 后"和"90 后"的年轻群体对于租赁住房的房型、功能、社区条件、租赁稳定以及提升生活与共享公共服务等资源产生更高的偏好和需求。与此同时，一些城市居民因为收入的限制和流动性的需要，以及装修、安置老人等临时性租赁需求，也出现了一些家庭长期租赁住房。

与之相对应的是，租赁住房供给有些不足，结构不匹配，不能满足需求。一些热点城市租赁房源供给短缺、结构失衡等问题尚未解决，特别是新就业大学生、新市民（城市非户籍常住人口）、环卫等城市重要公共服务岗位上的进城务工人员等新市民群体存在较大住房困难，住房需求没有得到满足。现存的个人租赁房源很大一部分是老破小的住房，缺乏必要的装修和维护服务，社区基础设施、公共服务和社区环境也存在诸多不足，不能满足他们多样化的消费需求。

（三）住房租赁领域乱象频发

在住房租赁需求端，承租人的合法权益得不到保障，被房东、二房东、黑中介提前解除租赁合同和驱逐。也存在部分承租人不缴纳租金、破坏租赁住房设施等行为。此外，租购不同权，租房群体不能与购房群体享受同等的基本公共服务，特别是在义务教育等方面比较突出。

在住房租赁供给端，一些房东、二房东、中介提前解除租赁合同和驱逐承租人，还有一些租赁企业利用租金贷盲目扩张，"爆雷"频频。2016 年国务院出台《关于加快培育和发展住房租赁市场的若干意见》，明确提出"支持符合条件的住房租赁企业发行债券、不动产证券化产品"。此后，房企通过发行债券等方式融资，促进了长租公寓行业发展。然而，市场中租金贷、长收短付等乱象不断。不少企业在缺乏正常盈利模式的情况下，激进扩张，叠加 2020 年到 2022 年新冠

① 魏后凯. 中国将在 2050 年完成城镇化［EB/OL］.（2014-03-11）［2024-09-04］. http：//finance. people. com. cn/n/2014/0311/c70846-24601955. html.

肺炎疫情的影响，长租公寓企业的出租率下降、违约率提升，使得原本岌岌可危的现金流更加紧张，导致长租公寓领域"雷声"不断。一些住房租赁企业进行非法集资后跑路或者倒闭，给广大房东及租客带来重大损失，并且给行业的发展带来极大的负面影响。据贝壳研究院不完全统计，2017 年至 2020 年，仅媒体报道过的陷入资金链断裂、经营纠纷及跑路的长租公寓企业就超过 100 家。① "爆雷"时间发生在 2020 年的企业占比近四成，其中近七成是因为"高收低租"的模式导致。②

（四）住房租赁领域的新技术、新平台、新金融不断涌现

信息技术的高速发展，深刻地影响了产业链、供应链以及价值链等，极大地推动了新技术、新平台、新金融在房地产市场的应用，不断创新，在产品赋能、价值赋能、营销金融和运营赋能上作出了积极的探索。如 2018 年中国建设银行依托技术驱动，在广东佛山率先打造住房租赁服务平台，该平台是能够精准匹配地方政府和市场监管运营需求的交易服务平台，包括在市场监督管理方面建设的住房租赁监管服务系统和监测分析系统。同样，民营企业也积极创新，为了提高技术壁垒，为租客创造更加安全、便捷的租住体验，早在 2015 年，自如开始全面推行电子合同，租房合同无纸化正式登上历史舞台。同年，用户找房、约看、签约、交租金、预约生活服务、办理退换租，都可以通过自如 App 线上完成，全面实现租房与服务全流程 O2O 互联网化，改善了房源不透明的问题。截至 2020 年 9 月自如已经为近 50 万业主、300 万自如客户提供服务，管理房源超过 100 万间。一些住房租赁企业依托租金收益权、租赁合同发行了资产证券化产品，给行业监管提出了新的要求。

二、研究问题

住房租赁问题关系到客群特征、供给结构，以及政策评估，并和住房制度改

---

① 钟黛. 蛋壳倒下，租金贷再迎致命一击［EB/OL］.（2020-05-24）［2024-09-04］. https：//baijiahao.baidu.com/s？id＝1698473852402789718&wfr＝spider&for＝pc.

② 陈兵，郭光坤. 长租公寓爆雷是不可持续发展模式的必然结果［EB/OL］.（2020-12-08）［2024-09-04］. https：//baijiahao.baidu.com/s？id＝1685522130854942218&wfr＝spider&for＝pc.

革、住房市场发展、社会经济发展等关联，关系错综复杂，学术研究需要透过现象看本质，探讨一些基本的问题。这里结合文献综述和政策研究提出以下研究问题。

（一）住房租赁需求有什么特征，其影响因素是什么？发生了什么变化？

自中华人民共和国成立至今，中国的住房租赁体系在整个住房体系的地位发生了很大变化。我国住房供应体系是在住房商品化和住房制度改革过程中不断发展和完善的，总体上经历了住房完全福利供应向市场化供应再向分层次供应转变的历程。1949 年以前，市场租赁住房是住房体系的主体。1949 年到 1978 年，计划经济下的政府直管公房和单位自管公房出租是住房体系的主体。1978 年开始住房制度改革，促进自有和购买住房逐渐成为主流。1998 年 7 月 3 日国务院发布了《关于进一步深化城镇住房制度改革加快住房建设的通知》，与此同时，国务院统一部署停止住房实物分配，住房分配货币化，对不同收入家庭实行不同的住房供应政策。最低收入家庭租赁由政府或单位提供廉租住房；中低收入家庭购买经济适用住房；其他收入高的家庭购买、租赁市场价商品住房。2003 年以来，国务院及有关部门提出规范发展房屋租赁市场。国务院发布《关于促进房地产市场持续健康发展的通知》（国发〔2003〕18 号文），指出"要依法加强房屋租赁合同登记备案管理，规范发展房屋租赁市场"。2017 年 10 月，党的十九大提出"坚持房子是用来住的、不是用来炒的定位，加快建立多主体供给、多渠道保障、租购并举的住房制度，让全体人民住有所居"。2017 年 12 月 8 日，中共中央政治局召开会议，提出加快住房制度改革和长效机制建设，并将住房租赁作为住房制度改革和长效机制建设的重要环节。

因此需要深入探讨：什么是住房租赁需求？在不同的发展阶段，住房租赁需求有何特征？哪些因素影响了租赁需求？随着时间的推移，发生了什么变化？

（二）住房租赁供给有什么特征，受哪些因素影响？发生了什么变化？

在住房从完全福利供应向市场化供应、再向分层次供应转变的历程中，住房租赁供给的主体也发生了很大变化。1949 年到 1978 年，计划经济下的政府直管公房和单位自管公房出租作为住房供应体系的主体，低租金的实物福利分配是其主要特征。1978 年开始住房制度改革，大部分公房出售，城镇居民主要是从市场购买或者租赁住房。2003 年以来，国务院及有关部门提出规范发展房屋租赁市场。2007 年 8 月，《国务院关于解决城市低收入家庭住房困难的若干意见》出台，要求切实加大解决城市低收入家庭住房困难工作力度，标志着强化住房保障的新阶段到来。2010 年国务院发布《关于加快发展公共租赁住房的指导意见》，要求各地区、各部门要统一思想，提高认识，精心组织，加大投入，积极稳妥地推进公共租赁住房建设。2020 年 10 月，党的十九届五中全会通过的《中共中央关于制定国民经济和社会发展第十四个五年规划和 2035 年远景目标的建议》明确指出"扩大保障性租赁住房供给"，首次提出"保障性租赁住房"的概念。同时，扩大保障性租赁住房供给也作为一项重点工作列入了《中华人民共和国国民经济和社会发展第十四个五年规划和 2035 年远景目标纲要》。2021 年国务院出台了《关于加快发展保障性租赁住房的意见》（国办发〔2021〕22 号文），保障性租赁住房纳入保障房体系，明确了保障性租赁住房的基础制度和支持政策，第一次明确了国家层面的住房保障体系的顶层设计，其中的三大主体分别为公租房、保障性租赁住房和共有产权住房。2023 年，共有产权住房将进一步改为配售型保障房。

在住房供给体系剧烈转变的过程中，需要深入探讨的问题是：什么是租赁住房的有效供给？为什么要增加租赁住房的有效供给？租赁住房供给有何特点？受到了哪些因素的影响？在不同发展阶段，发生了什么变化？当前增加租赁住房的有效供给的现实困境和原因是什么？

（三）如何借鉴国内外经验完善住房租赁体系的顶层制度设计促进供求匹配？

通过借鉴国际经验，可以为我国的发展提供重要的参考，实现更好的发展和进步。然而，借鉴国际经验也面临着一些挑战和限制，需要我们加强学习和研究，提高适应性和应用性，推动创新和转化。这需要在充分理解和吸收外部经验的基础上，根据本国国情和地区区情有针对性地改进和应用。

借鉴发达国家和地区的住房租赁体系发展经验，吸取我国城市在发展住房租赁部门的实践探索经验和教训，得到增加租赁住房需求和有效供给来推动租购并举制度建设的启示。

（四）如何完善住房租赁的政策体系和技术工具体系增加租赁住房的供求匹配？

从影响租赁住房需求的因素出发，探讨促进租赁住房需求的政策建议；从增加租赁住房的改建、盘活、新建等三个路径探讨每个供给路径需要解决的具体问题，以便于有针对性地提出增加租赁住房有效供给的政策建议。

在此基础上，还需要从顶层设计角度探讨住房租赁体系在经济社会发展中的定位和功能是什么？住房租赁体系里面的市场和保障关系是什么？如何协调发展？

三、研究意义

（一）理论意义

本研究的理论价值在于：（1）现有的研究对住房租赁需求的研究还不够深入。本研究将对住房租赁需求的定义、测度进行系统地梳理和总结，并在此基础上深入分析住房租赁现实需求、潜在需求、需要和保障需求的理论关系，并分析住房租赁需求的规模、结构等特征，这将有助于推动和深化该领域的研究。（2）现有的研究对住房租赁供给的研究还不够深入。本研究将对住房租赁供给的定义、测度进行系统地梳理和总结，并在此基础上深入分析住房租赁现实供给、潜在供给和保障供给的理论关系，并分析住房租赁供给的规模、结构等特征，这将有助于推动和深化该领域的研究。（3）现有的研究对住房租赁供给、需求的匹配关系的研究还不够深入。住房市场存在着摩擦、信息不对称等问题，因此并不是供给和需求曲线相交得到市场均衡结果那么简单，需要深入分析供求匹配的过程、平台及其效率等因素的影响，从而推动相关研究的进一步深入。

（二）现实意义

本研究的现实意义在于：（1）在中国房地产估价师和经纪人学会的课题支持下，本研究旨在依据建设部《商品房屋租赁管理办法》《住房销售和租赁条例》（征求意见稿）等政策文件，提出促进住房租赁需求和增加租赁住房有效供给的目标和路径，为培育和促进住房租赁市场健康发展提出相应的对策建议。这是当前和未来政府决策所关心的重大问题，该问题的解决，将有利于我国建立租购并举的住房制度改革和长效机制建设。本研究的分析和测算，将增强对住房租赁市场风险的预见能力，为政府调控住房租赁市场、发展住房租赁保障、加快经济结构调整和促进房地产市场平稳健康发展制定公共政策提供科学的决策支持。（2）为住房租赁开发运营商、投资者理性投资和消费者理性消费决策提出若干决策的建议。

第二节　研究对象及重要名词界定

一、研究对象

本书的研究对象是住房租赁需求和供给，及其二者的匹配关系。

二、重要名词界定

（一）房屋和住房

建筑是人们运用所掌握的知识和物质技术条件，创造出的供人们进行生产、生活和社会性活动的空间环境，通常认为是建筑物和构筑物的总称（钱坤等，2014）。通常将直接供人们使用的建筑称为建筑物，间接供人们使用的建筑称为构筑物。房屋是指有基础、墙、顶、门、窗，能够遮风避雨，供人在内居住、工作、学习、娱乐、储藏物品或进行其他活动的空间场所。

住房（housing）是在特定土地上建造的长久性建筑物及其地块、相连接的服务设施（刘美霞，2002）。住宅（house，residence）指专供居住的房屋，包括普通住宅、别墅、公寓和集体宿舍（还有职工单身宿舍和学生宿舍）等，但不包括住宅楼中作为人防用、不住人的地下室等（中国房地产协会，2002）。住房和住宅二者既相互联系，又有所不同。住房多用于经济学和社会学中，强调的是人们解决居住问题的经济能力。住宅多用于建筑学，是经过施工产生的建筑物，更强调物质实体方面（刘美霞，2002）。二者中文含义差别不大，通常没有明确区分。

（二）租赁住房

租赁住房指实际上用于居住用途的房屋体系，包括集体宿舍、成套住宅、公寓等。租赁住房的规划设计用途和实际使用用途可能不完全一致。从规划设计用途来看，它包括了农民在集体建设用地上的宅基地建设住房、其他建设用地上建设公寓并用来出租，国有居住用地上的集体宿舍和成套住宅，以及国有其他建设用地上的集体宿舍、公寓和住宅。此外，它还包括原来规划设计用途是工业、商业办公等非居住用途的建筑被改造为居住用途的公寓。

从建筑设计规范来看，主要有宿舍、住宅、公寓三种类型。《宿舍建筑设计规范》（JGJ 36-2005）规范适用于新建、改建和扩建的宿舍建筑设计，宿舍是有集中管理且供单身人士使用的居住建筑。宿舍居室按其使用要求分为四类，各类居室的人均使用面积不宜小于表1-2中的规定。

表1-2　　　　　　　　　　　**居室类型与人均使用面积**

项目人数类型		1类	2类	3类	4类	
每室居住人数（人）		1	2	3~4	6	8
人均使用面积（m²/人）	单层床、高架床	16	8	5	—	—
	双层床	—	—	—	4	3
储藏空间		壁柜、吊柜、书架				

注：本表中面积不含居室内附设的卫生间和阳台面积。

资料来源：《宿舍建筑设计规范》（JGJ 36-2005）。

《住宅建筑设计规范》（GB 50096—1999）适用于全国城市新建、扩建的住宅设计。住宅是供家庭居住使用的建筑。住宅应按套型设计，每套住宅应设卧室、起居室（厅）、厨房和卫生间等基本空间。

在非居住用地上建设的公寓通常适用于《旅馆建筑设计规范》（JGJ 62-2014）。它适用于至少设有 15 间（套）出租客房的新建、扩建、改建的旅馆建筑设计。旅馆通常由客房部分、公共部分、辅助部分组成，为客人提供住宿及餐饮、会议、健身和娱乐等全部或部分服务的公共建筑，也称为酒店、饭店、宾馆、度假村。旅馆建筑类型按经营特点分为商务旅馆、度假旅馆、会议旅馆、公寓式旅馆等。公寓式旅馆是客房内附设有厨房或操作间、卫生间、储藏空间，适合客人较长时间居住的旅馆建筑。客房净面积不应小于表 1-3 的规定。

表 1-3　　　　　　　　　　　**客房净面积（m^2）**

旅馆建筑等级	一级	二级	三级	四级	五级
单人床间	—	8	9	10	12
双床或双人床间	12	12	14	16	20
多床间（按每床计）	每床不小于 4			—	—

注：客房净面积是指除客房阳台、卫生间和门内出入口小走道（门廊）以外的房间内面积（公寓式旅馆建筑的客房除外）。

资料来源：《旅馆建筑设计规范》（JGJ 62-2014）。

由于我国公寓建设之前缺少标准规范，同时公寓的用地性质、产权形式、运营方式等多样，导致市场上出现了多种类型的公寓。公寓建筑一般指租赁性质的居住建筑，兼有公共建筑属性。公寓可根据使用人群的不同，分为青年公寓、老年公寓和人才公寓等；根据管理方式的不同，分为普通长租公寓和服务式公寓等。针对不同的建设条件。公寓项目除了执行《公寓建筑设计标准》以外，还应符合相关标准中的有关规定。根据中国建筑标准设计研究院有限公司、清华大学建筑设计研究院有限公司等单位编制的《公寓建筑设计标准》（T/CECS 768-2020），公寓（apartment）是满足居住基本生活需求并提供公共生活与服务空间和设施，由专业化机构集中运营管理的租赁性建筑。其中规定：公寓套型分为家庭型和单身型。公寓建筑套型面积设计应确保适宜的生活居住标准，家庭型套型

面积不应小于 $22m^2$，单身型套型面积不宜小于 $13m^2$。

公寓建筑通常具有以下几个特点：第一，提供满足居住者基本生活使用需求的装修的生活居住空间；第二，相对完善的公共设施，或配备一定的公共活动空间；第二，完善的安防等设备与设施；第四，专业化机构运营的物业管理，并可提供多样化与个性化服务，如提供保洁服务；第五，具有良好居住性能水准和居住环境水准的室内外生活环境。

中央和地方政府规定了出租房屋需要满足消防安全、人均居住面积等方面的要求，这样就会出现符合规定要求的租赁住房和不符合规定要求的租赁住房。对于后者，不符合规定要求的租赁住房成因很复杂，我国的法治建设相对滞后，特别是改革开放后很多制度与政策调整无法跟上快速增长的经济和动态变化的社会，造成了在一些规定之前存在的租赁住房不符合后来出现的规定；以及规定出来之后还没有完成相应审批程序的租赁住房。此外，还有一些则是不合法的建筑用作居住用途，例如农村的小产权房和城市的违建建筑。当前，我国租赁住房体系是配租型保障房和市场租赁房二元结构。其中，配租型保障房包括公租房（含廉租房）以及保障性租赁房两种主要形式。它包括满足户籍中低收入群体的公租房（含廉租房），以及满足非户籍的中低收入群体、新就业大学生和人才等群体的保障性租赁房（2019 年年底中央提出政策性租赁房的概念，2021 年改为保障性租赁房），主要有产业园区的配套集体宿舍、蓝领公寓、人才住房、单位周转房等。市场租赁住房包括：私人业主直接出租或者通过经纪代理出租、委托代管的住房；租赁运营企业包租的住房；租赁运营企业在国有土地、集体建设用地上建设自持运营的住房；租赁运营企业改建非居住建筑为租赁住房。保障性租赁房体现的是政府承担的住房保障责任，通常限定了需求对象，并要求租金低于市场租金。而市场租赁住房实行的是市场定价，不限定需求对象。从供应主体构成来看，以私人住宅出租为主（90%左右），机构化出租占比较低（5%左右）。在政策的支持下，机构化出租占比不断提升。

（三）住房租赁需求

租赁住房需求是指在给定的价格水平下，消费者愿意并且能够购买的住宅服务的数量。它可以按照需求时效分为有效需求和潜在需求，前者是在当前时期已经表现出来有居民支付能力的现实需求，后者是当前时期没有表现出来、缺乏支付能力、但有可能在今后某一阶段逐渐形成的未来需求。它还可以按照需求层次分为生存需求、享受需求和发展需求。20 世纪 70 年代末，联合国有关机构将居民的居住水平分为三个层次：一是最低标准：每人一张床位，并且人均居住面积达到 2 平方米；二是文明标准：每户一套住房，并且人均居住面积达到 8 平方米；三是舒适标准：每人一个房间，人均居住面积 10 平方米以上。这实际上对应着不同层次的居住需求数量。租赁需求可以按照需求特征分为过渡性需求和长期需求。租房群体有着很大的分化。一些群体可能是现在租房，等将来收入提高会买房，或者在老家自建房。另一些群体则可能是终身租房，有的是收入有限不能购房，有的是偏好有居住品质、不操心房屋维护的租房方式。在租赁住房占比较高的发达国家，很多家庭选择租房的生活方式。此外，除了普通人群的租房需求，还有无家可归者、低收入群体、残疾群体、居住于不符合出租要求房屋的群体的租房需求。

租赁住房需求通常包括数量、结构、质量、功能、区位、服务、权益和价格等方面。租房主体的数量需求通常是居住空间的面积，可以分为一张床、一间房、一套房的需求。租赁住房的结构需求通常是房型结构，例如 0 居室、1 居室等。租赁住房的质量需求通常是满足国家的相关标准，做到消防安全、装修环保、房屋主体结构安全等。租赁住房的功能需求通常包括满足较基本的寝、食功能，更要从自然、生态、社会、人文等方面满足现代人对婚姻、家庭、工作、学习、子女教育、休闲娱乐、身心健康、人际关系等方面的需要。租赁住房的区位需求通常包括社区具备交通、商业、教育、医疗等基础设施配套与公共服务，通勤时间合理。租赁住房的服务需求是指房东或者租赁管家能够提供维修、保洁、停车等居住服务。租赁住房的权益需求是指租客的居住权受到保护，租赁关系稳定，不被提前驱逐等。租赁住房的价格需求是指租客希望租金可负担，通常不超过月收入的 30%。

租赁住房需求受到了租金、房价、其他商品的价格、收入、家庭生命周期、人口规模和结构、迁移以及消费偏好、拆迁改造、政策法规、金融支持、社会文化、自然条件等的影响。租赁住房需求弹性小，并且有一定的可变性。租赁住房需求弹性小于购买住房，而且，承租人有支付能力和支付意愿，但是市场上不能提供承租人理想的住房，只能选择次优的租赁住房。

（四）租赁住房供给

租赁住房的供给是在各种可能的价格水平下供应方愿意提供租赁住房服务的数量。它受到了价格、生产成本、其他商品价格、预期、市场结构、自然条件、资金、技术、政策法规等因素的影响。租赁住房供给的方式包括生产（包含新建、改建、扩建）、改造、维护三种途径。改造涉及结构和面积的改造、场地的整治等提高服务质量，维护则不涉及面积和结构改变的装修、修缮和清理等。租赁住房供给具有多主体供给、新建的滞后性、规划和土地供应带来的计划性、供给弹性大等特点。

租赁住房的有效供给是指能够满足租赁住房需求的供给。租赁住房的有效供给需考虑非正规的租赁住房供给带来的需求分流，以及正规供给的财务可行性。租赁住房应该具备一定的准入条件，应该符合相关国家标准中关于建筑、结构、消防、装修等方面的要求，并具备供水、供电等必要的生活条件。违法建筑，不符合安全、防灾等工程建设强制性标准的建筑，违反规定改变房屋使用性质的，法律法规规定禁止出租的其他情形的房屋不得用于租赁住房的出租。然而现实情况是，存在一些完全不合法（例如违法建筑）、部分不合规定的房屋（例如没有完成一些审批程序的改建房屋）对外出租，并且由于租金比较低廉吸引了租客，但是政府没有掌握这些信息和进行整顿，事实上形成了非正规的租赁住房市场，并挤占了正规租赁住房市场的需求，造成了前者问题众多需要治理，后者的供应却没有需求。此外，租赁住房的有效供给还需要考虑供给的可行性，也就是供给方提供与需求相匹配的产品和服务能获得合理的利润。提供给中低收入群体租金低廉的保障性租赁住房，由于利润很低或亏损导致了市场主体没有积极性。此外，还有一些市场租赁住房，由于利润很低降低了社会资本参与的热情。

租赁住房的有效供给还需要考虑政策对供给和需求的影响。政府提供财政补贴、税费减免、低息贷款、规划奖励、减少审批时间等优惠政策会激发租赁住房运营单位的积极性。政府立法保护租赁市场参与主体的合法权益、提供租房补贴或者租房券等会激发租客对租赁市场的信心。此外，租赁住房的有效供给需考虑合理的住房空置率。租赁市场存在合理的空置率，并且在不同的发展阶段可能会发生变化。

第三节　国内外研究述评

一、租赁住房需求的研究综述

（一）租赁住房需求的特征

国外一些研究表明，以2010年的人口计算，全球大约有12亿人居住在出租房屋中（Gilbert，2016）。而国内一些研究表明，我国租赁人口基数也非常庞大。刘洪玉（2017）研究发现，2016年我国城镇常住人口中有约21%租房居住，租住人口总量约1.66亿人，其中35岁以下的青年人占86%。另外也有研究估算我国租赁人口规模大约为1.9亿人，其中大多数为外出务工人员或者新就业大学生（金朗，赵子健，2018）。邹琳华（2023）预测了中国城镇化新增住房需求，发现在中性情况下2030年会新增4.17亿平方米，而其中半城市化人口住房提升空间较大，需要大力发展租房市场、探索先租后买，逐步转化半城市化人口为完全城市化人口。

我国的租赁需求特征呈现出明显的多元化（邵挺，2020）。一方面，租赁需求的多元化体现在租赁对象群体的多元化上。已有研究梳理了目前我国租赁群体的具体类型，一是收入线以下的住房困难群体，该群体由于住房支付能力较低，没有能力获得自有产权。二是进城务工人员或者非本地户籍居民，有研究指出2018年，我国的农民工总量为2.88亿人，其中进城农民工1.35亿人，这些人由于工作特点以及户籍限制等原因，一般会租住在工作地点附近（邵挺，2020）。有研究指出，户籍背后本地、外地居民间公共服务的不均等，增大了有定居意愿外地居民的定居成本从而使外地居民倾向于选择较低住房模式也就是租赁模式（何兴强，费怀玉，2018）。三是新市民、新就业大学生以及特殊人才群体。项军、刘飞（2021）对特大城市的青年租客进行分析，发现未获得本地户籍的"80后"与"90后"构成了特大城市的租房主体。而目前我国2亿左右的新市民中大约有1.4亿人租房居住，且其中2/3的人租住在"城中村"和老旧小区

（李国庆，钟庭军，2022）。另一方面，租赁需求的多元化也体现在对住房特征的差异上。例如新就业大学生对居住面积要求较低，对价格较为敏感，对交通、餐饮、购物等配套要求较高，同时又有较高的社交需求。对进城农民工来说，更多的需要宿舍型的住房类型，而对于老年人来说，无论其负担能力如何，更偏好于公共租赁住房（Chiu & Ho，2006）。

（二）租赁住房需求的影响因素

租赁住房需求与总住房需求类似，一般可以采用消费作为其代理测度，通常被定义为一定时期内消费的住房服务数量，实践研究中经常用一定时期的住房支出来衡量。Ihlanfeldt（1982）用合同租金作为住房需求的测度研究住房需求的收入弹性。Zheng et al.（2018）采用住房的租金支出来估计私人租赁住房需求的收入弹性。易成栋、陈敬安（2021）结合中国实际情况，认为租赁住房需求是指在给定的价格水平下，消费者愿意并且能够购买的住宅服务的数量，并且进一步将租赁住房需求根据时效分为有效需求（已经表现出来的）和潜在需求（未来可能表现出来的）。

一些研究在测量租赁住房需求的同时，也探讨了其多种影响因素。Goodman and Kawai（1984）将自有住房需求估算模型应用到租赁住房需求的研究，将租赁需求定义为该地区总租金除以由 hedonic 模型回归得到的标准化单元价格，并且发现影响租赁住房需求的因素主要有房价和永久/暂时收入，同时也受到家庭规模、种族和性别因素的影响。Tiwari and Hasegawa（2000）用家庭的住房租金支出作为需求的测度，研究发现除了收入和价格因素以外，居住时间以及家庭类型也是重要的影响因素。Friedman and Weinberg（1981）将租赁住房需求定义为低收入家庭对租赁住房价格和收入变化的反应（搬家），以需求的价格弹性和收入弹性来衡量租赁需求。除此以外，一些宏观政策因素也会影响租赁住房需求的变化，Gabriel and Nothaft（2001）研究发现租赁住房空置的持续时间与住房价格、住房存量以及已有的公共住房量有关。Gete and Reher（2018）研究发现更严格的贷款标准增加了对租赁住房的需求，导致租金上涨、住房拥有率下降和租赁供应增加。

国内也有许多研究探讨了未来租赁住房需求的变化和影响因素。邹琳华

（2023）研究指出，从总体的房地产市场住房需求来看，未来房地产市场的新增需求可以分为城镇化新增住房需求和改善性住房需求，而城镇化新增住房需求主要受到总人口和城镇化率的影响。湛东升等学者（2020）研究发现，中国的租赁住房市场呈现出明显的区域差异，租赁市场高值区向长三角、珠三角以及北京、厦门等经济发达城市集聚，租赁住房发展热点主要受到外来人口比例、二三产业从业人员比例等因素影响。蔡昉（2023）研究发现，随着户籍制度改革的深化，尽管劳动年龄人口逐年减少，但中国可以通过农业劳动力转移，大幅度增加非农产业的劳动力供给。这就意味着，未来租赁住房需求也会随着户籍制度改革的深化和劳动力市场供给的增加，规模也将逐步扩大。王金明、高铁梅（2004）研究发现当住房租赁价格升高时（利率提高或住房价格提高），公众对租赁住房的需求减少，即价格与房屋需求是负相关。而针对保障性租赁住房需求，也有研究发现个人基本特征、政策环境因素、住房配套设施建设、房源供给以及高品质的住房需求都是影响保障性住房需求的重要因素（张慎娟等，2023）。

二、租赁住房供给的研究综述

（一）租赁住房的供给特征

我国目前租赁住房的供给主体与住房租赁需求一样，呈现出较为多元化的特征，租赁住房的供给主体可能是市政府或区政府、房地产开发企业、居民个体、社区股份合作公司和原村民或者企事业单位等（朱亚鹏，孙小梅，2022）。从具体实践来看，目前文献中把租赁住房供给来源主要分为三大类。一是保障性租赁住房供给。该类型主要由政府主导建设，具有保障性性质的，主要提供给低收入居民家庭居住。有研究指出，这类保障性租赁住房供给量较少，能够覆盖的人群比例比较低，占租赁市场比重较小。发达国家一般比重一般为 1%~2%，中国的上海为 1.5%，而广州为 2%（金朗，赵子健，2018）。二是机构租赁供给。机构租赁供给一方面可能完全由市场运作，比如分散式租赁机构往往充当"二房东"的角色，从个人业主手中获取房源，装修后进行二次出租，这些机构根据单身青年和农民工的住房需求，往往提供一些客厅小、卧室多，并且能通过转租卧室产生更多租金的房屋（Zhang et al.，2023）。另一方面，政府也可能在规划和拍卖土地环节就设定了租赁住房的性质、租金和分配对象等内容，然后让外部企业机构建造与经营，增强政府对租金的管控和对企业进入租赁市场的引导，例如在集体建设用地上建租赁房。三是私人住房供给。该房源主要来自居民个人拥有的富余存量住房。从供给总量上来看，个人住房租赁市场占的份额最大，高达89.5%（金朗，赵子健，2018）。

除了上述的供给类型以外，中国许多特大城市还包含隐藏了大规模的非正规的住房供给，例如，非法改造的群租房（Harten et al.，2021），城中村住房（叶裕民等，2020）。其中，城中村住房为外来人口提供了大量的廉租住房，这与租赁市场不规范以及租赁市场的真空相关（Liu et al.，2010）。因此也有研究指出，要解决大城市青年新市民的住房难题需要把村民租赁住房供给释放出来，将农村原来的非正规市场转化为正规的隐性市场，村民通过市场化与青年新市民分享富余房屋（叶裕民，2023）。

此外，我国的租赁住房供给特征还体现了城市的住房政策所保持的生产性和保护性的平衡，在保障低收入市民住房租赁需求的同时，也重视人才的住房保障（李君甫，2022）。类似地，也有研究指出，国内针对已有的租赁住房需求主要采用"保基本"和"促发展"的应对策略，住房保障对象随经济发展规划和城市化战略的变化不断得以调整，在以往保障本地户籍低收入市民且住房困难群体租赁需求的基础上，逐渐发展为也同时保障新市民、青年人以及特殊人才群体的居住权利，住房保障对象从中低收入群体延伸到中等收入甚至中高收入群体（李国庆，钟庭军，2022）。而当保障范围逐步扩大时，多元化的住房保障产品和方式可能更易于满足保障对象的多样化的住房需求（张齐武，徐燕雯，2010）。

（二）租赁住房供给的影响因素

已有对住房供给的研究多集中于商品房，针对租赁住房供给及影响因素的研究还比较少。de Leeuw & Ekanem（1971）研究采用租金价格作为住房服务供给的度量来分析租赁住房供给弹性，并且发现提供给特定住房市场的租赁住房数量是住房单价、土地价值、建筑成本、维护费用、空缺率、利率和租赁住房投资回报的函数。Saiz（2010）研究发现，住房供应弹性主要受到地理特征（如地形、水体等）以及土地使用法规等因素影响，住房供应弹性越低的地区房价水平越高。

对于租赁住房供给的影响因素,杨高等学者(2023)研究发现,我国的长租公寓表现为紧邻中心城区的空间集聚性,从中心城区边缘向外围递减的距离衰减性,同时地铁、超市商城、常住人口是影响长租公寓空间布局的主要因素。Luo et al.(2024)研究发现重资产模式的租赁住房金融化(FRH)增加了住房供应,满足了部分人群尤其是年轻群体的住房需求,但同时也应该注意该模式可能会恶化周边以低收入人群和老年人口为主的社区的居住条件。易成栋、陈敬安(2021)研究认为,租赁住房的有效供给是指与租房消费需求和消费能力相适应的供给,它受到了价格、生产成本、其他商品价格、预期、市场结构、自然条件、资金、技术、政策法规等因素的影响。Dang et al.(2014)研究发现制度因素会显著影响中国经济适用房等保障房供给的空间位置,他们偏向于城市边缘空间分布是地方政府努力平衡自上而下的政治压力和地方财政利益的结果。

三、租赁住房供求匹配的研究综述

(一)租赁住房市场供求匹配问题研究

首先一些研究表明,作为供求匹配的重要机制,租金价格变得越来越难以负担,Quigley and Raphael(2004)研究发现美国的贫困和准贫困家庭的租金负担近些年明显增加,其中最主要的原因之一就是租赁质量提高,而租赁质量的提高是由于政府对新建和现有住房施加最低居住标准导致的,而不是低收入者本身的需求增加,这种监管最终导致了整体经济福利的降低。Liu et al.(2020)研究了中国的租金压力状况,发现中国直辖市的租金压力明显高于副省级城市、地级城市,同时直辖市及副省级城市农民工租金压力保持在较高且相当稳定的水平,但地级城市租金压力在 2011 年至 2016 年间大幅上升。

其次,尽管已有文献证明在住房交易市场中普遍存在着市场摩擦(Genesove & Han,2012;Tu et al.,2017),但最新的研究表明,租赁市场匹配同样存在着市场摩擦。Fan et al.(2024)研究发现中国的租赁市场存在市场摩擦,包括搜索摩擦和心理摩擦,其中心理摩擦不仅影响了租户的实际选择与他们声称的偏好之间的偏差,还增加了交易中的溢价程度,因此需要进一步减少摩擦来提高效率和消费者福利。

最后，国内的一些研究具体指出了我国住房租赁市场在供求匹配上存在着的一些问题。具体包括以下几个方面：一是供给需求不能匹配问题。金朗、赵子健（2018）研究指出，租赁市场存在着供给结构不合理问题，包括供给端和需求端在户型、面积等方面不匹配、供给缺乏层次以及供给主体结构不合理等问题。由于我国的住房供给主要来源于居民个人，相比于租赁群体的多元化需求，无法进行有效匹配。二是住房租赁市场存在一定程度的混乱无序。有研究表明，这种住房租赁市场的无序状态主要是由于我国土地所有权缺位、住房产权复杂以及市场投资需求旺盛导致的混乱无序（易宪容，郑丽雅，2019）。三是公租房的供需匹配也同样存在许多问题。由于公租房的特殊性，当价格机制不能发挥作用时，供需匹配需要政府主导并采用特殊机制。邓红平、罗俊（2016）研究发现，目前许多公租房分配机制不完善，国内50%的城市采用对轮候人以随机摇号方式给出选房优先顺序，而60%的城市选择序列独裁机制进行匹配，最行之有效的方式是将房源进行多层次分类，使每次分配时的房型数量限制在合理范围之内，来简化轮候人选房决策的过程，并使用G-S机制替代序列独裁机制。

（二）互联网数字时代的租赁住房市场供需匹配研究

随着平台经济时代的来临，住房租赁平台在推动租赁市场高质量发展中的作用越来越重要。已有研究指出，互联网平台的使用能够扩大租赁信息的获取来源，以及增加购房或租赁的选择范围，使公众访问更多的房屋信息（Palm & Danis，2001）。但最近也有研究指出，互联网数字平台的出现，也产生了一定的数字隔离，技术平台不会自动平滑信息交换、减少不对称或减弱根深蒂固的社会空间不平等（Boeing et al.，2021）。具体来说，在使用电子邮件过程中向房东透露与非裔美国人有关的名字时，就可能会受到歧视（Hanson & Hawley，2011）。Boeing（2020）研究发现，居住在白人、富裕、受过良好教育和生活成本较高的社区的住房寻求者在网上拥有大量的相关信息来帮助他们寻找住房，而其他社区的住房寻求者则面临着信息匮乏的情形。同样地，Besbris et al.（2021）研究也发现在线住房市场中，租房者会接触到不同类型的信息，具体取决于他们所搜索的社区的民族种族和社会经济构成。而关于欧洲国家的一些研究也指出，互联网租赁平台仍然存在着种族和性别歧视（Ahmed & Hammarstedt，2008）。通过限制个人在寻找过程中的选择，住房歧视扭曲了分类决策，使其偏离真实偏好，并导致在其他条件不变的情况下会使租户的福利减少（Christensen & Timmins，2023）。国内也有研究发现我国的租赁平台存在着差别定价行为，对于线上的客源和同源平台客源的定价相比于线下和竞争平台的客源要低（陈立中，唐恬，2023）。

除了存在数字隔离问题以外，互联网平台也可能会加剧租赁住房负担能力问题，Migozzi（2023）研究指出，租赁平台通过将租赁住房转变为新的资产类别以及将租赁数据进行提取和资产化延伸了种族资本主义的榨取模式。Wachsmuth and Weisler（2018）研究发现 Airbnb 平台促进了短期租赁来迅速增加房产的潜在收入，从而激励房东将长期租赁转换为短期租赁，这一过程推高了租金，并且可能会进一步改变社区的人口和经济社会构成。

四、租赁住房政策的研究综述

（一）租赁住房需求侧政策研究

从住房需求政策的角度来说，一方面是关于租房补贴的研究。国外的一些研究认为，由于住房供给缺乏弹性，补贴低收入住房的需求将推高租金，住房补贴计划下的很大一部分支出可能会消耗在租金上涨中，而不是带来更多的住房服务（de Leeuw & Ekanem，1971）。Sweeney（1974）将租赁住房市场划分为价格独立的不同质量层次，研究发现如果补贴计划导致低收入家庭从公共住房转移到低质量层次住房市场，这可能会增加低质量层次住房的需求从而使住房租金上涨，这对那些仍然留在该市场的低收入家庭来说是不利的。但另外一些研究则有相反的结论，认为租金补贴具有福利效应，并且远大于收入补贴（Goodman & Kawai，1984）。同时，Eriksen and Ross（2015）研究发现住房优惠券接收者在收到补贴后一般会租用更昂贵的住房单位，同时优惠券的发放也不会影响到租赁住房的整体价格。国内也有学者认为，将租房券引入中国的时机已经成熟，可以从需求端创造性地探索为符合条件的新市民发放租房券，有望更好地盘活存量房源、增加合意的租赁住房供应，提升租住品质（龙婷玉，王瑞民，2023）。

另一方面，则是以家庭和个人为基础研究更符合居住需求制度和政策。王婧磊、于洋（2021）研究认为，在住房申请阶段应该完善住房需求调查，对住房需求进行定量分析与精准供给，从而对低收入家庭不同阶段的住房需求，建立有效衔接、逐步过渡的保障性住房供应体系，加快形成满足各年龄与经济阶段居住需求的供给结构。胡光志、张剑波（2012）研究指出，现代住房租住制度是以住房权理论为支撑、以租者权益保护为重点并充分体现政府对个人基本人权尊重的一项制度，旨在确保弱势群体"住有所居""安居乐业"的目标，因而确立租者权益保护法则，建立现代住房租住法律制度体系，完善住房租赁市场，无疑是一种必然而明智的选择。

（二）租赁住房供给侧政策研究

首先，从供给主体和供给模式方面，大量研究也指出了未来"加快多主体供应、多渠道保障"的对应建议。首先是供给模式和供给策略的研究。于洋等学者（2023）在总结了传统二元化公共住房供给模式面临的财政、土地与治理"三重困境"以分析深圳水围村创新机制与经验后提出，公共住房供给模式应由增量思维向存量思维转变、建立公平与效率相平衡的城中村改造市场、完善城中村更新的行政审批流程和技术规范标准。类似地，段阳、杨家文（2019）分析了水围村将非正式住房以长租公寓的方式纳入人才保障住房管理体系，将其变为城市公共住房的重要来源，认为城中村住房转变为人才公寓的开发模式需要综合多方面的因素，如社会公平、相关政府管理规范、项目盈利空间。吴海瑾（2009）针对当前住房保障体系中，对流动人口供给不足的问题，提出要大力发展公共租赁住房，构建多层次阶梯式住房保障体系。同时在房源的获取上，政府不仅可以通过自建、收购等方式，也可以通过政策引导，激励企业单位合作建设公共租赁住房。孙淑芬（2011）认为要强化政府在住房保障中的责任和作用，健全住房保障政策，同时，增加中小户型保障性住房供给建设。

另外，许多研究从供给侧资金角度提出了相应的政策制度建议。沈洁、谢嗣胜（2011）研究认为公共租赁住房的融资方式单一以及融资渠道不畅是我国公共租赁住房建设的瓶颈，需要根据公共租赁住房的运行特征，采取多元化的融资创新渠道来满足其融资需求。苏虹、陈勇（2016）认为政府应该给予专注于公租房的REITs一定的政策支持，具体可包括规划、补贴和税收优惠等方面。另外，在明确划分中央与地方政府公共住房职责的基础上，引入多元化的社会资金，引入非政府、非营利机构参与公共住房的建设、管理，以增加公共住房的供应、改善中低收入家庭住房状况（李进涛，孙峻，2013）。

其次，也有一些研究指出公共租赁住房的供给政策对于社会和经济发展有重要的作用。孙伟增等学者（2022）研究租金上涨对流动人口的消费和社会融入度影响发现，租金上涨对非住房支出有明显的挤出效应，同时也会降低流动人口的社会融入度，因此，地方政府可以通过增加公共租赁住房的供给降低对住房市场的影响及其对其他生产和消费部门的影响，并尽量避免集中大规模的城市改造。Shao et al.（2022）研究发现，公租房的有效供给能够提高贫困人口的消费水平，设计良好的公共租赁政策不仅可以促进消费向服务业倾斜，而且可以缓解收入不平等造成的消费结构失衡的不良后果。

再次，探索集体建设用地建设租赁住房政策供给路径也是许多研究关注的重要话题。首先，集体土地建设租赁住房的政策定位，是在增加住房用地供给、增加城市住房供给的同时，彰显和提升集体土地价值，保障集体和农民的权益，利益相关者中最应该关注的是集体经济组织和开发企业的权益（吕萍等，2020）。类似地，于洋等学者（2022）分析了集体土地开发中的利益相关者网络后发现，区住建委、乡政府与联营公司在社会网络中处于核心地位，对信息和资源的整合及调控具有重要作用。而作为土地供应方，村集体虽然处于社会网络边缘位置，但其利益得到了有效保障。然而，从整体性治理研究视角看，当前集体土地建设租赁房制度也同时面临"碎片化"的窘境，供给主体难以形成高效合作的同时供给资源也难以有效整合（娄文龙，高小平，2023）。其次，对于集体建设用地建设租赁住房政策供给路径主要推动因素也有明显的城市差异，北京市是政治势能的压力作用和群众需求的引力作用，上海市是政策网络的推力作用，而广州市是政治势能的压力作用、政策网络的推力作用、群众需求的引力作用耦合（闫曼娇等，2023）。郭永沛等学者（2020）剖析了集体土地建设租赁住房的背景动因后，根据集体土地建设租赁住房面临的问题，提出要完善集体土地入市流转机制以及利益分配机制，确保政府、企业和农村集体经济组织的收益平衡。最后，从供给的鉴于承租人群体特征，集体建设用地的选址应与城市纾解功能、产业转移、副中心建设结合，促进产城—职住平衡，减少长程通勤；尽量利用已建成设施，以节约成本（柴铎 等，2018）。

最后，也有一些研究探讨了供给的"租购"衔接上的问题，研究指出要做出相应的供给制度衔接，探索保障性租赁住房在运营满规定期限后，可转化为共有产权房出售部分产权，承租人可优先购买（邹琳华，2023）。例如，在前期，共有产权房可以"以租为主、先租后售"，在解决中低收入家庭住房需求的同时保障其拥有房产的权利，帮助其"买得起，住得上"，实现住房公共政策与商品住房市场的连通；到中后期，则是通过调整个人和政府的产权比例，提高个人的产权比例，则可以转变为"可租可售、租售并举"（李国庆，钟庭军，2022）。

（三）完善租赁住房市场的政策研究

国外的一些研究表明租赁住房市场对经济社会的稳定性发挥了重要的作用，应该被纳入整个住房政策中（Rubaszek & Rubio，2020；Watson & McCarthy，1998）。目前我国住房租赁市场存在着规模小、不规范以及相关配套措施缺位的问题，需要构建"租购同权"的政策体系，并且从立法层面为租赁市场提供法律保障（黄燕芬等，2017）。叶剑平、李嘉（2015）认为目前我国住房市场这种"重购轻租"、租赁规模小的重要原因之一在于住房租赁市场自身发展不健全，因此加强住房租赁市场的制度建构，规范租赁市场运行，由政府提供必要服务和管理是完善住房租赁市场、优化住房市场结构的必然选择。

基于住房租赁市场发展对整个房地产市场稳定发展有重要的作用，大量研究思考了未来我国应如何对租赁市场进行制度构建和政策调整。郑思齐、刘洪玉（2004）研究指出，完善住房租赁市场，保持合理的住房租赁比例，能够使住房资源得到更有效的配置，同时家庭也能够灵活地调整住房消费。同样地，陈卓、陈杰（2018）考察住房租赁部门发展对房价的影响效应时发现城市租住家庭占比与当地房价之间存在显著的负向关联，表明推行"租购并举"，不仅应关注租售结构本身，还应加强租房供应主体的多元化，尤其要注意充分发挥市场机制在租赁住房供应中的主导性作用。同时，还要考虑租购并举政策对我国城市住宅价格的作用效果存在一定的滞后性，与二、三线城市相比，一线城市的政策效果更加明显（郭金金，夏同水，2019）。陈卫华等学者（2019）研究通过对比改进前后影响差异，认为"租购同权"政策的推行应将"量升价稳"作为政策目标，以增加租赁房源供给为中心，从降低空置率和提高土地一级市场的市场化水平两方面发力，着力提升城市基本公共服务水平。

从具体的住房租赁市场政策来看，刘晓君等学者（2020）研究指出，税费调整、财政支持、法律法规、鼓励支持、教育培训、金融手段、目标规划和政务服务8项政策工具为住房租赁市场政策工具组合的基本构成。刘华等学者（2020）评估了房地产税对城市住房租赁价格的影响，认为开征房地产税在短期内对住房租赁价格有显著抑制作用，但从长期来看，房地产税对住房租赁价格的负向影响较小且不显著，住房租赁价格也重新恢复上升趋势。

在租赁市场租金管制方面，一些国外研究提出了不同的看法，支持租金管制的文献认为，租金管制能够保证租户的权利、负担能力和稳定性。通过研究新泽西40年来租金管制的实践发现，适度的租金管制可以提高租户和房东之间的稳定度，提高租户的稳定性以及保障租户有更大的权利，同时租金管制没有对租金和租赁质量或数量产生显著的影响（Ambrosius et al.，2015）。类似的研究也发现租金管制可以增强租户的稳定性，为租户提供了巨大好处，而租金管制造成的租金上涨问题则可以通过政府提供针对租金上涨的社会保险来缓解（Diamond et al.，2019）。然而，也有研究认为租金管制并不是理想的公共政策手段。Gyourko and Linneman（1990）研究发现，租金管制对于公寓楼的质量有负面的影响。Early（2000）研究发现，在控制非受控部门较高价格的情况下，受监管单元租户的平均收益为负。国内也有学者讨论了租金管制的问题。许德风（2009）在总结了国内外相关经验后认为，依照中国目前住房市场的实际情况，现阶段不宜进行严格的租金管制，但可以通过以解约限制为核心的租赁控制来维护住房租赁合同的稳定，减少出租、承租双方的策略性行为。冯辉（2023）认为应强化公共政策介入住房租赁市场的合理性，以推动租金水平的信息公开、限定租金年度涨幅标准、保留紧急干预权为核心，完善租金稳定政策，同时为保障租住人权利，细化出租人行使单方解除权的正当理由。张倩、阳建强（2022）认为应加快制定基本的租赁住房标准和监督管理制度，鼓励短期租赁住房的发展，完善住房保障机制，通过企业和工会组织促进员工住宿标准的建立，同时利用网络平台，打破信息壁垒。

另外，针对我国保障性住房的政策，许多研究表明了保障性住房的好处。杨芸、彭千芮（2023）研究发现保障性住房供应虽然会影响商品房住房供应，但基本不对其他群体的福利带来损害。同时，公租房的推出能有效打破房地产商的垄断地位，解决住房失灵问题，平抑商品房的价格（雷文，2015）。而针对目前保障性住房存在的问题，许多研究提出了政策建议。马秀莲、范翻（2020）认为多数城市对本地人至少放宽到当地城镇居民人均可支配收入水平，建立起了较为大众化的公租房体系，对外来人口则进一步附加工作、社保等严苛条件，使得公租房体系非常剩余化。同时，考虑到准入机制直接关系到公租房实际的需求数量，影响其与供给的匹配关系，因此陈俊华、吴莹（2012）认为，在准入原则上，加入对申请家庭总资产的限制以及对家庭收入上限的动态调整机制，同时在配租过程中，对不同类型的申请家庭进行打分，确定量化标准；在退出机制上，采取奖惩并举的方法，以经济手段和法律手段打击滥用公共资源者。从立法角度来说，凌维慈（2017）研究认为，针对在我国特定情形下的保障房租赁和买卖关系，立法与司法应建构双阶法律关系，将其分为行政行为和合同两个阶段，以有效消除不正当使用保障房的行为，并保障受益人和其他潜在受益人合同缔结的权利。

第四节 研究思路和研究方法

一、研究思路

本研究思路如下：首先分析租赁住房发展的历程，提出租赁住房需求和有效供给的定义，总结中国住房租赁部门需求、供给和二者匹配的特征，分析存在的现实困境和原因，借鉴世界发达国家的经验和发展方向，提出增加租赁住房需求和有效供给方面的新目标和新思路，并给出培育和促进住房租赁体系健康发展的对策和建议。

二、研究方法

本研究采用多种分析方法（专家研讨法、问卷调查法、文献资料法、访谈法）对住房租赁体系现状进行全面剖析，力图使本研究成果更加客观、真实，从而为培育和促进租赁住房部门健康发展提供依据（见图1-2）。

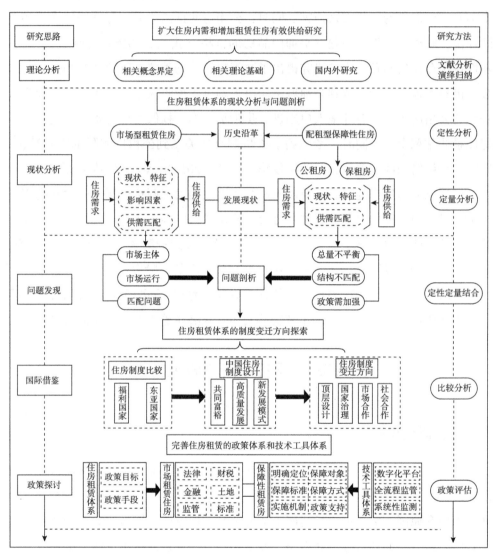

图 1-2 本文的技术路线图

（一）专家讨论法

本研究课题组组织经纪和租赁机构、政府相关管理部门等工作人员，以及相关领域的专家学者，多次对目前住房租赁市场和租赁型保障房的现状、存在问题及政策建议进行研讨。

（二）　问卷调查法

针对现有租赁政策的实施效果，租赁当事人之间的矛盾焦点，以及住房租赁需求和增加租赁住房有效供给的若干问题，开展问卷调研。

（三）　文献资料法

查阅国内外与本研究相关的书籍、学术论文和研究报告，系统地了解发达国家和地区以及国内部分城市在增加住房租赁需求和有效供给方面的成功经验，为规范和培育租赁住房市场、发展租赁型保障房提供理论支撑。

（四）　访谈法

为了获取住房租赁部门发展的第一手资料，本研究对多个城市房地产经纪公司、房屋出租方与承租方等方面进行访谈，使本研究成果更具有现实价值。

第二章　中国住房租赁体系的演进历程

本章主要介绍了我国住房租赁体系的演变，并分别总结了市场租赁住房和配租型保障性住房的发展历程，提出了我国住房租赁体系发展的关键问题。

第一节　从中华人民共和国成立到 1998 年的住房租赁体系

一、1949—1977 年的住房租赁体系

在中华人民共和国成立之前，居民以自有私房为主，在一些大城市租赁住房十分普遍。例如在民国时期，北京城内普通居民中约有 22% 的家庭是居住自家的房屋（李自典，2019）。

从 1949 年中华人民共和国成立以后到 1978 年，经过三大改造，我国实行高度集中的计划经济。城镇将很多私房收归公有，城镇住房建设由国家统一安排，以国家和国有企业投入为主，并无偿或低租金租给职工使用，实行与职位、工龄等相联系的实物福利分配制度。政府集中控制的住宅供给体制，高度依赖就业单位的分配体制，以及住宅消费上的低租金高福利制度，是这一时期的住房供应体系的典型特点。在高度集中的计划经济体制下，城市住房投资被纳入统一的国民经济和基础建设计划中，跟随基础建设项目任务，下达到具体的机关和企事业单位，单位负责为职工建设、分配住房。住房建成后，按"级别"无偿分配给职工使用，住宅管理单位按"以租养房"的原则向住户收取租金。同时由于计划经济强调"先生产后生活"，住房建设和维修均由国家负担。职工缴纳的租金远低于运营维护成本，造成了公房需求增长快，而供应不足的问题。

对私人房产实行社会主义改造出现了经租房。1956 年 1 月，中国中央批转中央书记处第二办公室《关于目前城市私有房产基本情况及进行社会主义改造的意见》中指出"必须在私营工商业进行社会主义改造的同时，对城市私人房产实行社会主义改造"。例如北京市把城市里出租房在 15 间或 225 平方米（郊区 10 间或 150 平方米）以上的，即由政府经租。政府房管部门负责经租房的经营，如管理、收租、修缮等，并把租金的百分之二十到四十发给经租房的业主，至此出现"经租房"。这种做法延续到 1966 年，"文化大革命"前夕，最高人民法院出台的（64）法研字第 80 号《关于国家经租房屋的业主实际上丧失所有权的批复》（此文件于 2008 年撤销），"文化大革命"开始后，就不再发租金给经租房主。

对私人房产实行社会主义改造还出现了代管产。代管产是指城市私有房屋所有人因不在房屋所在地或其他原因不能管理其房屋时，出具委托书委托代理人代为管理，或所有人下落不明又无合理代理人或所有权不清楚，由房屋所在地房管机关代管的城市私有房屋。这些所有人有一部分在中华人民共和国成立之前去了其他国家。1983 年国务院发布《城市私有房屋管理条例》对于代管产做了明确规定，本篇法规已被 2008 年发布的《国务院关于废止部分行政法规的决定》废止，被《中华人民共和国物权法》《中华人民共和国城市房地产管理法》《城市房屋拆迁管理条例》代替。随着代管产的业主和继承人的出现，他们要求归还房产，但是实际上已经被房管机关租给了一些租户，这些租户不愿搬离，该历史遗留问题需要解决。

在"文革"时期，一些私人住房、私人出租房被接管归公，在"文革"结束后分批发还产权。例如，1966 年 9 月 26 日，北京市房地产管理局发布《关于接管私房的若干规定》，一般居民户在城区及郊区县城镇的出租房屋和多余的房屋一律接管归公；对于未改造好的地、富、反、坏、右分子，所有在城区及郊区县城镇的房屋，不论自住或出租一律接管归公。由此出现了"文革产"。文化大革命结束后，1980 年北京市委下发了《关于处理机关部队挤占私房进一步落实私房政策的通知》，1983 年北京市政府下发了《关于落实"文革"中接管的私房政策的若干规定》，对于"文革"中接管归公的私人住房、私人出租房逐步分批发还产权。类似的问题是，这些住房实际上已经被房管机关租给了一些租户，这些租户不愿搬离，该历史遗留问题需要解决。

二、1978—1998 年租赁公房到市场租赁住房的过渡

1978 年 9 月，邓小平提出要拓宽解决住房问题的思路。1980 年 6 月，中共中央、国务院在批转《全国基本建设工作会议汇报提纲》的文件中，第一次提出了中国将实行住房商品化政策。在 20 世纪 80 年代初，我国逐步改革住房投资体制，由国家为主变为企事业为主。但是由于城镇居民对廉价住房"无限的需求"，依然存在严重的住房短缺。1984 年正式宣布住房商品化政策，在部分试点城镇出售公房。1986 年，国务院开始在全国进行住房改革试点，掀起了第一轮房改热潮，采取了改革低租金、提租补贴、租售结合、以租促售和配套改革等措施，例如全价售房、补贴售房、提租补贴、集资建房、住房押金和以息抵租等。1988 年上半年，国务院召开了全国第一次房改会议，并向全国颁发了《关于在全国城镇分期分批推行住房制度改革方案》（国发〔1998〕11 号），大力推动住房制度改革，提出"调整公房租金，按折旧费、维修费、管理费、投资利息、房产税 5 要素的成本租金计租；随着工资调整，逐步把住房券列入工资，进入企业成本（机关、事业单位列入财政经费预算）；在逐步增加工资和住房由成本租金提高到商品租金的基础上，进一步实行住房商品化"。但是在推进过程中存在着公房低售价和低租金的双重问题。

1993 年党的十四届三中全会通过了《关于建立社会主义市场经济体制若干问题的决定》，明确提出了规范和发展房地产市场，加快城镇住房制度改革促进住房商品化和发展住房建设的要求。1994 年 7 月，国务院发布的《关于深化城镇住房制度改革的规定》（国发〔1994〕43 号）要求：建立与社会主义市场经济体制相适应的新的城镇住房制度，实现住房商品化、社会化；住房建设投资由国家、单位统包的体制改变为国家、单位、个人三者合理负担的体制；把各单位建设、分配、维修、管理住房的体制改变为社会化、专业化运行的体制；把住房实

物福利分配的方式改变为以按劳分配为主的货币工资分配方式；建立以中低收入家庭为对象、具有社会保障性质的经济适用住房供应体系和以高收入家庭为对象的商品房供应体系；建立住房公积金制度；发展住房金融和住房保险，建立政策性和商业性并存的住房信贷体系；建立规范化的房地产交易市场和发展社会化的房屋维修、管理市场；到 2000 年，住房租金原则上应达到占双职工家庭平均工资的 15%；按上述办法测定，租金水平已达到或超过折旧费、维修费、管理费、贷款利息、房产税 5 项因素成本租金水平的，按成本租金或市场租金计租。

为了建立与社会主义市场经济相适应的住房租赁市场，我国制定了一些相关的法律法规。《中华人民共和国房地产管理法》于 1994 年 7 月 5 日在全国人民代表大会常务委员会上通过，2007 年、2019 年两次修订。第四章房地产交易中设房屋租赁专节，共四条。第 53 条规定，房屋租赁是指房屋所有权人作为出租人将其房屋出租给承租人使用，由承租人向出租人支付租金的行为。第 54 条规定房屋租赁出租人和承租人应当签订书面租赁合同，约定租赁期限、租赁用途、租赁价格、修缮责任等条款，以及双方的其他权利和义务，并向房产管理部门登记备案。第 55 条规定，住宅用房的租赁，应当执行国家和房屋所在城市人民政府规定的租赁政策。租用房屋用于从事生产、经营活动的，由租赁双方协商议定租金和其他租赁条款。第 56 条规定，以营利为目的，房屋所有权人将以划拨方式取得使用权的国有土地上建成的房屋出租的，应当将租金中所含土地收益上缴国家。具体办法由国务院规定。

公安部于 1995 年 3 月 6 日颁布了《租赁房屋治安管理规定》，其中规定，租赁房屋指旅馆业以外以营利为目的、公民私有和单位所有出租用于他们居住的房屋。公安机关对租赁房屋实行治安管理，建立登记、安全检查等管理制度。

1995 年 5 月 9 日发布了《城市房屋租赁管理办法》（建设部令第 42 号），1995 年 6 月 1 日起实施，2011 年 2 月 1 日废止。这成为规范住房租赁市场各方面的基本框架。尽管其间住房制度改革政策不断出台，但住房商品化改革的推进仍然较为缓慢。1993 年仍有 69.76% 的城镇家庭租赁公房居住，到 1997 年有

56.72%。公房依旧是满足大部分城镇居民住房需求的主要支撑，住房租赁尚未形成独立的市场机制。

第二节　1998 年后的住房租赁体系

一、市场租赁住房的发展

（一）市场租赁住房的初步确立与缓慢发展（1998—2014 年）

1998 年 7 月 3 日国务院发布了《关于进一步深化城镇住房制度改革加快住房建设的通知》（国发〔1998〕23 号），随后，国务院统一部署停止住房实物分配，住房分配货币化，建立经济适用房为主体，廉租房和商品房为辅的住房供应体系，同时住房补贴制度开始启动。由此全国加快了公房销售，仅剩下少数未成套的公房、部分特殊单位的公房没有出售和继续租赁，由此带来了公房租赁制度终结，住房市场化全面起步。由于中央将住房政策的重心放在住房销售市场上，所以无论住房保障体系内的廉租房还是市场租赁房，均发展缓慢。

2001 年 3 月，全国人大九届四次会议通过的《国民经济和社会发展第十个五年计划纲要》提出"活跃房地产二级市场，发展住房租赁市场"，住房租赁市场机制建设被正式纳入国家发展规划①。《财政部、国家税务总局关于调整住房租赁市场税收政策的通知》（财税〔2000〕125 号）于 2001 年 1 月 1 日起执行。其中规定，按照公有住房管理或纳入县级以上政府廉租住房管理的单位自有住房暂免征收房产税、营业税；对个人按市场价格出租的居民住房，其应缴纳的营业税暂按 3% 的税率征收，房产税暂按 4% 的税率征收；对个人出租房屋的所得暂按 10% 的税率征收个人所得税。

2003 年，国务院出台《关于促进房地产市场持续健康发展的通知》（国发〔2003〕18 号）将房地产确立为支柱产业，并将住房结构的供应主体调整为购买或承租普通商品住房，提出规范住房租赁市场发展。2008 年 12 月，国务院办公

---

① 魏凌，成立. 我国住房租赁制度的发展与变革［J］. 城乡建设，2019，（15）：14-17.

厅印发的《关于促进房地产市场健康发展的若干意见》（国办发〔2008〕131号）提出，要根据不同城市采取不同方法解决住房问题，发展包含廉租房在内的多种住房租赁方式。

在这个阶段，我国的房地产市场主要关注了住房销售市场，先是大力发展经济适用房，后是大力发展商品房。而对于租赁住房部门，廉租房进展缓慢，住房租赁市场由于缺乏配套政策的支持，基本上是野蛮生长。

2009年之后中国出现了房价的飞涨，造成了很多人既买不起房又不符合入住廉租房的条件，成为夹心层。2010年12月，住建部出台了《商品房屋租赁管理办法》（住建部令第6号），替代了此前的《城市房屋租赁管理办法》（建设部令第42号发布），该文件也成为延续至今专门规范我国住房租赁市场交易活动的部门规章。

自此，我国住房租赁部门的二元格局形成，一个是保障房体系的廉租房和公共租赁住房（廉租房后来并入了公共租赁住房），另一个是商品房体系的租赁商品房。此阶段的政策重点是促进公租房的大力发展，而对商品住房租赁市场的发展着力较少。

（二）市场租赁住房发展步入快速发展阶段（2015—至今）

在中国经济进入新常态后，中央提出了供给侧结构性改革的政策方针，在住房体制改革的思路上从过去的"重购轻租"转向"租购并举"。从"房住不炒"的定位到"长效机制"的确立，再到"租购并举"的提出，又到"十四五"规划提出"完善长租房政策"等。

2013年以来，中央经济工作会议曾多次提及发展租赁住房。2013年，中央经济工作会议提出"加大廉租住房、公共租赁住房等保障性住房建设和供给"。2015年，中央经济工作会议提出"化解房地产库存。要落实户籍制度改革方案，允许农业转移人口等非户籍人口在就业地落户，使他们形成在就业地买房或长期租房的预期和需求。要明确深化住房制度改革方向，以满足新市民住房需求为主要出发点，以建立购租并举的住房制度为主要方向，把公租房扩大到非户籍人口。要发展住房租赁市场，鼓励自然人和各类机构投资者购买库存商品房，成为租赁市场的房源提供者，鼓励发展以住房租赁为主营业务的专业化企业。加大廉租住房、公共租赁住房等保障性住房建设和供给"。2016 年，中央经济工作会议提出"我国经济运行面临的突出矛盾和问题，虽然有周期性、总量性因素，但根源是重大结构性失衡，导致经济循环不畅，必须从供给侧结构性改革上想办法，努力实现供求关系新的动态均衡"。2017 年，中央经济工作会议提出"加快建立多主体供应、多渠道保障、租购并举的住房制度。要发展住房租赁市场特别是长期租赁，保护租赁利益相关方合法权益，支持专业化、机构化住房租赁企业发展。完善促进房地产市场平稳健康发展的长效机制，保持房地产市场调控政策的连续性和稳定性，分清中央和地方事权，实行差别化调控"。2018 年，中央经济工作会议提出"要构建房地产市场健康发展长效机制，坚持房子是用来住的、不是用来炒的定位，因城施策、分类指导，夯实城市政府主体责任，完善住房市场体系和住房保障体系"。2019 年 12 月，习近平总书记在中央经济工作会议上指出"要加大城市困难群众住房保障工作，加强城市更新和存量住房改造提升，做好城镇老旧小区改造，大力发展租赁住房"。2020 年，中央经济工作会议着重指出"要高度重视保障性租赁住房建设，加快完善长租房政策，逐步使租购住房在享受公共服务上具有同等权利，规范发展长租房市场"。2021 年，中央经济工作会议指出"解决好大城市住房突出问题。住房问题关系民生福祉。要坚持房子是用来住的、不是用来炒的定位，因地制宜、多策并举，促进房地产市场平稳健康发展。要高度重视保障性租赁住房建设，加快完善长租房政策，逐步使租购住房在享受公共服务上具有同等权利，规范发展长租房市场"。2021 年，中央经济工作会议指出"有效防范化解重大经济金融风险，要确保房地产市场平稳发展，扎实做好保交楼、保民生、保稳定各项工作"。2022 年，中央经济工作会议提出"要因城施策，支持刚性和改善性住房需求，解决好新市民、青年人等住房问题，探索长租房市场建设。要坚持房子是用来住的、不是用来炒的定位，推动房地产业向新发展模式平稳过渡"。2023 年，中央经济工作会议指出"积极稳妥化解房地产风险，促进楼市平稳健康发展，加快构建房地产发展新模式"。2024 年的政府工作报告提出"适应新型城镇化发展趋势和房地产市场供求关系变化，加快构建房地产发展新模式。加大保障性住房建设和供给，完善商品房相关基础性制度，满足居民刚性住房需求和多样化改善性住房需求"。

中央政府和相关部委出台了一系列政策文件支持住房租赁市场发展。国务院办公厅《关于加快培育和发展住房租赁市场的若干意见》（国办发〔2016〕39号）要求"建立购租并举的住房制度为主要方向，健全以市场配置为主、政府提供基本保障的住房租赁体系。支持住房租赁消费，促进住房租赁市场健康发展"。住房和城乡建设部等部委《关于整顿规范住房租赁市场秩序的意见》（建房规〔2019〕10号）提出"严格登记备案管理，真实发布房源信息，落实网络平台责任，动态监管房源发布，规范住房租赁合同，规范租赁服务收费，保障租赁房屋安全，管控租赁金融业务，加强租赁企业监管，建设租赁服务平台，建立纠纷调处机制，加强部门协同联动，强化行业自律管理，发挥舆论引导作用"。2020年颁布的《中华人民共和国民法典》在第三编合同的效力第二分编典型合同第十四章租赁合同明确了出租人和承租人的权利和义务。

2021年国务院《政府工作报告》中明确要求"规范发展长租房市场""尽最大努力帮助新市民、青年人等缓解住房困难"等。4月26日，住建部等6部门联合发布了《关于加强轻资产住房租赁企业监管的意见》，住房租赁市场的首个系统性监管政策出台。该意见主要从资金监管方面规范了长租公寓市场的"高收低租"和"长收短付"行为。同年8月，住建部等8部门联合发布《关于持续整治规范房地产市场秩序的通知》，力争用3年左右时间，实现房地产市场秩序明显好转。监管政策的落地，进一步规范了市场经营，推动了住房租赁行业平稳健康发展。住建部发布《住房和城乡建设部关于在实施城市更新行动中防止大拆大建问题的通知》规定，要确保住房租赁市场供需平稳，住房租金年度涨幅不超过5%。

2022年1月10日，国家发展和改革委员会、住房和城乡建设部等21部门联合发布《"十四五"公共服务规划》，提出推动重点领域非基本公共服务扩容，积极推动改善住房条件。人口净流入的大城市要大力发展保障性租赁住房，主要解决符合条件的新市民、青年人等群体的住房困难问题，以建筑面积不超过70平方米的小户型为主，租金低于同地段同品质市场租赁住房租金。

2023年11月2日中国人民银行党委扩大会议强调，因城施策指导城市政府精准实施差别化住房信贷政策，更好支持刚性和改善性住房需求，有效满足房地产企业合理融资需求，支持"平急两用"公共基础设施、城中村改造和保障性住房建设"三大工程"，加大住房租赁金融支持力度，促进房地产市场健康平稳发展。

从上述政策的连续性和愈加细化的规定可见，国家花大力气促进住房租赁部门的发展，新要求就是租购并举。与此同时，2015 年以来，一些地方政府积极贯彻落实中央的政策，出台了一系列完善住房租赁市场的有针对性政策。

二、配租型保障性住房的发展

（一）廉租住房的确立与发展（1998—2009 年）

早在 1994 年，《国务院关于深化城镇住房制度改革的决定》（国发〔1994〕43 号）提出公房租金改革达到成本租金或者市场租金和发展租赁商品房。1998 年，《国务院关于进一步深化城镇住房制度改革加快住房建设的通知》（国发〔1998〕23 号）提出要针对不同的家庭收入等级供应不同的租赁住房类型，对最低收入家庭供应廉租住房，中高收入家庭供应租赁商品房。此后，一系列政策出台规范了廉租住房的发展，明确其为保障房。

城镇廉租住房最初的保障对象是最低收入家庭。《城镇廉租住房管理办法》（建设部令第 70 号）自 1999 年 5 月 1 日起施行，在 2004 年 3 月 1 日起施行《城镇最低收入家庭廉租住房管理办法》。其中第二条规定，城镇廉租住房是指政府和单位在住房领域实施社会保障职能，向具有城镇常住居民户口的最低收入家庭提供的租金相对低廉的普通住房。其中第 5 条规定，廉租住房租金标准实行政府定价。除来源为现有公房根据现有公有住房的租金标准和政策确定外，其他来源的廉租住房的租金标准，原则上按照维修费和管理费两项因素确定，以后随着最低收入家庭收入水平的提高而适当提高。城镇最低收入家庭廉租住房保障方式应当以发放租赁住房补贴为主，实物配租、租金核减为辅。随后，《城镇最低收入家庭廉租住房管理办法》自 2004 年 3 月 1 日起施行，根据 2007 年 11 月 8 日中华人民共和国住房和城乡建设部等部委令第 162 号废止。

城镇廉租住房的保障对象由最低收入家庭扩大到低收入家庭。2007 年，《国务院关于解决城市低收入家庭住房困难的若干意见》（国发〔2007〕24 号）提出：进一步建立健全城市廉租住房制度，城市廉租住房制度是解决低收入家庭住房困难的主要途径。2007 年底前，所有设区的城市要对符合规定住房困难条件、申请廉租住房租赁补贴的城市低保家庭基本做到应保尽保；2008 年底前，所有县城要基本做到应保尽保。"十一五"期末，全国廉租住房制度保障范围要由城市最低收入住房困难家庭扩大到低收入住房困难家庭；2008 年底前，东部地区和其他有条件的地区要将保障范围扩大到低收入住房困难家庭。2007 年 12 月 1 日开始实施的《廉租住房保障办法》，其中第 2 条规定，城市低收入住房困难家庭，是指城市和县人民政府所在地的镇范围内，家庭收入、住房状况等符合市、县人民政府规定条件的家庭。其中第五条规定，廉租住房保障方式实行货币补贴和实物配租等相结合。采取货币补贴方式的，补贴额度按照城市低收入住房困难家庭现住房面积与保障面积标准的差额、每平方米租赁住房补贴标准确定。采取实物配租方式的，配租面积为城市低收入住房困难家庭现住房面积与保障面积标准的差额。

2014 年起廉租住房并入公共租赁住房。2013 年 12 月，住建部、财政部和发改委联合发布《关于公共租赁住房和廉租住房并轨运行的通知》。通知规定，从 2014 年起，各地廉租房建设计划调整并入公租房建设计划。2014 年以前年度已列入廉租房建设计划的在建项目可继续建设，建成后统一纳入公租房管理。

（二）公共租赁住房的确立与发展（2010—至今）

2009 年之后中国出现了房价的快速飞涨，很多人买不起房，同时也不符合入住廉租房和经济适用房的条件，成为夹心层。为了解决城镇中低收入家庭的住房困难问题，2009 年《政府工作报告》首次提出"积极发展公共租赁房"，覆盖夹心层。2009 年北京市率先将公共租赁住房建设纳入保障性住房建设体系，并发布实施了《北京市公共租赁住房管理办法（试行）》。该办法确定了公共租赁住房的供应对象为本市中低收入住房困难家庭，包括已通过廉租住房、经济适用住房、限价商品住房资格审核尚在轮候的家庭以及其他住房困难家庭。并规定公共租赁住房的租赁期限最长不超过 5 年，可申请续租。租金按照保本微利的原则并结合承租家庭负担能力和同类地段类似房屋市场租金按一定比例下浮确定公共租赁住房租金，并按年度动态调整。

2010 年 6 月，住建部等七部委联合发布了《关于加快发展公共租赁住房的指导意见》（国发〔2010〕10 号），将大力发展公共租赁住房定位为完善住房供应体系，培育住房租赁市场，满足城市中等偏下收入家庭基本住房需求的重要举措。其中规定，公共租赁住房供应对象主要是城市中等偏下收入住房困难家庭。有条件的地区，可以将新就业职工和有稳定职业并在城市居住一定年限的外来务工人员纳入供应范围。公共租赁住房的供应范围和供应对象的收入线标准、住房困难条件，由市、县人民政府确定。已享受廉租住房实物配租和经济适用住房政策的家庭，不得承租公共租赁住房。公共租赁住房租金水平，由市、县人民政府统筹考虑住房市场租金水平和供应对象的支付能力等因素合理确定，并按年度实行动态调整。符合廉租住房保障条件的家庭承租公共租赁住房的，可以申请廉租住房租赁补贴。

随后，廉租住房并入了公共租赁住房。在 2013 年 12 月，住房和城乡建设部、财政部和国家发展和改革委员会联合发布《关于公共租赁住房和廉租住房并轨运行的通知》（建保〔2013〕178 号）要求，从 2014 年起，各地公共租赁住房和廉租住房并轨运行，并轨后统称为公共租赁住房。公共租赁住房租金原则上按照适当低于同地段、同类型住房市场租金水平确定。政府投资建设并运营管理的公共租赁住房，各地可根据保障对象的支付能力实行差别化租金，对符合条件的保障对象采取租金减免。社会投资建设并运营管理的公共租赁住房，各地可按规定对符合条件的低收入住房保障对象予以适当补贴。

（三）保障性租赁住房的发展（2021—至今）

在公共租赁住房之后出现了保障性租赁住房，二者并存。2021 年，国务院办公厅印发《关于加快发展保障性租赁住房的意见》，（国发〔2021〕22 号）提出需加快完善以公共租赁住房、保障性租赁住房和共有产权住房为主体的住房保障体系。国务院《关于规划建设保障性住房的指导意见》（国发〔2023〕14 号）提出，对符合条件的城镇住房收入困难家庭提供公共租赁住房，承租人按照市场租金标准支付租金，政府根据承租人的困难程度给予相应的租金补助；对符合条件的新市民、青年人，特别是从事基本公共服务的机关事业单位和企业人员提供保障性租赁住房；要建设保障性住房，重点针对住房有困难且收入不高的工薪收入群体、政府引进人才以及户籍无房"夹心层"，按划拨方式供地和负责建设配套设施，在此基础上采取市场化方式运作，按保本微利原则配售。

保障性租赁住房的发展经历了三个阶段。第一个是政策酝酿阶段（2015—2017 年）。

2015 年之后，我国房价出现了一轮普遍上涨，尤其是一线城市和重点二线城市房价上涨幅度较快，新市民、青年人买不起房和租不起房问题凸显。但是，城镇住房保障体系对这些群体的涉及存在诸多不足。这一阶段的住房保障政策主要以棚改安置房、公共租赁住房等实物保障为主，这些保障性住房的生产数量少、位置偏远，主要涉及城镇户籍低收入住房困难家庭、棚改拆迁安置家庭。在财政能力有限、地方政府更多关注本地户籍低收入住房困难家庭的情况下，尽管建设部出台的公共租赁住房政策要求将新市民、青年人纳入公共租赁住房，但是，大部分流动人口没有得到公共租赁住房，面临租不起房的困境。这一时期中央政府开始意识到未来有一部分人群将长期通过租房解决居住问题，并且需要更加关注人口净流入大城市新市民、青年人的住房保障问题。

第二个是政策试点阶段（2017—2021 年）。

2017 年，习近平总书记在党的十九大报告中提出"建立多主体供应，多渠道保障、租购并举的住房制度"。2017 年 7 月，住房和城乡建设部等部委在北京、上海等 13 个城市开展利用集体建设用地建设租赁住房试点工作（2019 年试点城市增加至 18 个）。2019 年国家发展和改革委员会明确允许租赁房屋常住人口在城市公共户口落户。2019 年 9 月，住建部公布了《住房租赁条例（征求意见稿）》。2019 年底，住房和城乡建设部在沈阳、南京、苏州、杭州、合肥、福州、济南、青岛、郑州、长沙、广州、深圳、重庆这 13 个城市部署开展完善住房保障体系工作，重点发展政策性租赁住房（见表 2-1）。

表 2-1 **2020 年至今中央及保障性租赁住房（原政策性租赁住房）**

试点城市相关政策清单

日　期	发布主体	政　策　标　题
2020 年 1 月 17 日	广州	《广州市发展政策性租赁住房试点方案》
2020 年 6 月 16 日	重庆	《重庆市住房和城乡建设委员会关于加快推进政策性租赁住房试点工作的通知》

续表

日　　期	发布主体	政　策　标　题
2020 年 7 月 28 日	长沙	《长沙市政策性租赁住房建设管理实施办法（试行）（征求意见稿）》
2020 年 7 月 31 日	沈阳	《关于采取"限地价 竞自持"发展政策性租赁住房的若干意见》
2020 年 8 月 28 日	深圳	《深圳市 2020 年度城市更新和土地整备计划》
2020 年 9 月 14 日	南京	《发展政策性租赁住房和支持城镇老旧小区改造战略合作协议》
2021 年 6 月 2 日	中央	《保障性租赁住房中央预算内投资专项管理暂行办法》
2021 年 7 月 2 日	中央	《国务院办公厅关于加快发展保障性租赁住房的意见》

资料来源：贝壳研究院整理。

很多城市积极响应中央号召，贯彻落实国务院办公厅《关于加快培育和发展住房租赁市场的若干意见》（国办发〔2016〕39 号）的要求发展非居住建筑改租赁住房，"允许将商业用房等按规定改建为租赁住房，土地使用年限和容积率不变，土地用途调整为居住用地，调整后用水、用电、用气价格应当按照居民标准执行。允许将现有住房按照国家和地方的住宅设计规范改造后出租，改造中不得改变原有防火分区、安全疏散和防火分隔设施，必须确保消防设施完好有效"。2021 年至今，全国多个城市如北京、南宁、重庆、郑州、厦门等城市接连发布非居住建筑改建租赁住房相关文件。其中南宁市最早发布非居住建筑改租赁住房的政策，重庆发布了非改租的改造技术标准，北京明确集体土地上存量建筑改造租赁住房经政府同意也适用"非改租"标准。

第三个是政策全面推行阶段（2021 年至今）。

2021 年 7 月 2 号国务院办公厅发布《关于加快发展保障性租赁住房的意见》（国办发〔2021〕22 号）明确了筹集保障性租赁住房的来源，除了集体建设用地新建、企事业单位依法取得使用权的土地新建、产业园区配套建设之外，"对闲置和低效利用的商业办公、旅馆、厂房、仓储、科研教育等非居住存量房屋，经城市人民政府同意，在符合规划原则、权属不变、满足安全要求、尊重群众意愿的前提下，允许改建为保障性租赁住房；用作保障性租赁住房期间，不变更土地使用性质，不补缴土地价款"。

2021 年 7 月，国家发改委下发《关于进一步做好基础设施领域不动产投资信托基金（REITs）试点工作的通知》，首次将保障性租赁住房纳入试点申报项目名单中，加大住房租赁金融支持力度的同时，推动和改善了保障性租赁住房的融资环境。

与试点政策相比，这一轮政策导向更加明确，保障性租赁住房未来在租赁体系中将扮演更加重要的作用，通过增加保障性租赁住房供应，限定产品类型、承租对象、租金价格等，解决新市民、青年人的住房问题。北京、厦门、南宁、郑州等地纷纷出台文件推动非居住建筑改建保障性租赁住房落地。试点政策性租赁住房全面转向保障性租赁住房，各地逐步将政策性租赁住房转为保障性租赁住房进行管理（见表 2-2）。

表 2-2　　　　　政策性租赁住房试点城市房屋筹集标准对比

试点城市	租 金 要 求	租赁建筑面积要求
广州	租金标准为同地段市场租赁住房租金标准的 50%～70%	以建筑面积 30 平方米左右的小户型为主
长沙	租金价格原则上控制在市场租金的 50%～70%	政策性租赁住房以建筑面积 30 平方米以下及公寓式住房为主，建筑设计应符合国家以及省、市有关建筑标准、规范和规定，按照不低于公共租赁住房装修标准全装修交房，配备相应的生活设施，满足基本租住需要
沈阳	租金不高于市场租金的 70%	住房建筑面积为 $30m^2$～$50m^2$ 拎包入住基本条件，装修标准应不低于 800 元/m^2
重庆	租金标准为市场租金的 60%～70%	以 30 平方米左右的小户型及公寓式成品住房为主，具备基本入住条件

资料来源：各地房管局。

据不完全统计，截至 2022 年 8 月 31 号，全国约有 40 个城市发布了保障性租赁住房实施意见，从面积、租金、规模、运营、人群准入要求等方面确定纳入保障性租赁住房（简称纳保）的条件。

2023 年 7 月 21 日，国务院常务会议审议通过了《关于在超大特大城市积极稳步推进城中村改造的指导意见》，并在 28 日召开工作部署电视电话会，将"超大特大城市积极稳步推进城中村改造"提升至中国式现代化战略全局高度。9 月，自然资源部提出"探索城中村改造地块按一定比例建设保障性住房，探索利用集体建设用地建设保障性租赁住房"。

2023 年 12 月 20 日，新华社记者采访住房城乡建设部相关司局负责人问道，新一轮保障性住房规划建设与此前原有的住房保障体系有何不同？该负责人说，原有的住房保障体系是以公共租赁住房、保障性租赁住房为主体，而现在则将保障性住房建设，分为配租型和配售型两种保障性住房，其中配租型包括公共租赁住房、保障性租赁住房，配售型保障性住房，按保本微利原则配售。按照要求，城市人民政府要从解决困难工薪人群住房问题入手，根据供给能力，合理确定保障范围和准入条件，逐步将保障范围扩大到整个工薪收入群体①。

第三节　我国住房租赁体系发展需要处理的四大关系

一、租赁住房在国民经济和社会发展中的功能和定位

首先需要处理租赁住房和国民经济和社会发展的关系。在 PADCO（2006）"Housing for All：Essential to Economic，Social，and Civic Development" 文中总结了住房关系到经济、社会、以及公民权利发展。许多住房相关的活动直接有助于实现更广泛的社会经济发展目标。住房投资是经济增长的主要驱动力之一。在美国，住房直接贡献了 14% 的国内生产总值（GDP），并带动了 6% 的下游支出。住房贷款有助于发展初级和二级金融市场。住房建筑业为城市移民提供了就业机会。住房登记和非正规住房的合法化为城市提供了财产税的基础。在社会发展方

---

① 新华社. 新一轮保障性住房建设启动，保障谁？怎么保？谁来建？［EB/OL］.（2023-12-20）［2024-09-04］. http：//www.xinhuanet.com/2023-12/20/c_1130037695.htm.

面，住房是遭受了自然和人为灾难的弱势群体继食物和医疗保健之后的首要需求。在经济增长的时代，建造好的住房通过保值增值对冲了通货膨胀，通过出租提供了安全稳定的收入，并可以作为抵押品获得贷款。住房维修会增加贫困家庭的财产价值，并可以利用其他资源。而且干净、温暖的住房是预防疾病和护理病人的重要投入。住房改善也促进了社会治理，需要改进住房条件的呼声促进了公民组织（住房协会、社区组织）作为民选代表的孵化器。住房投资扩大了地方税基，促进了地方自治和地方政府的迅速响应。拥有安全的家和社区，居民对所在社区的住房条件和公众服务比较满意，有助于社会稳定和安全。世界银行"Housing For All by 2030"提出提供体面和可支付的住房是可持续发展目标之一。

租赁住房关系到租户的生活和就业，对经济、社会，以及公民权利发展也有重要的影响。哈佛大学 JCHS（Apgar，2004）的工作论文提出，好的品质和可支付的住房是租户获得许多经济和社会机会的基础，有利于他们获得工作机会、参加培训和获得教育，从而提升他们的生活质量。

自改革开放以来，我国的国民经济和社会进入了快速发展期，在经济发展方面，比较重视房地产作为经济增长的火车头作用，由于新房销售能够带来更多的消费和投资，相应的政策偏重住房买卖市场，而不太关注住房租赁市场。在社会发展方面，在中共十六届三中全会上，中国提出了树立全面、协调、可持续的科学发展观，强调要转变过去偏重经济增长的发展模式，以实现经济、社会、环境等方面的全面发展，开始重视社会发展。租赁住房对经济发展的影响不如住房买卖市场，但是它作为社会发展的住有所居重要环节，对增强人民群众获得感、幸福感、安全感，促进人的全面发展和社会全面进步，具有十分重要的意义。中国被视为东亚发展型福利国家的一员，同时正在加强社会发展，实现共同富裕。为了平衡动态的经济增长和社会发展目标，在共同富裕导向下，中国的住房制度是否能顺利从"生产型"制度（productivist regime）逐渐过渡为"发展型"制度（developmental regime）？

二、租赁住房在住房体系中的功能和定位

其次需要处理租赁住房和购买住房的关系。相较于住房买卖市场，过去不太重视住房租赁市场。2016年6月，国务院出台《加快培育和发展住房租赁市场

的若干意见》，提出"实行购租并举，培育和发展住房租赁市场"，首次将租赁市场发展提升至与购买比肩的地位。2017 年党的十九大报告提出加快建立多主体供应、多渠道保障、租购并举的住房制度，要发展住房租赁市场特别是长期租赁，保护租赁利益相关方合法权益，支持专业化、机构化住房租赁企业发展。这首次将租放在了购的前面，强调发展住房租赁的重要性。党的二十大报告在"增进民生福祉，提高人民生活品质"中再次提出"坚持房子是用来住的、不是用来炒的定位，加快建立多主体供给、多渠道保障、租购并举的住房制度"。这意味着租赁在住房体系得到了重视。在住房体系内部，租赁的功能和定位是什么？住房租赁与住房买卖在住房体系内部如何衔接？

三、住房租赁体系内部的市场和保障的关系

再次，需要处理市场租赁住房和保障性租赁住房的关系。根据《"十四五"公共服务规划》，从服务供给的权责分类来看，公共服务包括基本公共服务、普惠性非基本公共服务两大类。其中，基本公共服务是保障全体人民生存和发展基本需要、与经济社会发展水平相适应的公共服务，由政府承担保障供给数量和质量的主要责任，引导市场主体和公益性社会机构补充供给。非基本公共服务是为满足公民更高层次需求、保障社会整体福利水平所必需但市场自发供给不足的公共服务，政府通过支持公益性社会机构或市场主体，增加服务供给、提升服务质量，推动重点领域非基本公共服务普惠化发展，实现大多数公民以可承受价格付费享有。此外，为满足公民多样化、个性化、高品质服务需求，一些完全由市场供给、居民付费享有的生活服务，可以作为公共服务体系的有益补充，政府主要负责营造公平竞争的市场环境，引导相关行业规范可持续发展，做好生活服务与公共服务的衔接配合。随着我国经济社会发展水平的不断提高，基本公共服务、非基本公共服务与市场供给的生活服务之间的边界也随之发生变化，公共服务体系的范围、水平和质量都在稳步有序提升，不断满足人民日益增长的美好生活需要。补齐基本公共服务短板，做好城镇住房和收入困难家庭公租房保障，实行实物保障和货币补贴并举，合理确定实物公租房保有量，对城镇户籍低保、低收入住房困难家庭依申请应保尽保。推动重点领域非基本公共服务扩容，积极推动改善住房条件。人口净流入的大城市要大力发展保障性租赁住房，主要解决符合条

件的新市民、青年人等群体的住房困难问题，以建筑面积不超过 70 平方米的小户型为主，租金低于同地段同品质市场租赁住房租金。从这里可以看出，市场租赁住房为市场供给的生活服务，公共租赁住房为基本公共服务，保障性租赁住房为非基本公共服务。

这里需要辨析的问题：一是市场租赁住房、公共租赁住房、保障性租赁住房这三者之间是什么关系？从目前的政策文件来看，似乎是将城市分为人口净流入的大城市和其他城市，在人口净流入的大城市为城镇住房和收入困难家庭提供公共租赁住房，并为符合条件的新市民、青年人等群体提供保障性租赁住房，而在其他城市，由于人口净流入较少，新市民和青年人不多，因此主要是为城镇住房和收入困难家庭提供公共租赁住房。那么在人口净流入的大城市，公共租赁住房和保障性租赁住房的边界如何划分？相应的保障对象是否有区别？保障房的标准和租金标准是否有所不同？准入和退出监管政策是否有所不同？二是在很多城市住房供求平衡，如何利用市场租赁住房来实现住房保障的目标？以及公共租赁住房、保障性租赁住房是否可以转换为市场租赁住房？

四、如何实现渠道多元、总量平衡、结构合理、价格稳定、服务规范、制度健全

最后需要处理发展目标和实现路径的关系。《住房城乡建设部关于加快培育和发展住房租赁市场的指导意见》（建房〔2015〕4 号）提出：发挥市场在资源配置中的决定性作用和更好发挥政府作用，积极推进租赁服务平台建设，大力发展住房租赁经营机构，完善公共租赁住房制度，拓宽融资渠道，推动房地产开发企业转型升级，用 3 年时间，基本形成渠道多元、总量平衡、结构合理、服务规范、制度健全的住房租赁市场。

《关于加快发展保障性租赁住房的意见》（国办发〔2021〕22 号）提出：引导多方参与。保障性租赁住房由政府给予土地、财税、金融等政策支持，充分发挥市场机制作用，引导多主体投资、多渠道供给，坚持"谁投资、谁所有"，主要利用集体经营性建设用地、企事业单位自有闲置土地、产业园区配套用地和存量闲置房屋建设，适当利用新供应国有建设用地建设，并合理配套商业服务设施。支持专业化、规模化住房租赁企业建设和运营管理保障性租赁住房。坚持供

需匹配。城市人民政府要摸清保障性租赁住房需求和存量土地、房屋资源情况，结合现有租赁住房供求和品质状况，从实际出发，因城施策，采取新建、改建、改造、租赁补贴和将政府的闲置住房用作保障性租赁住房等方式，切实增加供给，科学确定"十四五"保障性租赁住房建设目标和政策措施，制定年度建设计划，并向社会公布。

因此，我国住房租赁体系发展目标可以归纳为渠道多元、总量平衡、结构合理、价格稳定、服务规范、制度健全。这里的问题是，多渠道可以从供给主体和房源来源来看，目前的供给主体结构是否合理？房源来源是否合理？由于住房租赁需求的分层次，变化较大，并且存在着潜在需求和有效需求的区别，供给存在着多样性，并且分为有效供给和非有效供给，那么如何实现住房租赁供给与需求的总量平衡、结构合理？价格是否相对稳定？住房租赁双方的权利义务如何平衡？服务和市场秩序如何规范？法律制度如何健全？

第三章　我国市场租赁住房发展的现状和需要解决的问题

第一节　我国市场租赁住房需求的现状和特征

一、我国市场租赁住房需求的现状和特征

（一）租赁住房需求规模不断增加

对比 2000 年、2010 年和 2020 年人口普查资料，可以看出租赁借住住房人口数和家庭数不断上升。

首先看 2000 年的租赁住房情况。2000 年我国第五次人口普查按照常住人口登记的原则，每个人必须在常住地进行登记。人口普查以户为单位进行登记。户分为家庭户和集体户。人口普查表分为普查表短表和长表两种形式。普查表长表根据国家规定的办法，从家庭户中抽出 10% 的户填报，普查表短表由其余的户填报。在第五次人口普查短表数据中除了人口社会经济特征数据外，还有两个住房调查指标：家庭户填报本户住房间数（H9），本户住房建筑面积（H10）。在第五次人口普查长表数据中除了有人口社会经济特征数据外，还有家庭户住房数据。其中住房数据总共有 15 个调查问题：本户住房间数（H9）、本户住房建筑面积（H10）、住房用途（H11）、本住房中是否有其他合住户（H12）、住房建成时间（H13）、建筑层数（H14）、住宅外墙墙体材料（H15）、住房内有无厨房（H16）、主要炊事燃料（H17）、是否饮用自来水（H18）、住房内有无洗澡设施（H19）、住房内有无厕所（H20）、住房来源（H21）、购建住房费用

（H22）、月租房费用（H23）。根据《2000 年第五次全国人口普查主要数据公报》，全国总人口为 129533 万人，其中：祖国大陆 31 个省、自治区、直辖市（不包括福建省的金门、马祖等岛屿，下同）和现役军人的人口共 126583 万人（抽查结果，人口漏登率为 1.81%。祖国大陆 31 个省、自治区、直辖市的总人口中已包括据此计算的漏登人口）。祖国大陆 31 个省、自治区、直辖市共有家庭户 34837 万户，家庭户人口为 119839 万人，集体户人口为 6744 万人，也就是居住在集体宿舍 6744 万人。在第五次人口普查长表数据中，全国总人口数为 124261 万人，家庭户人口占总人口 94.8%，集体户人口比重为 5.2%。全国总户数为 35123 万人，家庭户占总户数的 96.9%，家庭户规模 3.45 人。填写住房来源的长表抽样（C5CNL8-4 全国分地区家庭户按住房来源分的户数）家庭户共有 3319 万户，租用公房 203 万户，租用商品房 90 万户，其他住房为 120 万户。不属于自有产权和上述住房产权性质填写其他。将租用公房、租用商品房、其他作为租赁借住住房家庭，则租赁借住住房家庭占总家庭比例为 12.43%。租赁借住住房人口（集体户人口和租赁家庭户人口之和）占总人口比重为 17.1%，总数为 2.16 亿人。这里计算的租赁借住住房家庭户人口按照长表抽样数据租赁家庭户占总家庭户比重推算全国家庭户中租赁家庭户的数量，然后乘以平均家庭户规模得到，考虑到租赁借住家庭户通常比自有住房家庭户规模要小，该比例有所高估。

　　然后看 2010 年的租赁住房情况。根据《第六次全国人口普查主要数据发布》的信息，全国总人口为 133972 万人，31 个省、自治区、直辖市共有家庭户 40152 万户，家庭户人口 124461 万人，平均每个家庭户的人口为 3.10 人。集体户人口（居住在集体宿舍）为 9511 万人。根据《第六次全国人口普查表填写说明》，本次普查短表按户填报的项目要求所有的户（家庭户和集体户）都填报，包括了本户住房建筑面积和本户住房间数，长表包括住房来源等 13 个调查指标。填写住房来源的长表抽样（B904a 全国分地区家庭户按住房来源分的户数）家庭户共有 3927 万户，租赁廉租住房 57 万户，租赁其他住房 412 万户，其他 104 万户。不属于自有产权和上述住房产权性质填写其他。将租赁廉租住房、租赁其他住房、其他作为租赁借住住房家庭，则租赁借住住房家庭占总家庭比例为 14.61%。租赁借住住房人口（集体户人口和租赁家庭户人口之和）占总人口比重为 20.67%，总数为 2.77 亿人。这里计算的租赁借住住房家庭户人口按照长表抽样数据租赁家庭户占总家庭户比重推算全国家庭户中租赁家庭户的数量，然后乘以平均家庭户规模得到，考虑到租赁家庭户通常比自有住房家庭户规模要小，该比例有所高估。

再次看 2020 年的租赁住房情况。根据《第七次全国人口普查主要数据情况》的信息，全国人口（全国人口是指我国大陆 31 个省、自治区、直辖市和现役军人的人口，不包括居住在 31 个省、自治区、直辖市的港澳台居民和外籍人）共141178 万人，全国共有家庭户 49416 万户，家庭户人口为 129281 万人，平均每个家庭户的人口为 2.62 人；集体户 2853 万户，集体户人口（居住在集体宿舍）为 11897 万人。根据《第七次全国人口普查表填写说明》，本次普查短表按户填报的项目要求所有的户（家庭户和集体户）都填报，对于住所类型为普通住宅的，包括集体住所、工作地住所、其他住房、无住房四类，继续填报本户现住房建筑面积和间数，对于住所类型不是普通住宅的，则跳过这两项。本次普查长表按户填报的项目要求所有的户（家庭户和集体户）的住房填报要求也是如此。根据短表，居住在普通住宅的家庭户为 46524 万户，人数为 123855 万人。根据长表，全国按照住房来源分的家庭户数 4579 万户，租赁廉租住房 108 万户，租赁其他住房 561 万户，其他为 189 万户。将租赁廉租住房、租赁其他住房、其他作为租赁借住住房家庭，则租赁借住住房家庭占总家庭比例为 18.7%。租赁借住住房人口（集体户人口和租赁家庭户人口之和）占总人口比重为 25.6%，总数为3.6 亿人。这里计算的租赁借住住房家庭户人口按照长表抽样数据租赁家庭户占总家庭户比重推算全国家庭户人口中租赁家庭户人口的数量，然后加上集体户人口得到，考虑到租赁家庭户通常比自有住房家庭户规模要小，该比例有所高估。

一些市场机构的分析和预测结果也表明租赁群体的上升。2017 年中国租赁人口为 1.98 亿人，2018 年上涨至 2.21 亿人，同比增长 11.62%，2019 年租赁人口为 2.18 亿人①。根据艾媒数据中心发布官网数据，2020 年全国住房租赁人口

① 张霄，张东杰 . 2018 年轻人租房大数据报告（人群画像）［R/OL］. （2018-12-20）
［2024-09-04］. https：//www.cbndata.com/.

数量可能会突破 2.25 亿①。同时，根据国信达的预测，住房租赁需求将继续增加②。预计至 2023 年，房屋租赁总面积将达到 83.82 亿，租赁人口达到 2.48 亿人。政策利好进一步促进了住房租赁市场的发展。

（二）大城市租赁住房需求更为旺盛

我国人口向大城市、都市圈、城市群集中，造成了大城市住房租赁需求增加很快。我国城镇化路径表现出大城市、特大城市和超大城市超前增长，并且出现了都市圈、城市群主导的发展模式。由于大城市新增商品住房供给有限，商品房价高且持续上涨，使得先租后买或是长期租赁成为重要的居住选择。与之相对的是，人口规模小、人口流入少的城市住房租赁需求较低。

我国经济发达的一线城市，租住比率高于全国平均水平。2017 年由中国人民大学中国调查与数据中心电话调查实验室针对北京、上海、广州、深圳 18 岁及以上常住人口的住房产权状况调查显示，北京、上海、广州、深圳 4 个城市的常住人口中，都有较大比例的常住人口会选择在市场上租房居住，可以看出此为人们的主要租房方式。其中，北京、上海、广州的情况比较接近，常住人口中从市场上租房住的比例分别为 26.2%，27.3%，27.3%，超过了 1/4，深圳的常住人口从市场上租房住的则高达 53.6%，超过了 1/2。而且，他们居住在单位提供的宿舍或者周转房的占比也在 10% 左右，居住在公租房的比例有 2% 左右（见表3-1）。

表 3-1　　　　　　　　　4 城市常住人口住房产权情况（%）

城市	自己或家人拥有产权	从市场上租房	政府的公租房或廉租房	单位提供宿舍或周转房
北京	60.7	26.2	1.5	11.6

①　姚景源，秦虹，张国华，等. 2021 中国城市租住生活蓝皮书 ［R/OL］. （2021-11-16）［2024-09-04］. http：//www.xinhuanet.com/house/20211116/5ebd667b36c64bc2a2fbfddffbd7b417/c.html.

②　严荣. 中央财政 134 亿支持 16 城，住房租赁市场的诸多难题有解了？［EB/OL］. （2019-07-20）［2024-09-04］. https：//www.jiemian.com/article/3328535_qq.html.

续表

城市	自己或家人 拥有产权	从市场上租房	政府的公租房 或廉租房	单位提供宿舍 或周转房
上海	63.8	27.3	1.4	7.5
广州	60.3	27.3	1.1	11.3
深圳	33.2	53.6	1.6	11.6

数据收集时间：2017 年 9 月 27 日—2017 年 10 月 31 日。

资料来源：中国人民大学中国调查与数据中心。

（三）租赁住房需求主体为流动人口及高校毕业生

《2020 年中国住房租赁市场总结报告》显示，租赁市场需求两大需求主体为流动人口及高校毕业生。流动人口为租房需求的第一大群体，因此租赁市场的需求活跃度和流动人口数量息息相关。根据《第七次全国人口普查公报（第七号）》全国人口中，人户分离人口（人户分离人口是指居住地与户口登记地所在的乡镇街道不一致且离开户口登记地半年以上的人口）为 49276 万人，其中，市辖区内人户分离（指一个直辖市或地级市所辖的区内和区与区之间，居住地和户口登记地不在同一乡镇街道的人口）人口为 11695 万人，流动人口（人户分离人口中扣除市辖区内人户分离的人口）为 37582 万人。流动人口中，跨省流动人口为 12484 万人，省内流动人口为 25098 万人。与 2010 年第六次全国人口普查相比，人户分离人口增加 23138 万人，增长 88.52%；市辖区内人户分离人口增加 7699 万人，增长 192.66%；流动人口增加 15439 万人，增长 69.73%。中国流动人口主要向一、二线城市聚集，并呈现出年龄低、租房需求量大、租赁周期长的特点。

除流动人口外，普通高校毕业生也存在大量的租房需求。近 10 年来，全国普通高校毕业生人数呈逐渐增长趋势，教育部等部委的就业工作会议指出，2024 届全国高校毕业生人数达 1179 万人，再创历史新高①。据《2020 年大学生就业

---

① 大学生必备网．2024 年高校毕业生人数为 1179 万（含 2010—2023 历年统计）［EB/OL］．（2023-11-06）［2024-09-04］．https：//www.dxsbb.com/news/143353.html.

力报告》分析，从期望就业城市来看，一线、新一线城市及部分省会城市成为毕业生首要选择①。

（四）租赁需求主力为"85后"与"90后"等年轻群体，学历较高

随着"95后"、"00后"步入社会，租房需求也出现一定的变化，年轻人更注重居住的品质，更青睐个性化的生活服务，高品质的租住生活将成为新的需求。通过《房天下》对于来自北京、上海、广州、深圳、苏州、杭州、南京、武汉、成都、重庆、天津11座城市20~45岁异乡中青年的抽样调查显示，在住房租赁的主力年龄段中，"90后"占据了租赁需求的半壁江山②，这反映了我国住房租赁市场依然以中青年劳动力为主。同样，根据贝壳找房的租客调研显示，主流城市的平均租赁年龄为28~35岁，其中北京租客平均年龄最高，为34.5岁。市场中占比最高的租客年龄段是"85后"及"90后"（见图3-1）。

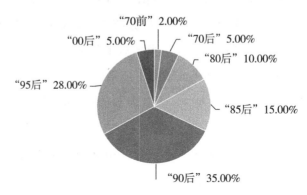

图 3-1 租房人群年龄分布情况

资料来源：根据2020年中国房地产估价师与房地产经纪人学会行业调查问卷回收数据整理。

① 杨萍. 2020年大学生就业力报告：昆明等新一线城市成毕业生首选地［EB/OL］.（2020-04-25）［2024-09-04］. https：//new. qq. com/omn/20200425/20200425A0OJOA00. html.
② 房天下研究院. 2019年中国住房租赁市场大数据分析图谱［EB/OL］.（2020-01-14）［2024-09-04］. https：//esf. fang. com/newsecond/news/34521033. htm.

年轻的租房群体学历较高。从承租人的学历来看，多数受访企业的承租人群中大专和本科学历的承租人员占据大部分的比例，高中及以下、研究生及以上学历的租房者相对较少，可以一定程度上反映市场中住房租赁需求人群的需求状况。但根据企业所处地市的不同以及受访企业产品的目标客群不同，部分企业也存在其自身的特殊性（见表 3-2）。

表 3-2　　　　　　　　受访住房租赁企业承租人学历情况（%）

企业 学历	未来城	易迈	北京自如	上海锐诩	大连佳祥	南京银城千万间
高中及以下	28.76	25.69	14.3	10.00	75.00	10.00
大专	39.30	34.87	15.7	70.00	15.00	45.00
本科生	29.81	37.58	49.4	18.00	10.00	35.00
研究生及以上	2.13	1.86	20.6	2.00		10.00

资料来源：根据 2020 年中国房地产估价师与房地产经纪人学会行业调查问卷回收数据整理。

（五）租赁住房需求层次分化

租赁住房需求可以按照需求层次分为生存需求、享受需求和发展需求。20世纪 70 年代末，联合国有关机构将居民的居住水平分为三个层次：一是最低标准：每人一张床位，并且人均居住面积达到 2 平方米；二是文明标准：每户一套住房，并且人均居住面积达到 8 平方米；三是舒适标准：每人一个房间，人均居住面积 10 平方米以上。这实际上对应着不同层次的居住需求数量。一是一张床需求。由于工作性质、工资收入水平以及工作环境等方面的因素，一些劳动密集型产业中的低端劳动力，如餐厅服务员、送餐骑手、服装厂工人等较低收入群体，其租赁需求主要是"一张床"的基本生存需求，能够满足其安身立命，满足有热水、有厕所等基本居住条件的即可。当然，由于其工作性质，对于职住平衡的要求较高，希望租住在工作地点的附近，或者距离地铁沿线站点不太远和同时满足较低租金条件。从调研的情况来看，该人群倾向于租赁城市中心商改租项目中的集体宿舍。二是一间房需求。广大的高校毕业大学生以及企业普通工作人员中等收入群体对于整租一间房的租赁需求最为普遍。这也是当前租赁需求最为常见、需求最为旺盛的。它不仅满足了"一张床"最为基本的居住条件，与此同时，可以让更多的租赁人群有自己的私人活动空间，可以满足相应的物质和心理需要，在租金上又不至于超过其承受范围。三是一套房需求。随着社会经济的发展，人员流动性越来越大，对于部分高校、医院以及部分企业中层管理人员等较高收入群体，无论是由于固定地点非长期工作（如工作借调）还是家庭集体迁移，他们更倾向于租赁一套房，对于租住品质也就有着更高的要求。而且，这部分收入较高的群体也最可能发生租购转换。

与此同时，一些年轻群体的住房租赁需求升级，从刚需提升为品质居住。当前，随着经济的发展，租客对租赁生活的品质要求也不断提升。从租房群体年龄看，"85 后""90 后"已成为租赁市场主力，其中包括大量的高校毕业生。随着生活质量的提升，相比过去已经发生了变化，租客不再以租赁单纯作为满足居住刚需的无奈选择，而是逐渐把租赁作为一种生活方式的选择。未来租赁住房品质的提升将体现在三个方面：一是居住品质的提升，从装修到配备的家具设施都要满足租客更高的需求；二是服务水平更高，从获取租赁住房签约到入住后的配套服务，都要求更高的服务水平；三是租住生活的稳定性，租客需要更为长期稳定居住的房源，不希望房东突然毁约造成的"无家可归"。

（六）租赁人群更青睐小户型和低总价的房源

根据贝壳研究院与中房经联调研数据的 83 城意向房型访问量排名来看，一室和两室的需求占比就超过了总需求占比的 80%，其中对两室的需求占比最大，达到 67.47%（见图 3-2）。

租赁群体更偏爱低总价的房源。住房租金仍是人们在租赁过程中重点考量的因素。为了节省住房开支，人们倾向于租赁低租金的住房。从按套出租的房屋意向价格段来看，租金在 1000~1500 元/月的房源访问量占比最高，其次是每月租金为 2000~3000 元和 1500~2000 元的价格段，租金为 1000 元/月以下的房源访问量明显减少，其中原因之一是在此价格段的房源较少，另一个原因可能是租赁人群对于居住环境与质量有一定要求，愿意付出更高的租金来换取更舒适的居住

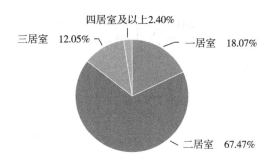

图 3-2 意向房型访问量占比

资料来源：根据 2020 年中国房地产估价师与房地产经纪人学会行业调查问卷回收数据整理。

环境（见图 3-3）。

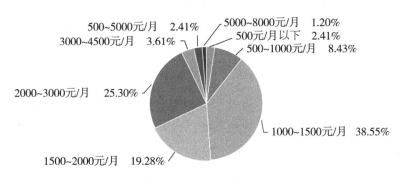

图 3-3 按套出租房屋意向价格段访问量占比

资料来源：根据 2020 年中国房地产估价师与房地产经纪人学会行业调查问卷回收数据整理。

按间出租房屋意向价格段访问量也以低价格段为主，并且因为按间出租房屋平均面积远小于按套出租房屋，500~1000 元/月的价格段访问量占比最高，达37.35%（见图 3-4）。

二、我国市场租赁住房需求的影响因素

市场租赁住房需求受到了人口规模、年龄结构、家庭结构、收入、受教育程

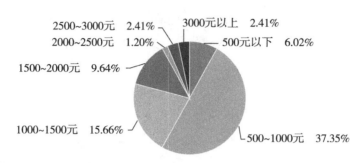

图 3-4 按间出租房屋意向价格段访问量占比

资料来源：根据 2020 年中国房地产估价师与房地产经纪人学会行业调查问卷回收数据整理。

度、就业、房价等因素的影响。Gilbert（2011）认为每个家庭在选择住房租赁时都受到了一些限制。主要的限制因素是他们的收入，但根据其他情况，也可能是种族、宗教、家庭规模，最重要的是当地土地和住房市场的结构。当然也有一些租户是自愿选择的，尽管他们的数量通常较少。因此，很难对租户进行过多概括。然而，有一些共同特征，其中许多与收入、移徙、生命周期、家庭结构和性别有关。

根据这些属性，租户可以大致分为限制型租户和选择型租户。受限制选择租房的家庭包括：低收入居民或无家可归者，因就业原因移民的工人，由于收入不足或不正常，信用记录低或不存在，无法获得信贷的工人家庭，有特殊需要的人，流浪儿童，老年人，受自然和人为灾害影响的人，社会和经济弱势群体，即被遗弃的妇女、儿童等，违约借款人。自愿选择租房的家庭包括：想要保持流动性的年轻夫妇和单身人士，不想拥有住房的中高收入专业人士，学生，受雇于政府、公立机构和其他私营部门的人员，子女长大后想缩小规模的空巢老人，因工作或个人原因而选择短期居住的其他人。

推动未来租房需求的两个关键因素是：户数和户型的变化以及不同群体拥有住房的趋势的变化。住房拥有率在很大程度上是由家庭收入、房价以及抵押贷款的成本和可得性决定的，所有这些都是动态变化的。这些对买房或租房的偏好也有影响。人口年龄结构的变化和国家种族/民族多样性的增加将改变租房需求的面貌。随着人口的老龄化，单身或没有孩子的夫妻租赁家庭的数量将会增加。

第二节 我国市场租赁住房供给的现状和特征

一、我国市场租赁住房供给的现状和特征

(一) 市场供应的租赁房源总量不断增长

根据全国人口普查数据推算，2000 年租用商品房家庭住房面积为 7 亿平方米，（根据租用商品房家庭占比 2.7% 测算），2010 年租赁其他住房的面积为 40 亿平方米（根据租赁其他住房家庭占比 11% 测算），2020 年家庭户租赁普通住宅中的其他住房的面积为 63 亿平方米。由此可以看出我国市场租赁住房供应面积正稳步上涨。

根据一些市场机构的数据，可以看出我国近年房屋市场租赁供应面积仍在稳步上涨，2017 年为 64.12 亿平方米，2018 年为 67.33 亿平方米，同比上涨约 5%，2019 年为 70.7 亿平方米，涨幅基本不变①。当然这些机构的数据可能是不完全统计，存在一定的误差。

(二) 房源来源多渠道，正规住房和非正规住房并存

租赁住房是实际上用于居住用途的房屋体系，包括集体宿舍、成套住宅、公寓等。租赁住房的规划设计用途和实际使用用途可能不完全一致。从规划设计用途来看，它包括了郊区农民在集体建设用地上的宅基地自建自用住房并用于出租，以及集体建设用地上的公寓，以及集体非建设用地上的小产权房用于出租，城市国有居住用地上的集体宿舍和成套住宅，以及城市国有其他建设用地上的集体宿舍、公寓和住宅。此外还包括原来规划设计用途是工业、商业办公等居住用途的建筑被改造为居住用途的公寓等。

中央和地方政府规定了出租房屋需要满足消防安全、人均居住面积等方面的要

---

① 房天下研究院.2019 年中国住房租赁市场大数据分析图谱［EB/OL］.（2020-01-14）［2024-09-04］. https://esf.fang.com/newsecond/news/34521033.htm.

求，这样就出现符合规定要求的租赁住房（正规住房）和不符合规定要求的租赁住房（非正规住房）。对于后者，不符合规定要求的租赁住房成因很复杂，由于我国的法治建设相对滞后，特别是改革开放后很多制度与政策调整无法跟上快速增长的经济和动态变化的社会，所以造成了在一些规定出台之前存在的租赁住房不符合后来出现的规定，以及规定出来之后还没有完成相应审批程序的租赁住房。另外，还有一些则是不合法的建筑用作居住用途，例如农村的小产权房和城市的违建建筑。至于郊区农民在集体建设用地上的宅基地自建自用住房并用于出租，以及集体建设用地上的公寓，因为农村住房并没有专门的建筑标准，所以它通常是低于城市建筑标准。而在一些城市，郊区农村和城中村住房占了租赁住房较高的比例。

（三）市场供应的租赁房源以分散式为主

租赁房源可以分为分散式房源和集中式房源。前者多是从个体家庭手上收租，在一栋楼有几个单元，后者多是趸租一栋楼。根据受访企业的调查数据来看，供给的房源以分散式房源为主，按套数计算分散式房源是集中式房源的 37 倍（见表 3-3、表 3-4）。

表 3-3　　　　　　　　　　受访企业房源管理数量（套）

排名	企　　业	房源总套数		
		小计	集中式	分散式
1	北京自如资产管理有限公司	387715	3435	384280
2	相寓北京资产管理有限公司	71142	461	70681
3	未来域（中国）控股有限公司	6838	6838	/
4	南京银城千万间资产管理有限公司	3307	1517	1790
5	北京润邦润家房地产顾问有限责任公司	1470	/	1470
6	南京星客公寓管理有限公司	244	244	/
7	山东寓到家公寓管理有限公司	232	/	232
8	易迈房地产代理（大连）有限公司	108	/	108
	总计	471056	12495	458561

资料来源：根据 2020 年中国房地产估价师与房地产经纪人学会行业调查问卷回收数据整理。

表 3-4   受访企业房源管理面积（万平方米）

排名	企　　业	房源总面积		
			集中式	分散式
1	易迈房地产代理（大连）有限公司	7093	/	7093
2	北京自如资产管理有限公司	3152.5	8.5	3144
3	相寓北京资产管理有限公司	501.79	2	499.8
4	上海锐诩管理有限公司	30	30	/
5	未来城（中国）控股有限公司	28.2	28.2	/
6	南京银城千万间资产管理有限公司	18.5	5	13.5
7	北京润邦润家房地产顾问有限责任公司	8.7	/	8.7
8	山东寓到家公寓管理有限公司	3	/	3
9	南京星客公寓管理有限公司	2.7	2.7	/
	总计	10838.39	76.4	10762

资料来源：根据 2020 年中国房地产估价师与房地产经纪人学会行业调查问卷回收数据整理。

（四）租赁房源以小户型、小面积为主

全国 19 个重点城市①中一居室的租赁房源占比最高为 41.8%，四居室及以上房源占比不足 5%，可见住房租赁行业中的房源供应以小户型为主。以受访企业管理的成套房源为例，一室和二室房源总占比超过 60% 的企业超过半数。58同城、安居客房产研究院《2019 年中国住房租赁市场总结报告》显示全国在线租赁房源中，1 居室的房源供应量占比 42%，2 居室占比 33.8%，4 居室及以上大户型的房源不足 5%（见图 3-5）。②

从各面积段占比来看，2019 年重点城市租赁房源主力供应面积集中在 50 平方米以下，占比为 33.5%，从面积段占比来看，随着面积的增大，租赁房源的供

①　安居客 . 2019 中国住房租赁报告［R/OL］. （2019-12-17）［2024-09-04］. https：//ai. anjuke. com/introduce/hydc？ from＝HomePage_TopBar.

②　张波，汤秋红，熊雪婧 . 2019 年全国住房租赁市场总结报告［M］. 北京：社会科学文献出版社，2020.

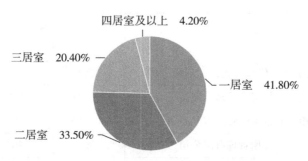

图 3-5 2019 年重点城市租赁房源各户型供应量占比

资料来源：58 同城安居客房产研究院《2019 年中国住房租赁市场总结报告》。

应量减小（见图 3-6）。

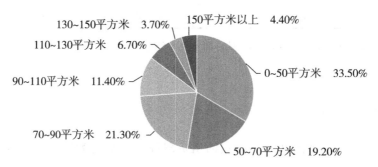

图 3-6 2019 年重点城市租赁房源各面积段供应量占比

资料来源：58 同场面、安居客房产研究院《2019 年中国住房租赁市场总结报告》。

58 同城、安居客房产研究院《2020 年中国住房租赁市场总结报告》显示，2020 年，面积在 50 平方米以下的房源供应占比 35.9%，50～70 平方米、70～90 平方米的房源供应占比均在 15% 左右。

（五）市场供应的租赁房源以低价位为主

58 同城、安居客房产研究院《2019 年中国住房租赁高层总结报告》显示，重点城市租赁房源的价格中，1001～2000 元/月的房源占比最高，随着价格升高，供应的房源也越来越少，由此可见，租赁住房还是主要解决较低收入人口的住房需求（见图3-7）。58同城、安居客房产研究院《2020年中国住房租赁市场总结报告》数据显示，从全国范围的在线租赁房源供应来看，租金在2000元/月以上的房源供应量占比为53.9%，具体来看，2020年房源的租金价格在1001～2000元/月的占比最高，为36.4%，租金在2001～3000元/月的房源占比两成。在2000元/月以下租金占比最高的同时，多个城市的租住面积也呈现出以小面积房源为主的局面。

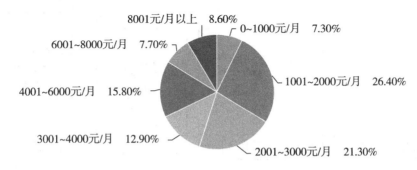

图3-7　2019年重点城市租赁房源各价格段供应量占比

资料来源：58同城、安居客房产研究院《2019年中国住房租赁市场总结报告》。

（六）租赁住房市场供应主体多，以私人房东为主，机构化率较低

从供应主体构成来看，以私人住宅出租为主（90%左右），机构化出租占比较低（5%左右），当前，在政策的支持下，机构化出租占比虽然在不断提升，但占比依然较小。上海公寓企业联盟研究数据显示，2017年我国出租房约1亿套，其中超过90%为个人出租，品牌公寓企业总占有率低于2%，开发商自持经营的居住用房不足1%，由此可以看出，虽然行业在迅速成长，但规模化企业偏少，仍需要时间继续发展才能成熟。

由于缺乏权威的定量数据来反映全国租赁住房的供给结构，这里以住房租赁市场较发达的城市上海为例进行考察。易居研究院数据显示，2016年，上海住房租赁市场中88%的租赁住房为个人私房，企业持有的租赁住房仅占12%（见图3-8）。就企业持有的租赁住房来看，其中仅三成房源为市场租赁住房

（主要是长租公寓机构以及房地产开发商自行建造并持有的住房）。可见我国租赁住房供给方主要以个人私房以及个人房东为主，专业化程度较低。这样一种以非职业化出租人为主体的租赁住房供给侧，在很大程度上决定了我国住房租赁市场长期存在的一系列问题，如租赁房源供需错位、群租问题、租赁关系不稳定等。

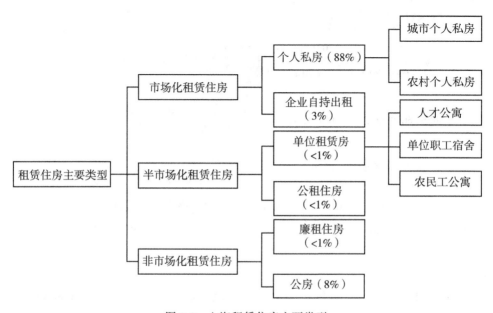

图 3-8　上海租赁住房主要类型

资料来源：易居研究院。

根据易居研究院的分类，租赁住房的主要类型分为市场化租赁住房、半市场化租赁住房、非市场化租赁住房。其中市场化租赁住房是指对出租人和承租人都没有特别限定，目前主要是由个人出租的城市私有住房、农村私有住房（主要集中在大城市的城郊接合部），以及主要由机构出租人（主要是房地产开发商或其他相关企业）出租的酒店式公寓与其他长租公寓。半市场化租赁住房，主要是企事业单位（或系统）建设并向特定群体出租的单位租赁房和按政府有关政策规定向符合特定条件的群体出租的公共租赁住房，租金水平低于市场租金，从总量上看，这类住房的规模较为有限。非市场化租赁住房，主要包括两类：一类是尚未房改出售的公有住房（大多为煤卫非独用的老式住房），由于历史原因，这类住房由承租人及其家庭长期占有，租赁权固化，而且这种固化的租赁可以转让。另一类是廉租房，是由政府或相关企业建设，并定向中低收入、住房困难群体出租的住房，属于住房保障性质，租金水平远低于市场租金。按照 2021 年的住房保障政策，半市场化租赁住房为保障性租赁住房，非市场化租赁住房为公租房。

另一种分类方法则是按照经营模式进行分类，借鉴罗忆宁（2020）根据住房产权主体、出租主体和运营主体关系的分类模式，将住房租赁经营模式分为自营、代管、包租三种模式。自营是住房产权所有人直接出租和运营，代管（托管）是住房产权所有人委托运营主体出租和运营，包租是住房产权所有人将住房租赁给运营主体，然后运营主体对外出租和管理。目前长租房的格局仍然是以个人房东自营为主导，包租模式其次，代管模式较少。三种模式详见图3-9。

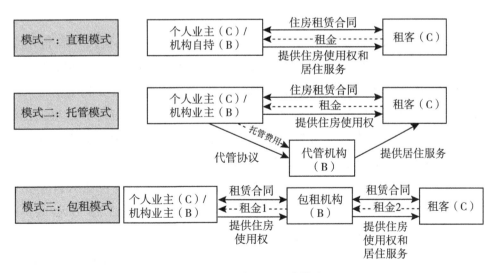

图 3-9 长租房三种经营模式

资料来源：参考罗忆宁（2020）文章绘制。

二、住房租赁企业的发展现状和特征

（一）房地产租赁企业和住房租赁企业发展较快

在房地产租赁业务中，非住宅房地产多是专业机构租赁，与租赁住房有所不同。从供应主体构成来看，租赁住房以私人住宅出租为主（90%左右），机构化出租占比较低（5%左右），当前，在政策的支持下，住宅机构化出租占比在不断提升。由于没有住房租赁企业的统计数据，这里根据第四次经济普查数据中的房地产租赁企业进行分析。

截至 2018 年末，房地产租赁经营企业法人单位数量达 80998 家，占房地产业总体比例约 10.46%；房地产租赁经营业就业规模已经达到 85.9 万人，占房地产业就业的 7%。另外，房地产租赁经营业每单位企业法人就业人数为 10.46 人，水平介于开发经营业和中介服务业之间。

2018 年末，房地产租赁经营业占房地产业总资产比例约 8%。房地产租赁经营业每法人单位均资产规模约 11379.7 万元，已经仅次于开发经营业，远高于其他子行业水平。从人均资产规模看，房地产租赁经营业 1087.77 万元/人，仅次于当年开发经营业 2707.8 万元/人。

对比 2018 年末我国房地产业各子行业间财务杠杆、负债和收入水平情况。我国房地产业总体资产率为 76.71%，开发经营业资产负债率高于平均水平，为 78.26%，租赁经营行业水平最低，为 63.28%，其他三个子行业相应水平均为 70%~75%。负债水平方面，房地产业每单位法人负债 11987.73 万元/单位，单位从业人员的人均负债水平为 703.99 万元/人。开发经营业两指标水平均是最高，其次为其他房地产业，再次是房地产租赁经营业，其相应水平达到 7113.24 万元/单位和 679.03 万元/人。收入情况方面，房地产业每单位法人营业收入 1936.6 万元/单位，单位从业人员的人均营业收入水平约为 113.73 万元/人。房地产开发经营行业的营业收入单位平均和单位从业人员水平均最高，且明显多于房地产业平均水平。单位法人营业收入水平方面，房地产租赁经营业水平次之，随后依次为其他房地产业、物业管理业和中介服务业。而从人均营业收入水平看，房地产租赁经营业和其他房地产业基本持平，且远高于物业管理业的 14.23 万元/人和中介服务业的 20.70 万元/人（见表 3-5）。

表3-5 第四次经济普查中国房地产业及其子行业资产、负债和营业收入特征

指标	资产负债率（％）	单位法人负债（万元/单位）	人均负债（万元/人）	单位法人营收（万元/单位）	人均营收（万元/人）
合计	76.71	11987.73	703.99	1936.60	113.73
房地产开发经营	78.26	38216.73	2119.15	6102.83	338.41
物业管理	70.53	924.26	33.96	387.44	14.23
房地产中介服务	73.33	473.63	61.63	159.11	20.70
房地产租赁经营	63.28	7113.24	679.03	609.46	58.18
其他房地产业	71.93	8936.71	1147.83	454.50	58.38

资料来源：根据全国第四次经济普查公报及中国统计年鉴发布数据计算。

住房租赁企业是房地产租赁企业的主体。近年来，我国住房租赁行业蓬勃发展，规模不断扩大，并表现在住房租赁企业的数量不断增加，管理的租赁房屋的套数和面积不断扩大。

（二）专业化住房租赁企业背景多样

住房租赁企业的创立背景十分多元，根据不同的企业创立背景可大致分为房地产开发背景企业、房地产经纪背景企业、酒店背景企业、创投背景企业，此外还可以按照所有制分为国企和非国企背景企业。国企背景的住房租赁业务具有一定的资金和政策资源优势，在一些城市也开展了自己的住房租赁项目，如杭州宁巢、武汉天橙公寓等。非国企对市场很敏锐，比较灵活（见表3-6）。

表3-6 住房租赁企业创立背景及特征

创立背景	企业特征
房地产开发企业	房地产开发企业凭借其强大的资金优势，在住房租赁行业政策利好背景下，结合企业自身优势定位不同层次的目标客群，推出自己的住房租赁企业品牌，以集中式公寓为其主要业务，如万科泊寓、龙湖冠寓、旭辉领寓等

续表

创立背景	企业特征
房地产经纪企业	房地产经纪企业的优势在于其房源及客源信息丰富，对二手房源的管理有一定的经验积累，故其主要涉足的领域是分散式公寓，如链家自如、我爱我家相寓等
酒店	酒店背景的住房租赁企业拥有丰富的运营经验，并且配套酒店式的标准服务品质，也是众多背景的住房租赁企业中经营住房租赁业务相对得心应手的，其业务也以集中式公寓为主，如汉庭公寓、雅诗阁等
创投企业	创投背景的住房租赁企业出现时间相对较晚，大多借助于互联网和资本两大平台，以独特的经营理念和突出的运营能力立足市场、树立品牌，如魔方公寓等

资料来源：参考 2017 年住房租赁行业报告。

根据受访企业的调查数据来看，创立背景为房地产经纪企业的住房租赁企业房源供应量占比最高。房地产经纪背景的住房租赁企业以房源信息丰富、业务范畴与住房租赁业务更为接近等优势，在众多住房租赁企业中占比更大（见图 3-10）。

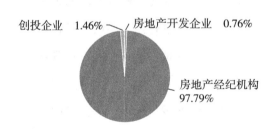

图 3-10　不同住房租赁企业创立背景房源供应情况

资料来源：根据 2020 年中国房地产估价师与房地产经纪人学会行业调查问卷回收数据整理。

（三）专业化住房租赁企业市场集中度低

市场租赁在住房供应体系的地位得到强化。我国住房租赁企业数量快速增长，按照管理房源的数量，2018 年集中式住房租赁企业排名前五的品牌分别是万科泊寓、龙湖冠寓、魔方公寓、旭辉领寓、朗诗寓，分散式住房租赁企业排名前五的品牌分别是自如、相寓、蛋壳公寓、青客公寓、优客逸家。其中地产经纪机构背景的住房租赁企业管理房源数占比 62.39%（见表 3-7）。

表 3-7 **2018 年集中式/分散式住房租赁企业 TOP5**

排名	集中式住房租赁企业		分散式住房租赁企业	
	品牌	房源数量（万间）	品牌	房源数量（万间）
1	万科泊寓	23	自如	90
2	龙湖冠寓	10	相寓	80
3	魔方公寓	7	蛋壳公寓	40
4	旭辉领寓	5	青客公寓	10
5	朗诗寓	3.5	优客逸家	4

资料来源：根据观研天下整理。

随着市场、行业的发展，我国住房租赁企业日益增多。2019 年 8 月，亿翰智库在上海隆重举办 "2019 中国房地产业战略峰会"，其间发布了 2019 年中国租赁住宅企业综合实力排行榜。该排行榜可以作为对行业观察的参考（见表 3-8）。

表 3-8 **2019 年中国租赁住宅企业综合实力 TOP10**

排名	企 业 名 称	品牌名称
1	万科企业股份有限公司	泊寓
2	冠寓商业管理有限公司	冠寓
3	紫梧桐（北京）资产管理有限公司	蛋壳公寓
4	北京自如生活资产管理有限公司	自如
5	北京爱家营企业管理有限公司	相寓
6	上海领昱公寓管理有限公司	旭辉领寓
7	魔方（中国）生活服务集团有限公司	魔方公寓
8	上海锐诩企业管理有限公司	安歆·YU

排名	企业名称	品牌名称
9	深圳世联集房产管理有限公司	世联红璞
10	招商局蛇口工业区控股股份有限公司	招商公寓

资料来源：亿翰智库。

（四）住房租赁企业房源以分散式、包租式为主，集中式的规模运营相对较少

住房租赁企业的运营模式可以通过不同的维度进行描述。其中一种分类方法是按照房源的集散程度分类，分为集中式和分散式两种，其中，集中式公寓的房源多为整栋住房，由运营商统一持有和服务；分散式公寓则为分散独立的公寓，多由运营商收租后统一装修包装，而后对外出租。从房源的集散程度来看，截至2017年末，国内公寓市场中分散式公寓占比为7成左右，集中式公寓相对占比较少（见图3-11）。

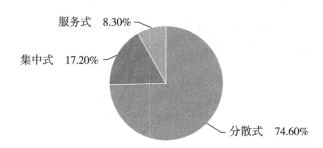

图 3-11 2017 年中国公寓市场分类占比情况

资料来源：中商产业研究院整理。

（五）住房租赁企业融资渠道趋于多元化，但仍以银行贷款为主

目前，住房租赁企业主要融资方式有银行贷款、租金贷款、风险投资、股权融资等方式。受访企业中，通过银行贷款融资的企业占50%，是占比最高的一种融资方式，其次是股权融资，占融资方式比例为37.5%（见图3-12）。租金贷是

受访企业选择的另外一种融资渠道,占比最小。但一些分散性的房租赁企业租金贷比例较高,如蛋壳、青客,全部租约中使用租金贷的比例超过50%。另外,也存在企业(如北京润邦润家房地产顾问有限公司)的资金完全来源于公司自有资金。

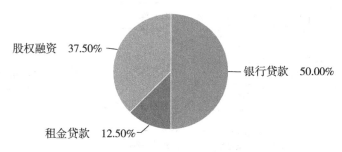

图 3-12　受访企业融资渠道

资料来源:根据 2020 年中国房地产估价师与房地产经纪人学会行业调查问卷回收数据整理。

租赁住房的新建、改建、装修、运营维护需要资金投入,而租客的租金和押金则实现了资金的回流。通过租金贷模式实现了短期资金的快速回流,这需要防范租金贷带来的金融风险和社会稳定问题。租金贷模式如图 3-13 所示。

REITS 模式则实现了中长期投资的资金回流,这一模式通过培育孵化租赁住房项目+通过 REIT 实现资金回收再循环滚动投资+做大保租房 REIT 及促进轻资产管理规模,实现了行业良性循环。REITS 模式如图 3-14 所示。

(六) 住房租赁企业收益率低

就国际大都市比较来看,我国租金收益率偏低,租房市场仍不成熟。从上海易居房地产研究院发布的《2019 年四季度 50 城租金收益率研究报告》看,2019 年第四季度 50 城租金收益率为 2.4%,虽然环比小增 2%,但仍然低于当期的银行三年期存款基准利率。弱二线城市和三线城市的租金收益率相对较高,如锦州(3.9%)、牡丹江(3.6%)、乌鲁木齐(3.6%)、宜昌(3.4%)、桂林(3.3%),而一线城市的平均租金收益率仅为 1.6%,与国际大城市相比仍处于较低水平。

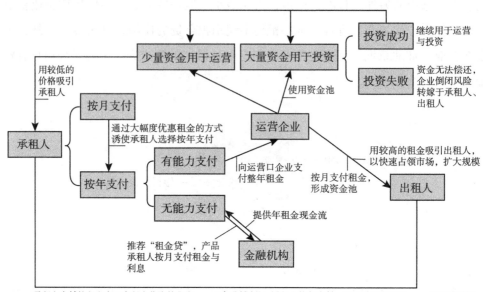

图 3-13　租金贷模式

资料来源：自绘。

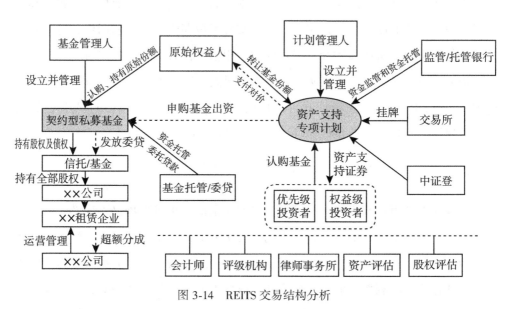

图 3-14　REITS 交易结构分析

资料来源：自绘。

（七）住房租赁企业加强了信息技术的应用

在互联网时代，住房租赁企业加强了信息技术的应用，并实现了与开发商、金融机构的连接，便于用户使用。租赁住房的建设、运营维护、客源管理、资金管理、社区服务还受到了新技术的影响。例如新型环保材料的投入减少了租赁住房的晾晒去除污染的时间，集成式卫生间缩短了装修的时间，运营 App 提高了客户管理、房源管理、运营维护的效率。身份证和公安天眼系统链接加强了客户筛选，减少了可能发生的治安事件。目前一些企业加强了全产业链的信息化、数据化和加强大数据管理，极大地提高了效率（见图 3-15）。

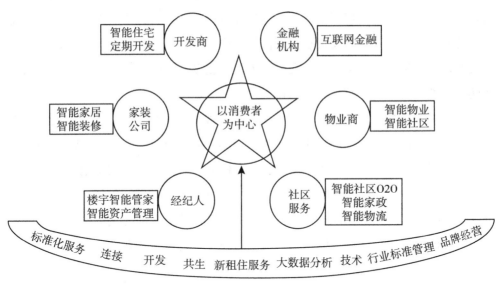

图 3-15 住房租赁技术端

资料来源：自绘。

三、我国市场租赁住房供给的影响因素

租赁住房供给主要来自存量。虽然新建筑和空置出租房屋的减少有助于满足租赁需求的激增，但出租房屋库存的增加也来自将原来的自有住房转变为出租房屋。

出租房屋通过房东的活动进入住房市场，房东有多种类型，私人房东占比较高。Gilbert（2011）将房东分为五类：小规模房东、商业机构、公共部门、社会机构和雇主房东。到目前为止，小规模房东是最常见的。他们可能是正式的或非正式的，低收入或中等收入者。他们出租的关键因素是，租房收入帮助他们分期支付自己的土地或房子，以满足维修、维护或改进的费用，甚至支付自己的租金。租金收入可以作为他们不稳定就业或者当从正规工作转向自主创业时的安全网（吉尔伯特，2011）。它还可以作为他们退休后养老金的补充甚至替代。有时候，个人房东出租住房是偶然开始的。例如，由于家庭结构发生了变化，伴侣离开了家，亲人去世了，或者成年子女搬到了别处，房主们有了多余的房间。这也可能是因为养家糊口的人换了工作，无法通勤到新的工作场所。在这些情况下，出租土地、房屋或部分房间带来额外的现金维持生计，有助于一个家庭的生存需要。此外，有些个人房东发现租房提供了一条通向更好获利的途径。他们将更多的资源投入租房，增加了房产的规模，出租了更多的房间。一些人甚至可能购买或建造额外的房产，少数人成为商业房东。

吉尔伯特（2011）认为，第二类房东是商业机构，他们经营规模更大，行事也更专业。他们通常会把房子租给中等收入或高收入家庭，而不是低收入群体，他们使用书面租赁合同，并遵循建筑和安全标准。许多人会利用房地产中介，另一些则在市场较低端经营，可能会建造成排的公寓，有时质量很低，服务设施也很少。一些公司会负责任地运作，另一些则会以极其低端的方式运作。商业房东有各种各样的背景。他们可能是正式成立的公司，也可能是在其他领域赚了钱的普通人。

第三类房东是公共部门。在许多城市，政府机关和下属的企事业单位等公共部门提供大量出租的住房单元。在中国，政府提供保障性租赁住房给中低收入家庭，以及人才等。

第四类房东是社会机构房东，他们是为低收入居民提供主要而非全部住房的非营利性组织。这些机构可能包括慈善机构等。近年来，西欧许多国家的住房协会越来越多地从政府那里接手提供廉价出租住房的任务。在中国，很多中小学校和大学为他们的学生提供住宿。

第五类是雇主房东，他们为雇员提供住处，作为招聘的辅助手段，通常是因为当地的住房市场太贵，使得他们必须为员工提供住处，否则他们将面临招聘问题。这种例子包括为其护士提供房间的医院、为学术和非学术工作人员提供出租住房的大学以及军队。有时，政府为公务员提供职工宿舍作为福利。

房东出租住房的动机是多种多样的，带来了供给的多变性。私人业主出租他们的财产以获得收入，然而，出租并不总是作为商业或商业活动来进行。对于以中高收入家庭为目标的商业机构来说，出租显然是一种商业行为，通过计算资本回报率、提供合法的合同、考虑政府租金控制法的影响、广告和代理等方式进行。还有一群房东，他们投资租赁市场是为了未来的安全。对他们来说，租金是一种安全的投资，为退休人员和养老金领取者提供了每月收入，也可以视情况而定。如果有多余的空间，一个家庭就会开始出租，而且这种出租业务通常是暂时的。

影响租房供应放缓的因素有几个。新建、改建或者扩建的成本上升可能会限制租赁住房的生产。另一个原因是私人房东缺乏足够的信贷或融资来改造租赁住房（Ikejiofor，1997），通过非正规部门借款（如供应商信贷）造成了巨大的财务负担和风险。另外，租金控制的政策也可能对低收入家庭的租赁住房供应产生不利影响。投资者可能会减少或者退出租赁住房，以避免法律监管（Ballesteros，2004），因此供给也是动态变化的。

第三节　我国市场租赁住房供求匹配的现状和特征

一、我国市场租赁住房的供求匹配特征

（一）租金相对平稳

从 2019 年全年范围看，链家重点 18 城全年平均租金水平有所下跌，同比下降 13.21%。2019 年，重点 18 城中，成交房源涨价的套数占总套数的比例为 6.09%，同比下降 5%；降价的套数占总套数的比例为 24.15%，同比增长 18.3%。2020 年，尽管在新冠肺炎疫情影响下，全国租房市场出现了整体的萎缩，但整体来看，重点城市的租金仍然保持平稳。2020 年 1—11 月，全国重点

19 城的平均租金在每月 41.2 元/平方米，与去年相比波动不大。《2020 年中国住房租赁市场总结报告》数据显示，从重点监测城市的租金水平上看，新一线城市中，杭州、武汉的平均租金价格在 50 元/平方米月以上，同比去年有所上涨。南京平均租金在 42.6 元/平方米，其他城市的租金价格多每月 20~40 元/平方米。中指研究院官方微信 8 日发布《2023 四季度中国住房租赁企业规模排行榜》提到，2023 年，随着宏观经济稳步复苏，租房需求平稳释放，租金整体平稳运行，全国重点 50 城住宅平均租金累计微跌 0.30%。

（二）租期短、空置率高

根据中国人民大学中国调查与数据中心 2017 年 11 月对北、上、广、深 4 个一线城市的调查，数据显示，有 50%以上的租房群体是以一年为租期，其中，北京和上海两城市一年的占比达到近 60%，低于一年租期的需求还比较高，北京约为 22%，上海为 18%，广州为 30%，深圳则为 32%。对于 3 年以上的合同，4 个城市的数据显示都只占一成的比例（王卫东、胡以松，2019）（见表 3-9）。从这个数据上看，目前住房租赁市场仍没有形成长租的消费习惯，短期租赁关系仍为主流形式。但同时也看到，签订两年租赁合同的比例低于 3 年的比例（详见表 3-9）。2017 年 5 月 19 日住房和城乡建设部公布的《住房租赁和销售管理条例（征求意见稿）》中提出的"鼓励出租人与承租人签订长期住房租赁合同，当事人签订 3 年以上住房租赁合同且实际履行的，直辖市、市、县人民政府应当给予相关政策支持"。在当前中央大力推动长租房市场规范发展的政策下，长期租赁的比例，特别是 3 年以上住房租赁合同，将会有所提高。

表 3-9　　　　　　　　　　**4 城市租赁合同租期情况表**

	低于一年	一年	2 年	3 年及以上
北京	22%	59%	8%	11%
上海	18%	58%	11%	13%

续表

	低于一年	一年	2 年	3 年及以上
广州	30%	50%	7%	13%
深圳	32%	53%	5%	10%

资料来源：中国人民大学中国调查与数据中心 2017 年 11 月对北、上、广、深四个一线城市的调查。

据美国 Apartment List 全国房租报告，Apartment List 空置率指数升至 6.5%（上个月为 6.4%），超过了新冠肺炎疫情前的水平①。我国租赁住房空置率的报道还很少见，例如 2022 年 1 月，合肥 72 个集中式长租公寓项目房屋整体空置率 14.8%②。与之相比，合肥的长租公寓项目空置率还比较高。

（三）住房租赁占比不高，还有提升空间

随着城市化的推进，我国城镇租赁人口逐年攀升。从国务院《关于进一步深化城镇住房制度改革加快住房建设的通知》（国发〔1998〕23 号）停止实物分房以来，我国住房租赁比重不断提升（易成栋，2018）。住房自有率是国际上考察居民居住条件的常用指标，其含义是指居住在自己拥有产权住房的家庭户数占整个社会住房家庭户数的比例。1985 年中国城镇家庭住房自有率仅为 15.8%，83.6% 的家庭是租赁公房居住。2000 年中国城镇家庭住房自有率已达 74.1%，租赁公房和廉租房家庭占比为 14.4%，租赁商品房家庭占比为 6.1%。2010 年中国城镇家庭住房自有率已达 74.9%，租赁公房和廉租房家庭占比为 2.5%，租赁商品房家庭占比为 18.6%。2015 年中国城镇家庭住房自有率已达 79.2%，租赁公房和廉租房家庭占比为 2.2%，租赁商品房家庭占比为 13.9%。另外，还有租赁其他住房或空间，例如免费租赁亲戚朋友的住房，租赁地下室等设计用途为非居

---

① 格隆汇. 美国房租 12 月环比下降 0.8% 空置率进一步提高至 6.5%［EB/OL］. （2024-01-04）［2024-09-04］. https：//www.gelonghui.com/live/1360746.

② 大皖新闻. 房屋空置率连续两月上升！合肥发布 1 月集中式长租公寓市场简报［EB/OL］. （2022-02-25）［2024-09-04］. https：//baijiahao.baidu.com/s？id＝1725739263230499834&wfr＝spider&for＝pc.

住用途的房屋，以及其他空间等。从 2015 年全国人口抽样调查数据来看，大约 5% 的城镇家庭租赁其他住房或空间。2020 年抽样数据仅仅调查普通住宅的家庭户，因此无法推断租赁其他住房或空间的比例。2020 年中国城镇家庭户自有住房占比（住房自有率）已达 73.9%，租赁公房和廉租房家庭占比为 3.4%，租赁商品房家庭占比为 17.7%。可以看出，中国城镇家庭租赁住房占比不断提升，其中租赁廉租房、公租房占比、租赁商品房占比均有提升（见表 3-10）。

表 3-10　　　　**1985—2020 年中国城镇家庭住房来源和产权（%）**

年　　份	1985	1995	2000	2005	2010	2015	2020
住房自有率（%）	15.8	—	74.1	77.9	74.9	79.2	73.9
购买商品房		—	8.9	14.1	26.4	30.8	42.1
购买原公有住房		—	23.5	18.3	12.9	11.3	6.1
购买经济适用房、两限房		—	6.0	5.7	4.1	3.0	3.8
自建住房		—	35.7	39.8	31.5	34.1	21.0
租赁廉租房、公租房	83.6	—	14.4	6.8	2.5	2.2	3.4
租赁其他（商品）住房		—	6.1	11.0	18.6	13.9	17.7
继承或赠与		—	—	—	—		0.9
其他	0.3	—	5.4	4.4	4.1	4.8	5.0

资料来源：根据 1985 年住房普查、2000 年、2010 年人口普查、2005 年、2015 年全国 1% 人口抽样调查计算，1995 年无相关数据。在 1985 年第一次全国城镇房屋普查数据中，这里将房屋管理部门直管房屋、全民单位自管产、集体单位自管产作为租赁公房，私有产作为自有，中外合资产、外产、其他合并为其他。这里将 2000 年至 2015 年自建住房、购买商品房、购买原公有住房、购买经济适用房和两限房作为自有住房，2010 年、2015 年和 2020 年将购买二手房并入购买商品房合并计算。2020 年多出了一个分类，继承或赠与，这里单列。

经济、文化和公共政策等相关的因素导致了国家间住房自有率的显著差异。纵观国际上发达国家的住房租赁市场，如德国、美国、英国、荷兰等，他们的家庭住房自有率都不超过 70%，德国比较特别，其自有住房率仅为 40%。而在拉丁美洲国家,住房自有率较高,例如墨西哥 81% 的家庭自有住房（UNCHS, 2003）。与之相对比,我国的住房自有率还有进一步下降的空间,即租房占比还将继续提升。

但是,关于住房出租占比的国家统计数据（如表 3-11 所示）不能准确地反映当地情况,因为国家内部、城市和农村之间以及城市之间差异很大。Gilbert（2011）选取了一些国家,并分析了其最大的城市租房占比,发现城市租房占比较高。例如柏林租房占比高达 89%,纽约租房占比高达 55%。国际大都市的租房占比也反映出类似的特征（田莉、夏菁,2020）。

表 3-11 选定国家及最大的城市的租房占比情况

国家	拥有（%）	租赁（%）	城市	拥有（%）	租赁（%）
德国	40	60	柏林	11	89
荷兰	53	47	鹿特丹	26	49
美国	66	34	纽约	45	55
英国	69	31	伦敦	58	41
哥伦比亚	54	31	波哥大	46	43
巴西	74	25	圣保罗	70	20
南非	77	22	约翰内斯堡	55	42
智利	73	20	圣地亚哥	73	21
玻利维亚	60	18	拉巴斯/埃尔阿尔托	55	23
泰国	87	13	曼谷	54	41
墨西哥	81	11	墨西哥城	76	16
尼日利亚	69	23	拉各斯	18	76

注:如果百分比加起来没有达到 100%,那是因为当局单独计算了其他类型的非所有权。

资料来源:UNCHS（2003:9-11）,Gilbert（2011）and Federal Republic of Nigeria（FRN）（2011）.

我国人口普查空间单元分为城市、镇和农村。这里根据 2000 年、2010 年和

2020 年人口普查城市数据发现，我国城市租赁住房占比从 2000 年的 23% 上升到 2020 年的 26%。其中，2020 年北京、上海城市家庭租赁住房占比 35% 左右，天津和重庆较低，城市家庭租赁住房占比 19% 左右。与国际大都市相比，我国大城市的家庭租赁住房占比还有很大的上升空间。

（四）大城市房价租金比和租金收入比较高

中指研究院官方微信 8 日发布《2023 四季度中国住房租赁企业规模排行榜》指出，2023 年 12 月，50 个重点城市住宅租金房价比为 1.80%，较 2022 年 12 月（1.76%）提升 0.04 个百分点。具体来看，长春、西安等 43 个城市的租金房价较 2022 年年末有所提升，嘉兴、温州等 7 个城市的租金房价较 2022 年年末有所下降。中指研究院分析，受房价普跌影响，多数城市租金房价比略有提高，但整体仍处较低水平。在全国重点 50 城中，26 个城市租金房价比低于 2.0%。具体来看，厦门租金房价比仅为 1.0%，深圳、北京、南京、上海等核心一二线城市房价较高，租金房价比在 1.5% 左右。与世界主要城市相比，我国核心城市的租金房价比明显偏低，柏林、新加坡、东京、伦敦、纽约等世界主要城市的租金房价比均高于 3%。租金房价比低在一定程度上表明我国住房租赁投资回报率低，这也是长期以来制约行业发展的关键问题①。

况伟大（2020）设计了中等收入家庭的房租可支付性指数，计算结果表明，1998—2018 年中国 35 个大中城市中等收入者房租收入比总体呈下降趋势，中等收入者房租可支付性逐年增强，租不起仅存在于房改早期以及某些特定城市。2018 年哈尔滨和福州中等收入者存在房租轻度支付困难，其他 33 个大中城市中等收入者均不存在房租支付困难。东部城市中等收入者房租可支付性不平等程度（housing affordability inequality）高于中西部城市，应重点解决东部城市中等收入者房租可支付问题②。

---

① 中新经纬.2023 年全国重点 50 城住宅平均租金微跌［EB/OL］.（2024-01-08）［2024-09-04］. https：//baijiahao. baidu. com/s？ id=1787479515274251736&wfr=spider&for=pc.

② 况伟大. 中国城市住房可支付指数研究报告 2020［EB/OL］.（2022-01-07）［2024-09-04］. http：//nads. ruc. edu. cn/zkcg/ndyjbg/3c417101af10422b998f1a5e82bb3e28. htm.

表3-12 中国部分地区城市住房来源结构变迁（%）

省市	合计	自 住							租 住			其他	狭义保障	广义保障
		小计	自建住房	购买新建商品房	购买二手房	购买经济适用房/两限房	购买原公有住房	继承或赠与	小计	租赁廉租房/公租房	租赁其他住房			
2000年第五次人口普查														
全国	100	72.0	26.8	9.2	0.0	6.5	29.4	0.0	23.2	16.3	6.9	4.8	16.3	52.3
北京市	100	55.1	13.3	2.7	0.0	2.1	37.0	0.0	41.2	33.8	7.4	3.7	33.8	72.9
天津市	100	49.3	9.9	13.1	0.0	4.6	21.7	0.0	46.7	45.2	1.5	4.0	45.2	71.5
上海市	100	55.7	14.4	9.6	0.0	4.3	27.4	0.0	38.8	33.2	5.7	5.5	33.2	64.9
重庆市	100	68.7	29.8	7.9	0.0	8.3	22.6	0.0	26.6	19.7	6.9	4.7	19.7	50.6
2010年第六次人口普查														
全国	100	69.8	16.4	26.0	5.0	5.1	17.3	0.0	25.8	2.7	23.1	4.5	2.7	25.0
北京市	100	56.9	5.6	20.2	3.5	6.1	21.5	0.0	37.2	1.6	35.6	5.9	1.6	29.2
天津市	100	62.4	7.6	33.5	6.1	2.1	13.0	0.0	29.5	2.6	26.9	8.1	2.6	17.7
上海市	100	59.5	4.1	29.1	7.5	0.3	18.5	0.0	38.3	1.7	36.6	2.2	1.7	20.4
重庆市	100	74.3	12.9	36.4	4.8	8.7	11.5	0.0	21.7	1.9	19.8	4.0	1.9	22.1
浙江省	100	54.7	18.9	20.2	6.3	1.7	7.6	0.0	40.6	1.4	39.2	4.6	1.4	10.7
广东省	100	48.5	17.5	20.7	2.9	1.4	6.0	0.0	46.9	6.8	40.0	4.6	6.8	14.2

续表

2020年第七次人口普查

省市	合计	自住							租住			其他	狭义保障	广义保障
		小计	自建住房	购买新建商品房	购买二手房	购买经济适用房/两限房	购买原公有住房	继承或赠与	小计	租赁廉租房/公租房	租赁其他住房			
全国	100	69.2	10.1	34.4	12.1	4.1	7.8	0.8	25.6	3.7	21.8	5.2	3.7	15.6
北京市	100	56.3	2.7	19.0	12.3	7.0	14.2	1.1	35.3	5.8	29.6	8.4	5.8	26.9
天津市	100	76.8	2.3	39.2	18.6	4.8	10.4	1.5	18.4	3.3	15.2	4.8	3.3	18.4
上海市	100	61.6	2.0	27.3	20.2	1.0	10.8	0.4	35.9	4.0	31.9	2.5	4.0	15.7
重庆市	100	77.4	4.0	47.9	16.0	5.2	3.8	0.5	19.0	6.2	12.8	3.6	6.2	15.2
浙江省	100	55.5	13.8	20.5	12.2	5.9	2.5	0.5	42.7	5.2	37.5	1.8	5.2	13.7
广东省	100	41.9	11.1	19.1	7.4	0.8	2.8	0.6	55.3	6.5	48.9	2.8	6.5	10.1

资料来源：刘洪玉在2023年中国房地产年会演讲PPT。

二、我国市场租赁住房供求匹配的影响因素

（一）市场租赁住房的需求和供给匹配是动态过程

从图3-16可以看出，市场租赁住房的需求规模和结构需要以及供给的规模和结构相匹配，他们的匹配过程是动态的。

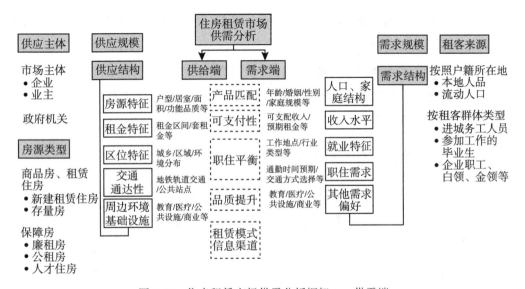

图 3-16　住房租赁市场供需分析框架——供需端

资料来源：李枫，臧曼君，江修. 供需视角下住房租赁市场存在的问题探讨与发展建议[C] //中国房地产估价师与房地产经纪人学会，中国建设报社，建信住房服务有限责任公司. 规范发展与最佳实践——中国住房租赁发展论坛论文集. 深圳市世联土地房地产评估有限公司；世联评估价值研究院. 2023：7.

从需求端来看，租赁住房的面积、房型、区位等属于给消费者带来效用的属性。租房比买房生活压力更小，更容易负担。房主必须拿出大量的现金来支付首付和交易费用，以及任何即时维修的费用。虽然租房者通常需要支付押金和上个月的租金，但总费用通常比买房的前期费用要少。同样重要的是，想要搬家的租房者不必承担与出售房屋相关的高昂费用。另外，租房可以拎包入住，居住品质

不亚于自有住房，吸引了更多的群体。市场住房租赁需求受到了租户人口和家庭规模和结构（人数、年龄、婚姻、性别等）、收入、受教育程度、就业、职住需求和配套公共服务需求、户口等因素的影响。

从供给端来看，租赁住房的面积、房型、区位、交通、配套设施和公共服务、价格等都属于供给特征属性。另外，还需要考虑供给主体属性和房源属性，前者例如私人房东、租赁企业、非营利组织或有限利润企业，后者如市场租赁住房、公共租赁住房、保障性租赁住房等。住房租赁供给受到了住房买卖市场的供求关系、租赁市场的土地、建设运营和资金成本、政府的规划和政策、金融、行政审批等多因素的影响。

在供给和需求不断变化的情况下，促进供给和需求的规模和结构匹配是一个动态调整的过程，因此会出现租赁供给规模和结构不能匹配需求规模和结构，需要加强供给侧结构性改革。

（二）租赁住房的需求和供给匹配受到了信息流的影响

根据信息沟通模型，租赁住房供求匹配是一个沟通过程。一是发送者信息编码：就是沟通的一方（如：甲）将要表达的信息进行编码，可以编码为文字、声音语言、视频、图形、PPT 等；二是信息传递：就是信息发送者借助不同的媒介将信息发出，例如网络、电视、报纸杂志、邮件、面谈、问卷等媒介。三是接收者信息解码：就是沟通中的另一方（如：乙）将发送者发送的信息进行解码，也就是说弄明白对方表达的意思；四是接收者信息编码：就是接收者基于接收到的信息进行反馈编码；五是信息反馈传递：就是信息接收方（如：乙方）将要反馈的信息向信息发送方（如：甲方）进行传递；六是接受者信息解码：就是原来的信息发送者（如：甲方）对接收到的信息进行解码。因此信息传输的方式和互动反馈过程会影响到供求匹配的效率。

一是信息的真实性和不对称会影响住房租赁双方沟通的效果。在住房租赁市场，通常充斥着虚假信息，这导致真实的需求和真实的供给需要花费大量时间和精力来进行甄别，从而大大降低了供求匹配的效率。因此住房租赁市场发布真实准确的信息，可以提高供求双方的信息传输效率，能够提高租赁住房的匹配效率，减少由于信息不充分带来的问题，例如存在租赁住房的供给但是并没有被租客发现，以及租房需求没有被供给方及时的匹配等。

二是信息发布的渠道会影响住房租赁双方沟通的效果。根据国内外相关文献，可以将居民信息搜索渠道划分为两种类型：传统渠道，报纸或电视、亲戚朋友介绍、广告或宣传单、其他；网络渠道，房产中介机构和房产网站。居民搜寻住房，会以家作为锚点，与居民当前住房的距离越远，其被居民搜索和访问的可能性越小（Huff，1986）。在前信息化时代，居民主要是从报纸杂志、广告或宣传单、亲戚朋友的介绍及房产中介等渠道获取住房信息。Brown（1971）等学者指出报纸和广告提供了在较大区域内的低质量和不完全的住房信息，亲戚朋友介绍则提供了在较小范围内的详细和可靠的信息。房产中介通常会向购房者介绍其周边邻里空置房信息，较少推荐较远区域的房源（Palm，2001；Clark，1982）。尽管报纸和广告会提供一定数量可用的住房信息，但是居民更信赖亲戚朋友介绍和中介信息获取渠道，其搜寻范围也受到了信息不完全的限制（Palm，2001；Clark，1982）。自从信息技术的出现，住房信息获取渠道发生了很大变化，并深刻影响着居民的搜寻范围。一方面，居民可以直接从各类房产网站直接获取大量、全面、实时更新、低成本、可反馈的住房信息。另一方面，房产中介也将互联网技术运用于其日常的经营和管理中，并提供给购房者更多的信息服务。Chen（2011，2012）等学者证实美国互联网的使用鼓励购房者搜寻远离他们上一个搜寻地点的住房，但是亲戚朋友介绍和其他渠道对搜寻范围并没有显著影响。可以看出，住房信息获取技术的进步能够有效减少信息障碍和距离限制，改变购买者的动机和倾向，增加搜寻的弹性和强度，扩大了搜寻范围。Palm（2001）发现，网站使用者并没有比非网站使用者（包括房产中介、报纸、广告、亲戚朋友介绍）产生更远的平均迁居距离。与之相反，秦萧和甄峰（2016）发现网络渠道使用者拥有更高的可能性迁移到距离其原住房 10km 以外的区域，相反，传统渠道使用者则倾向于在离其原住房较近区域寻找新的住房，因此网络信息渠道主要是增加了居民在迁居过程中的信息获取的数量及种类，支撑居民更弹性地作出迁居决策，扩大了其迁居范围。这意味着，虽然房地产中介由于其自身的趋利性可能会屏蔽部分房源负面信息，但是从居民搜寻范围角度来讲，其接触到的房源信息还是大大增多了，势必会引起城市迁居范围的变化，且大部分中介访问者在决定购买房屋前也会通过网站搜索途径去修正中介房源信息的真实性。

互联网的信息渠道越来越发达，可以及时发布信息。目前常用的信息渠道有社区物业、中介门店、论坛、社交媒体、线上房产信息平台、企业官网、APP 等、政府申请系统等。社区物业的优点在于能准确提供本社区可以出租的房源，以及社区周边的资源信息，不足之处在于局限于本社区，房源的信息较少。论坛和社交媒体的优点是信息量大、覆盖面广泛；缺点是准确性差、可参考性不高，需要经过筛选方可放心使用。中介门店和线上房产信息平台提供全面准确的房源信息，但是不易获得，需要付费，成本较高。企业官网、APP 等可以提供该企业的房源信息，并且便于办理后续的租赁维修服务，但是房源局限于该企业。政府申请系统由政府核查认证，提供了真实准确的房源信息，并且不需要付费，但是由于现有的房地产信息平台并没有适时接入政府的平台，导致了政府平台的信息可能会滞后，信息不完全。住房租赁市场供需信息匹配场景分析如图 3-17。

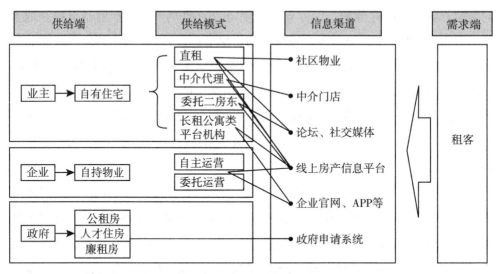

图 3-17 住房租赁市场供需信息匹配场景分析——信息端

资料来源：李枫，臧曼君，江修. 供需视角下住房租赁市场存在的问题探讨与发展建议［C］//中国房地产估价师与房地产经纪人学会，中国建设报社，建信住房服务有限责任公司. 规范发展与最佳实践——中国住房租赁发展论坛论文集. 深圳市世联土地房地产评估有限公司；世联评估价值研究院. 2023：7.

另外，信息双方的解码和编码能力会影响信息传输的效率和效果。由于住房租赁涉及相关的法律政策、客户服务、出租房屋维护、安全、卫生和消防管理、房屋巡查等专业知识和知识技能，出租方、承租方并不一定具有相关的知识，这需要加强住房租赁的知识推广。例如，北京市住房和城乡建设委员会于2023年12月26日印发了《北京市房地产经纪机构、住房租赁企业备案管理暂行办法》，其中规定，房地产经纪机构与住房租赁企业应具备相应的专业人员，且主要业务负责人（总经理或同等职位人员）应为专业人员。房地产经纪机构与住房租赁企业的分支机构应具备相应的专业人员，且分支机构实际负责人（店长或同等职位人员）应为专业人员，并在该分支机构实名从业。房地产经纪专业人员包括从事房地产经纪活动的房地产经纪人和房地产经纪人协理。住房租赁专业人员，包括从事住房租赁活动的房地产经纪人或房地产经纪人协理，以及通过住房租赁专业技能评价的人员。住房租赁专业技能评价由行业协会定期组织。从2024年2月份开始，北京房地产中介行业协会进行了首次住房租赁从业人员专业技能评价考试。原则上每个月组织一次从业人员专业技能评价考试，内容主要包括党和国家关于住房和房地产方面的大政方针，住房租赁相关法律法规规章和政策，住房租赁行业服务标准、行为规范、职业道德准则等行规行约，住房租赁理论和实务，安全生产相关规定和要求等。

因此，信息发布的渠道、信息的内容和形式、信息双方的解码和编码能力都会影响到信息流动的效率和租赁住房供求匹配的效率。

第四节　我国市场租赁住房发展需解决的问题

一、从市场租赁住房参与主体反映出来的问题

市场参与主体包括出租人、承租人和房地产经纪机构等。

（一）出租人层面

一是出租人随意解约，并驱逐承租人。一些承租人遭遇过出租人未按合同约定就提前通知要求搬家。特别对一些长期租约而言，租金水平的变化使部分出租

人宁愿承担违约责任也要终止合同。由于法律缺乏相关规定或规定不明确，受经济利益驱使，不少出租人不仅未能给承租人提供足够的缓冲期另觅居所，甚至出现强行驱赶承租人的做法。这种行为不利于租赁关系的稳定，使承租人缺乏安全感。

二是出租人隐瞒物业权属情况及存在的产权负担。目前，房屋权属情况只能通过业主提供房产证等方式来确定。一方面，租赁市场中出租人往往处于强势地位，部分出租人拒绝提供权属证明或提供虚假证明；另一方面，由于缺乏房屋权属的公开查询机制，承租人和经纪机构核实房屋权属状况存在着较大的难度。承租人往往要承担一定风险，如出租人刻意隐瞒房屋共有、房屋被抵押等状况，一旦共有人或抵押权人主张权利，承租人的权益将难以得到保护。

三是出租人拒绝或不按约定履行维修义务。拒绝履行房屋及附属物的维修义务，出租人的这种行为将给承租人的正常生活带来极大不便，易引起纠纷；部分出租人延迟修理并迫使承租人垫付维修费用。此外，对维修期限的约定不明也是产生纠纷的重要原因。

四是出租人转嫁部分费用给承租人。出租人利用其强势地位转嫁部分费用给承租人，或双方在合同中未能详细约定费用的承担也会损害租赁关系稳定并引起纠纷，这部分费用主要是房屋闲置时应缴纳的费用如物业费、集中供暖房屋的暖气费等。一些出租人利用承租人对行业惯例的不了解而恶意欺骗的情况也较为突出。

五是出租人不依法缴纳房屋租赁相关的税费。很多出租人没缴纳过房屋租赁相关的税费，这主要是因为租赁登记效果差导致政府对租赁市场难以有效掌控。

六是出租不符合安全条件的房屋。为了谋求利益，很多出租人不顾法律法规的规定，将违章建筑、期满临建房出租。一方面，此类行为的监管、处理难度较大，部分行为的管理甚至基本处于"真空"状态；另一方面，这些房屋存在着一定法律风险，特别是政府因公共利益需要拆除此类房屋时，承租人的部分权益（如获得拆迁临时安置房）得不到法律的保护。

更有一部分出租人受经纪机构的诱导，通过打隔断分解房屋进行出租，不仅提高了大户型房屋租赁交易的成交率，也给出租人带来远超出房屋整租的收益；有些出租者甚至将厨房、卫生间、阳台、地下储藏室等作为卧室出租。将房屋出租给多个人不仅影响了小区环境、邻里生活，还加重了房屋设备的使用负荷，增加了安全事故发生的概率。

（二）承租人层面

一是承租人擅自将房屋转租、改变用途或装修。调研结果显示，最令出租人难以忍受的承租人行为中首当其冲的便是承租人擅自转租、不爱惜房屋设施。转租行为所引起的纠纷是租赁市场中的突出问题。尽管合同中约定承租人不能擅自将房屋转租，但这种行为不易被发现（出租人无法经常前往出租房屋检查）、难以认定（承租人多次谎称次承租人为其亲戚或暂住的朋友），而且次承租人要求告知房屋所有权人的要求多会遭到承租人拒绝。一旦出租人要求解除合同，次承租人的权益将很难得到保障。承租人擅自改变房屋用途或进行装修也是实践中较突出的问题，这种行为往往会损害出租人的权益因而会引起纠纷。

二是承租人不按合同约定缴纳租金。据调查结果显示，承租人拖欠租金也是出租人和承租人矛盾的焦点之一。承租人拖欠租金往往也是引起双方纠纷的常见原因。其中，承租人突发经济困难但却未与出租人充分沟通、出租人拒不履行房屋维修义务导致承租人拒付租金等情况较为常见。承租人恶意拖欠租金甚至卷走屋内物品"逃租"的情况也时有发生。

三是承租人逃避赔偿责任。因承租人对房屋和设备使用不当等原因给出租人造成损失（如房屋跑水造成电器、地板报废）时，一旦赔偿金额超过租赁保证金则部分承租人为逃避责任会选择卷走财物人去楼空，给出租人造成进一步的损失。在社会信用机制缺失的情况下，承租人的上述违法违规行为往往无法得到足够的惩罚和约束。

（三）经纪机构和租赁企业层面

经纪机构和住房租赁企业在住房租赁市场中起着经纪代理和出租、托管服务的重要作用，为繁荣租赁市场起到了重要的作用。但由于我国房地产经纪业和住房租赁业起步晚，一些法律法规和管理机制不够健全，经纪机构和经纪人、租赁企业和专业人员的信誉和素质也良莠不齐，因此不可避免地出现了一些问题。

依现有房地产经纪市场情况而言，房地产经纪机构呈两极分化的模式，大型房地产经纪机构自我管理意识较强，服务相对规范，不断扩张，大量设立分支机构。而一些小的房地产经纪机构，例如"夫妻店""窗口店"等，在房地产市场发展行情较好时期，利用市场资源，坚守某个小区的房源信息开展业务，其服务多数并不规范。类似地，大的住房租赁企业经营规范，一些小的住房租赁企业服务多数并不规范。然而，由于这些机构部分是未备案的，甚至有的机构也没有注册，致使其难以被监管。一些不规范经营的机构对市场的扰乱却造成了极坏的影响，降低了公众对行业的信任度，不利于行业的稳定发展。

一是提供虚假信息。部分房地产经纪机构和租赁企业为吸引更多客户，利用信息不对称优势，编造一些低于市场平均租金水平的房源招徕顾客，或是在广告宣传中过分夸大房屋设施设备（装修和家电）的实际状况、功能欺瞒客户。

二是隐瞒交易三方信息，吃"差价"。房屋租赁代理业务中，经纪机构及其从业人员可能会隐瞒交易信息而"吃差价"。"吃差价"原本为法律法规所禁止的，但由于消费者对书面授权委托协议签订的不重视，使得部分房地产经纪机构以假代理的身份出租房屋，赚取差价。此外，部分房地产经纪机构为规避风险，防止买卖双方取得联系后私下交易，不安排买卖双方见面。这种缺乏交流和沟通的"蒙眼交易"很容易给经纪机构及其从业人员"吃差价"提供机会。一些租赁企业和房东签订的是托管服务，而与租客签订的是包租服务，出了问题跑路造成了房东收不回房，租客租金要不回来等社会问题。

三是克扣应返还的押金、定金，并不提供收费凭证。目前，经纪机构克扣应返还押金、定金的现象时常发生。例如，对于代理类房屋内部结构老化或设施自然损坏问题，部分房地产经纪机构额外收取费用或在退租时扣除押金；对于在合同期内原租户找到新的租户转租，部分房地产经纪机构随意扣留押金，或收取更换租户手续费等。还有一些租赁企业利用租金贷打造资金池造成的金融风险。此外，部分房地产经纪机构或租赁企业存在服务收费的信用问题，如私自收取租金但拒不开具正式的发票或不提供盖有公司公章的正规收据。

四是在合同中规避责任。由于租赁市场信息的不对称，一些房地产经纪机构通过采取不平等的格式合同、霸王条款来减轻或免除自己的责任，设置合同陷阱来坑害客户。例如，在签订经纪代理合同时，部分房地产经纪机构对一些关系到承租双方利益的条款，往往在措辞上故意模糊或回避，有意推卸自己的责任。当这些模糊条款产生理解歧义后，房地产经纪机构往往按有利于自身的方面进行解释，严重侵害消费者的权益。类似的情况也在租赁企业出现。

五是非法或违规从事未授权类型业务。按规定，从事房屋代理业务的机构必须有代理资质证书，仍有不少企业未在中介行业协会登记备案并缴纳风险保证金。一些企业违规从事代理业务势必会扰乱正常的市场秩序，破坏经纪行业声誉，并威胁租赁当事人的资金安全。

六是从业人员资质不齐。一些城市的《房屋租赁管理若干规定》要求从事房屋租赁经纪活动的人员，应当取得相应的房地产经纪资格证书。但有很多从业人员没有取得"从业资格证"，在依靠人海战术争取市场的经纪市场，一些经纪公司并不把"从业资格"作为从业的必要条件，规模小的经纪公司更不重视员工是否具有经纪从业资格证书。

（四）行业协会层面

房地产中介行业协会、租赁协会成立时间较短，现有工作人员不足，同时功能设置较为简单，肩负的工作任务较少。与发达国家行业协会相比，房地产中介行业协会、租赁协会的影响力十分有限，不仅未能充分发挥其积极引导行业自律的作用，而且经纪机构从业人员、租赁从业人员和出租人、承租方对行业协会缺乏信任。因此，行业协会的工作亟待改善和加强。

（五）政府层面

对住房租赁市场进行管理，维护交易安全、稳定交易秩序，是政府行政管理职能之一，但从一些城市调研来看，存在下面几个问题。

一是各职能部门在管理中未形成良好配合机制，且基层一级管理力量薄弱。住房租赁问题是一个社会问题，是与流动人口问题、农民工问题、就业问题、社会公平问题相互牵扯、相互包含的一个社会矛盾的反映。因此，对其治理也是一个系统工程，并不仅仅是"租赁房屋的管理"。但受现有管理思路的局限和影响，存在部门之间合作机制不畅通及配合不够默契的情况，相关职能部门在面对租赁问题时往往采取回避甚至推诿的态度。尤其是在相关政策法规不完善的背景下，职能部门在执法过程中遇到的诸多障碍也挫伤了其积极性，例如执法主体问题、执法依据不明等。

此外，目前在街道、社区一级的基层管理组织（如基层管理服务站）虽然将房屋租赁登记备案等职能纳入职责范围，但这一级基层组织的主要精力仍集中在人口管理方面，对于房屋租赁管理的重视程度不够。由于缺乏基层组织这一"重要抓手"，房屋租赁税费的征收、房屋租赁合同的备案、房屋安全监管等工作无法落到实处，大大影响了房屋租赁市场的管理成效。

二是租赁立法保护缺失，缺乏租赁相关行为立法。现有租赁相关法律法规中，对于租赁双方的权责利界定较为原则，且在租权关系的稳定方面缺乏必要的考虑，租赁双方的权益都存在受侵害的危险，对于租赁市场的规范和活跃都是不利的。建立适应中国国情的租赁权利保护措施，是完善租赁市场的基本保证。

三是租赁市场以个人租赁为主，政府缺少宏观调控的手段，管理难度较大。目前，住房租赁市场的市场化程度较高，供应主体主要是个人，当租赁市场的量价出现问题时，除税收外，政府基本没有其他的调控手段。政府难以对租赁主体实施有效的管理，难以对房源供应实施有效的调控，难以督促建立稳定的租权关系和保护承租人的权益。

四是对房地产经纪、租赁行业的监督管理机制建设较为薄弱。从体制上看，目前政府对于经纪行业的监督管理机制建设还较为薄弱，表现在：从监管环节上看，注重对机构的管理，忽视对经纪人、住房租赁从业人员的监督；注重对业务的监督管理，忽视对内部机制的监督管理；注重经纪机构、租赁企业的业务规范性监管，忽视其风险性监管，特别是以财务为核心的监督体系；缺乏严格的市场退出机制。从监管方式上看，因人力、经验所限，目前行业监管尚处于被动状态，哪里出现问题就去哪里，监管工作尚缺乏系统性、科学性和前瞻性。

五是租赁市场信息化管理不到位。一些城市租赁市场的市场化程度较高，但缺乏公开、统一、完善和权威的信息公示、查询平台，租赁双方（尤其是承租方）难以掌握诸如房屋权属、某区域实际供应量、某类型房屋的平均租金价格等方面的真实水平。而且，目前主管部门也并未对出租人、经纪人等在房产交易中处于信息强势地位的个体的信息披露义务进行硬性规定，致使租户在交易中处于信息弱势地位，既增加了租户的交易风险和成本，同时也为一些不法分子利用信息优势进行欺诈创造了空间。

建设房屋租赁信息平台对租赁行为进行引导有几个难点需要克服，其中最重要的就是样本采集，而目前租赁市场的当事人很少能主动登记备案，政府难以掌握租赁市场的真实情况，信息管理平台难以实现指导交易行为、对租赁市场进行动态监管的功能。

六是租赁纠纷解决机制尚不完善。租赁纠纷具有多发性、复杂性、涉案金额低的特点，由于我国没有专门解决租赁纠纷的简易法庭，诉讼解决的时间较长，仲裁解决虽然效率高，但是对涉案金额要求高；而基层服务站等机构在调解租赁纠纷时发挥的作用不明显，缺乏高效合理的租赁纠纷解决机制，不少纠纷难以公平解决，因而造成租赁市场违约成本较低的不良影响，客观强化了部分租赁当事人的违约期待。

二、从市场运行中反映出来的问题

总体来讲，住房租赁市场已经成为住房市场不可或缺的部分，其重要地位和对经济社会发展的作用日益凸显，但在市场运行过程中，一些问题逐渐暴露出来，主要体现在以下几个方面。

(一) 供应主体分散，租赁服务单一

一是供应主体主要为高度分散的小业主。从出租主体看，大多数房源来自私人业主，他们通过中介居间代理服务和房东直租方式进行租赁。而规模化经营的住房租赁数量占比偏低。这种业主高度分散的局面，一是加大了政府的管理难度，政府要面对的是一个高度分散和流动性强的承租人和高度分散的出租人形成的市场，管理难度极大，难以对市场实施有效的调控；二是导致房源供应的不稳定，个人业主仅出租一套或者两套房子，甚至是出租一套房屋的部分房间，出租的压力较小，面临特殊情况而中止合同收回房屋的情形较多，从而使房源供应不稳定，这在客观上加剧了租权关系的不稳定；三是不利于承租人权利的保护，租赁市场比较成熟的国家和地区，其法律规定往往倾向于保护承租人权利，以鼓励租住房屋，但这些法律基本上对机构出租人适用，如美国的住房租赁法律对出租4套以下房屋的出租人豁免适用，在租赁市场的供应基本上是小业主的情况下，如果法律偏向于保护承租人，则会抑制租赁市场的供应，反过来最终不利的还是

承租人；四是加大了租赁纠纷处理难度，租赁是一种持续性的行为，在租赁存续期间涉及房租以及水电气网络等公用事业费用的收取、设备的维修、邻里关系的维系等各种关系，在一个时时刻刻都由多个承租人面对多个出租人的巨型复杂性关系网络中，不可避免会发生各种纠纷，这种纠纷遍地开花的局面加大了处理和调解的难度，导致租赁纠纷不断积累，得不到及时处理，对社会的稳定与和谐是一个重大的挑战。

二是租赁服务品种过于单一。目前的租赁服务基本上为居间和代理，其中又以代理为主，机构租赁和提供多样化的增值服务还比较少。这虽然满足了部分市场需求，但与市场的多元化的需求和行业的长远发展的要求还相去甚远。对承租人而言，难以满足数量巨大的短租和活跃而不规范的合租的需求；对出租人而言，出于时间以及担心房屋设施受损等因素考虑，宁愿将房屋闲置而不出租；对行业发展而言，服务品种的单一，使行业陷入低水平竞争，一些有实力的经纪机构不能通过创新服务方式来拓展市场，反而受困于部分不规范的经纪机构的低价恶性竞争而降低自身的服务水平，从而影响整个行业的形象和可持续发展。

（二）结构性矛盾比较突出，季节性波动大

一是户型的供需结构性矛盾。供求房型结构错配，无效供给过剩和有效供给不足。租户需求的主体是小面积低总价的单间，而市场供给的主体是大面积高总价的成套住房。根据《2020 中国青年租住生活蓝皮书》数据显示，租赁群体以新就业大学生和流动人口为主，"85 后"、"90 后"等租赁主体更加倾向于配套齐全的小面积、小户型的需求，但现实中，一居室、两居室的小户型租赁住房供需关系紧张，而大面积、大户型的房源存在部分过剩，一些租房者只能在三居室及以上住房进行合租，甚至是群租。这种结构性矛盾，一方面造成了小户型住房租赁价格的快速上涨，加重了中低收入家庭和年轻人的租房压力；另一方面，大户型的供过于求和闲置严重，造成了资源的浪费。

二是区域的供需结构性矛盾。一些城市中心城区以及轨道交通线沿线的新兴社区，在商业资源、教育资源、产业资源和交通资源的多重叠加下，交易量集中，严重供不应求。远郊区位置偏远，配套不全，供大于求。这造成了供给区位错配，很多租房群体希望通勤时间在半小时以内，而就业中心附近的租赁房源较少，远郊区的租赁房源较多。这导致区域通勤压力巨大、人口流量过大、社会治安和安全隐患严重等问题，也不利于区域间的协调发展。

三是季节性的供需结构性矛盾。一些城市租赁市场存在明显的季节性波动，由于外来务工人员节后返回岗位、新增外来务工人员和大学生毕业以及入学新生增加，每年二三月份和六月至八月份是新增租赁交易的旺季；加之合同签订期限的固定性，每年新增租赁高峰季节和换租高峰季节重合，需求的集中性增加比较明显，阶段性的供不应求突出。其余的月份为淡季，房源过剩的现象比较普遍。季节性的供需矛盾如果缺乏合理引导，会加大阶段性供需矛盾，旺季租不到房子而淡季租不出房子，加剧了租金的波动性。

四是租赁住房供给品质整体不高，难以匹配需求。首先，由于住房租赁以私人房源为主，而现存的租赁房源很大一部分是老房、破房，缺乏必要的装修和维护服务，大多数住房品质不高，而且在周围社区服务和良好环境营造上也体现不足。目前，家庭出租住房主要有房改房、拆迁安置房和农民自建房三类，还有地下室等非正规住房。房改房建成年代较久，拆迁安置房市政配套设施不完善，小产权房建筑质量不高，普遍存在失修失养失管问题，居住环境恶劣，难以满足基本居住需求（邵挺，2020）。其次，租赁住房供给质量和功能不能满足需求。年轻化租赁群体的"品质租房"新消费观念逐步增强，是"注重颜值、讲究品位"的消费升级的重要体现，例如大学生等青年群体对居住品质、社区功能有较高的要求，希望面积不大但设施新和功能全，有社区食堂、图书馆、咖啡吧等社会交往空间。《2020中国青年租住生活蓝皮书》显示，超过6成的租客在选择租房时注重房屋配置，如智能家居、管家服务等。但现实是由于85%以上的房源以私人为主，大多是老破小，大多数住房品质不高，缺乏这些社区设施，缺乏必要的装修和维护服务，难以达到新生代租房人的需求（邵挺，2020）。

（三）市场行为不规范，租赁纠纷较多

住房租赁市场还存在出租人行为不规范，承租人行为不规范，经纪机构、租赁机构行为不规范等问题，前面已经阐述，这里不再展开。另外，租户希望和业主一样同等地享受基本公共服务，例如子女就近入学等，但实际上很多城市在上学方面将业主排在前面，租户排在后面。

前文将住房租赁经营分为直租、包租和托管三种模式。对于直租模式，我国私人住房租赁主体以个人为主，大部分由中介机构居间代理，但由于租赁市场监管不到位，未经房屋管理部门允许或登记注册的房屋租赁中介机构大量存在，"二房东"甚至"三房东"等私自转租的行为也屡见不鲜。对于包租模式，由于其链条有两节，即包租机构一手托两家，包租机构吃的是租金差，这自然造就了链条断裂的风险，无论是经营不善或者是恶意违法赚取资金池、租金贷或者是卷款逃跑的皆处于此种模式。而对于托管模式，由于其租赁合同是租客与房主签订的，托管机构只负责房屋的日常管理和维修，赚取的是服务管理费用，不直接参与租金以及租赁合同，因此，是风险最小的一种。在日本等国家，这种托管模式是比较成熟的。但是在我国租赁企业和房东说是托管，却和租客说是包租，然后让租客办理租金贷，出了问题后又说是托管，这样业主要求租客腾房，而租客通过租金贷已经缴纳了租金，坚持不退。例如蛋壳有些租赁合同表面上看是委托代理关系，但实际上为转租关系。

随着新冠肺炎疫情的暴发，大量中小分散式公寓经营陷入困境状态，高收低出模式爆雷现象频发。2019 年至 2020 年陷入经营困境并造成不良社会影响的以分散式公寓为主。媒体公开的陷入资金链断裂、跑路、倒闭等公寓数量高达 52家，远多于前两年。资金链断裂的公寓有近 20% 是由"高收低出"模式扩张导致。这种以高于市场价的租金收取房东的房源，低于市场价的租金出租给租户的模式，短期并不盈利。在分散式公寓强竞争环境下，部分企业通过这种方式从私人房东手中争夺收取房源。一方面让在房东争取 1~3 个月的免租期，并通过租客和房东间租金支付的期限错配沉淀资金（如租客按半年收取房租，向房东按季度支付房租），另一方面预期未来市场租金上涨，可以回收成本并实现盈利。这种运作模式只有市场租金上涨的情况下运营能力极强的公司才能将房源顺利出租控制空置率，使现金流运转通畅。但很多中小企业并不具备这种能力，一旦房源空置率高和租金下降就会导致资金链断裂。由于"高收低出"的模式早期可以形成资金池，市场上出现不良商家套取资金跑路，对房东和租户的利益造成损害的事件常有发生。在蛋壳租赁企业爆雷事件发生后，政府加强了对包租模式的监管，涉及租金贷的问题大幅减少。

（四）登记备案率较低，税收征收率低

一是租赁登记备案率较低。根据建设部《城市住房租赁管理办法》的要求，住房租赁成交后必须进行登记备案，可实际上履行了登记备案手续的租赁交易量较低。由于登记备案率较低，租赁市场底数不清，一方面，政府对租赁市场运行规律的把握和了解不够，引导、服务和监管市场的措施针对性不强，住房租赁市场的调控和监管工作难以落到实处；另一方面，住房租赁管理与城市综合治理工作密切相关，租赁底数不清，政府对出租房的建筑结构、消防、卫生等情况就掌握不够，安全隐患就会频发，黄赌毒等治安隐患问题也会层出不穷。

二是租赁税收征收率低。尽管很多城市要求个人出租房屋收入征税，但很多出租房屋是实际没有缴纳税收。税收征收率的低下，与租赁交易主体分散、统计信息系统缺乏所带来的征管困难有关，而这种状况在短期内难以改变，因而租赁税收在一定时期内仍难有较大改观；同时，由于租赁税收的存在，一些出租人为逃避税收而不去备案，登记备案的意愿降低，加大了住房租赁合同登记备案的推行难度。一些租赁经营企业则无法从房东那里开具发票，无法抵扣进项税。

（五）经纪机构和租赁企业良莠不齐，行业整体形象不高

经纪机构和租赁企业公司规模偏小，实力较弱，一些中小经纪公司、租赁企业在代理方式、信息披露、诚信建设等方面存在很大不足，为追求短期利益而损害消费者权益，导致市场违规行为较为突出。一些有实力的经纪机构、租赁企业受这些不规范行为的冲击也随后跟进，这对整个经纪行业、租赁行业的形象造成了严重的影响，导致消费者对经纪服务、租赁服务的认同度很低。

（六）租赁企业收益率低，供给动力不足

根据企业调查问卷结果统计分析，20%的企业的租赁收益率低是目前面临的主要问题，也说明了该问题对企业发展影响很大。与国际大城市相比较，我国租金收益率偏低，租房市场仍不成熟。从上海易居房地产研究院发布的《2019年四季度50城租金收益率研究报告》看，2019年第四季度50城租金收益率为2.4%，虽然环比小增2%，但仍然低于当期的银行三年期存款基准利率。弱二线

城市和三线城市的租金收益率相对较高，如锦州（3.9%）、牡丹江（3.6%）、乌鲁木齐（3.6%）、宜昌（3.4%）、桂林（3.3%），而一线城市的平均租金收益率仅为 1.6%，环比下降 3%，同比下降 7%，环比及同比降幅均有所扩大，但与国际大城市相比仍处于较低水平。

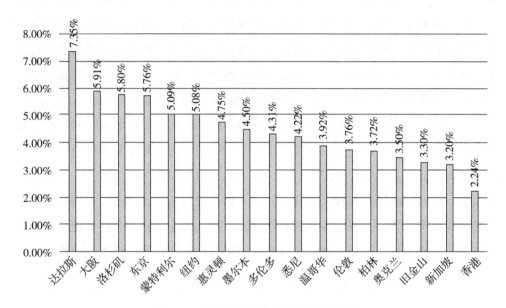

图 3-18　国际重点城市租金收益率比较

资料来源：《新财富杂志》。

较低的租金收益率已经严重阻碍了住房租赁市场的发展，一二线城市大的住房租赁机构运营相对规范，但是一些较小的中介服务机构为了获取高额利润，出现了非常多的任意哄抬租金、进行低品质装修导致甲醛污染等行业乱象，这极大地制约了市场的健康发展。

（七）租赁住房的在途供给落地难

目前大城市地价普遍较高，一些地方政府推出了专门的租赁住房用地新建租赁房、新建商品房配建租赁住房、集体土地建设租赁房，利用低效商业办公用地、工业用地建设租赁房，以及将空置闲置的商业办公房源、城中村等改建租赁住房。这些增加的租赁住房供给确实切合现实的做法，但也遇到了一些现实的困难。

在新建租赁房方面，建设和运营推进比较缓慢。主要原因是：地方政府、村集体供应租赁住房用地不积极和企业拿地不积极，租赁住房社区规划没有明确的指引，缺乏长期低利率资金支持，相应的税费政策支持不到位，企业运营亏损影响后期投入。

在改建租赁房方面，改建项目遇到了审批难和享受相关优惠政策难。绝大部分城市对实际使用用途改变没有制定行政审批流程，也不颁布许可，造成这种模式下建设的长租公寓没有租赁住房的身份，后续验收、落实民用水电价格等优惠政策、办理证照、享受公共服务都存在障碍。这也带来了部分城市商改租项目不能按照民用水电价格标准实施，影响了租户和租赁企业的积极性。另外由于商改租的用电增容问题，电费实行阶梯式递增电价，租客的用电层级不一样，也导致了收费标准不一致，引起不少租户的投诉和不满。

三、大城市租赁住房供求不匹配问题突出

（一）热点城市租赁需求集中，房源供给不足

近年来，我国的城市化出现了人口向大城市和以大城市为核心的都市圈和城市群集中，这造成了大城市成为租赁需求集中的地方。但大城市住房租赁市场供给发展较为缓慢。目前，部分一二线城市和部分三线城市房价、地价很高，租售比不合理，将土地资源用于租赁住房建设在经济上不具有合理性，市政府也不愿把宝贵的土地资源用于租赁住房建设。因规划、消防、安全等配套政策适用范围和标准规范尚不明确，改造商业用房用于租赁住房进度缓慢，难以有效增加租赁住房供应规模。在租赁住房需求持续增加的情况下，一些大城市租赁住房供需出现缺口，供需矛盾突出（邵挺，2020）。正规的租赁房源供给单元数量少于租赁户数，租赁群体到农村租赁住房以及租赁非正规住房，引发了房屋安全、治安等方面的问题。这也带来了租户的人均居住面积小和居住品质差等问题。需要注意的是，从本研究调研的结果来看，除了一线城市和部分二线城市外，大部分二线城市并不存在租赁房源供给短缺的现象，一些城市存量住房大量空置，没有有效

盘活的现象更为普遍。

（二）部分大中城市、部分群体的租金可支付性不足、权益没有保障

租金的可支付性不足，超过了个人或家庭月收入的30%，造成了沉重的房租负担，并影响到租客的生活。城市租房的主体是从农村到城市、从中小城镇到大城市的流动人口，以及新就业的大中专毕业生。由于他们的收入有限，所以能够支付的租金并不高。但是一些大城市的住房租金较高，超过了他们的支付能力。

在租赁需求旺盛的大城市，住房租赁市场是典型的卖方市场，机构占比不高，出租方居于强势地位，承租方多为外来务工人员和新就业大学生。他们人生地不熟，收入水平也较低，属于租赁市场弱势群体。再加上政府监管不到位，"二房东"以及"黑中介"随意缩短租期，任意涨租金，甚至发生驱赶租户的现象，造成租客合法权益无法保障。此外，部分长租公寓运营方鼓励租客使用"租金贷"等方式，并且给予租金的优惠，吸引了一些租客。但长租公寓"爆雷"事件发生后带来了很多的社会问题。

（三）有效供给不足的热点城市识别

近年来，随着房价的快速上涨，租房居住的群体不断扩大，但出租房源的供给却没有同步增加，供给结构存在严重不合理，住房租赁市场供求关系的失衡导致租赁市场发展受阻，这一问题在作为人口主要流入地和高端产业聚集区的一二线大城市显得尤为突出。下面对热点城市以及具体的供给不足问题进行了识别。

1. 概念界定与相关指标和计算说明

根据凯恩斯理论，有效供给是指与消费需求和消费能力相适应的供给，从理论和现实需求来看，对于承租方而言，其租赁需求涉及几个方面：一是住房的硬件条件方面，包括住房面积、户型、功能和社区设施；二是住房租赁的合约条件方面，包括租赁信息、租期长短、租金高低、押金方式、支付周期等；三是租期内享有的服务，包括租赁房维护、教育、交通、医疗和商业等附着在住房（或其地段）上的服务资源。而租赁住房有效供给不足主要体现在城市住房租赁市场的房源供给层面，存在房源供求总量失衡、供求结构不匹配，或与当地居民的可支付能力不匹配等问题，致使该城市的住房租赁需求无法得到有效的满足。当然，

还存在租赁房源质量有缺陷以及服务短缺和权益难保障等问题。另外对于非硬件设施诸如租赁房所承载的服务资源以及权益保障，很难做到定量衡量。

鉴于指标和数据的可得性，本文以贝壳研究院的调查数据为基础，选取租赁房源成交面积比例差值、租赁房源户型比例差值以及可支付能力匹配度三个指标进行测算。供需失衡系数＝供需总量匹配度×系数1＋供需结构匹配度×系数2＋可支付能力匹配×系数3，其中，（1）供需总量匹配度＝（1−租赁房源库存量/租赁房源需求量）的绝对值，其中租赁房源需求量＝租赁人口×人均租赁面积/套均租赁面积，数值越大代表失衡度越高；（2）供需结构匹配度＝面积差距×0.5＋户型差距×0.5，数值越大代表失衡度越高；（3）可支付能力匹配度＝人均年租金/人均可支配收入−0.3，数值越大代表失衡度越高。此外，在选取城市上，综合城市GDP、租赁规模以及人口流动等数据作为选取租赁失衡城市的基本依据。

2. 我国主要城市的租赁失衡的测算分析

根据上述的指标设定及数据处理，剔除存在异常值的部分城市，共计得到41个城市租赁失衡的基础数据和租赁失衡程度的排名测算，根据层次分析法，得到系数1＝0.1634，系数2＝0.2969，系数3＝0.5396。具体的租赁失衡城市的排名如表3-13所示。

表3-13　　　　　　　　　　我国主要城市租赁失衡程度排名测算

城市名称	供需总量匹配度得分	供需结构匹配度得分	可支付能力匹配度得分	综合得分	排名
上海市	1.4	11.8	54.0	67.1	1
北京市	0.0	2.1	53.5	55.6	2
苏州市	4.4	16.3	29.2	49.9	3
深圳市	0.0	4.0	44.1	48.2	4
郑州市	1.0	29.7	13.0	43.7	5
武汉市	8.0	13.8	20.6	42.3	6
东莞市	5.8	13.7	20.8	40.2	7
杭州市	4.0	6.5	29.4	39.9	8

续表

城市名称	供需总量匹配度得分	供需结构匹配度得分	可支付能力匹配度得分	综合得分	排名
佛山市	8.3	12.1	19.2	39.7	9
福州市	13.4	15.2	8.6	37.2	10
珠海市	8.3	1.9	21.4	31.7	11
成都市	3.2	9.8	18.6	31.6	12
青岛市	3.1	8.6	17.5	29.2	13
徐州市	0.6	18.7	7.5	26.7	14
温州市	6.0	12.5	8.3	26.7	15
大连市	0.3	6.5	19.7	26.5	16
重庆市	0.6	9.6	15.8	26.1	17
中山市	16.3	1.9	7.8	26.0	18
合肥市	2.6	8.1	15.2	25.8	19
沈阳市	0.1	3.2	21.1	24.4	20
无锡市	2.9	4.1	16.9	23.8	21
绍兴市	1.4	8.0	13.8	23.2	22
昆明市	2.6	0.5	20.0	23.2	23
广州市	1.7	11.3	10.1	23.1	24
济南市	1.1	16.6	5.1	22.8	25
贵阳市	0.1	6.5	14.7	21.4	26
西安市	1.8	5.4	14.2	21.3	27
天津市	6.2	7.6	7.2	20.9	28
哈尔滨市	1.7	16.1	2.5	20.3	29
长春市	1.0	13.4	5.0	19.4	30
南京市	0.5	4.6	14.1	19.2	31
泉州市	0.4	7.3	11.1	18.8	32
兰州市	2.9	8.7	7.1	18.7	33

城市名称	供需总量匹配度得分	供需结构匹配度得分	可支付能力匹配度得分	综合得分	排名
宁波市	0.5	15.3	2.2	18.1	34
长沙市	1.8	4.9	10.4	17.0	35
太原市	0.5	1.2	14.9	16.5	36
厦门市	0.7	3.0	10.9	14.6	37
常州市	2.0	11.8	0.0	13.9	38
嘉兴市	1.8	4.5	6.4	12.7	39
廊坊市	0.5	2.4	5.7	8.6	40
石家庄市	0.2	4.7	2.5	7.3	41

资料来源：根据贝壳研究院数据测算。

分析的主要结论如下。

（1）租赁失衡程度表现为一线城市>新一线城市>二线城市

从上表的排名可以看出，以租赁失衡综合值为指标，以上海、北京、深圳为代表的一线大城市，其租赁失衡问题最为突出，苏州、郑州、武汉、杭州、东莞、佛山（2020年进入新一线）等新一线城市的租赁失衡问题也相对突出，租赁失衡程度的城市表征，总体符合一线城市>新一线城市>二线城市。追其原因，人口规模大以及人口流动大的城市，其租赁市场较为活跃，如上海总人口达到2428万，其中租房人口达874万，北京租房人口为700余万，由于其人口规模基数大，租赁体规模也相应会大，如果没有合理健康的租赁供给体系和供给规模，那么，对应的租赁失衡问题就会突出。

（2）二线城市租赁失衡程度差异性较大，分化程度较高

在表3-14中，深入研究二线城市的租赁供需情况，可以发现，二线城市的租赁失衡呈现分化特征。具体来说，珠海、福州等二线城市的租赁失衡问题依然比较严峻，但是石家庄、常州、廊坊、兰州等二线城市的租赁住房失衡问题并不明显。

表 3-14　　　　　　　　我国主要城市租赁供需失衡的指标（%）

城市名称	租赁供需失衡基础数据									可支付能力匹配度
	成交面积比例差值				成交户型比例差值					
	60m²以下	60~90m²	90~120m²	120m²以上	一居	两居	三居	四居	四居以上	
上海市	-0.8	-3.3	0.6	3.5	-3.2	-1.7	2.6	1.5	0.8	0.8
北京市	-0.1	-3.4	0.9	2.6	-3.9	0.5	2.4	0.7	0.3	4.9
深圳市	0.9	-6.8	2.4	3.5	-5.9	-3.1	4.5	3.2	1.4	5.1
广州市	-2.2	-1	1.1	2.2	-0.8	-3.2	2.2	1.3	0.5	-9.2
天津市	-1.2	-4.2	2.3	3.1	-5.8	0.5	4	0.9	0.4	-12.1
重庆市	-2.1	-6.1	3.5	4.7	-5.7	-3.6	6.2	2.5	0.6	-9.5
东莞市	-0.3	-14.6	8.9	6	-9.9	-6.8	12.4	3.7	0.6	-12.9
杭州市	-2.3	-2.7	0.8	4.2	-3.4	-2.8	2	3.1	1.1	-5.7
南京市	-1.6	-4.9	2.7	3.8	-3	-3.5	4.1	1.8	0.6	-10.9
武汉市	-2.8	-3.6	2.6	3.8	-5.4	-2.2	5.2	1.8	0.6	-11.7
苏州市	-2.9	-1.9	0.5	4.3	-1.7	-3.7	2.6	2.2	0.7	-12.4
厦门市	-2	1.7	-0.5	0.9	-0.7	-2.7	0.5	1.4	1.6	-9.8
成都市	-1.1	-5.1	2.9	3.3	-5.1	-2.9	5.5	2.1	0.4	-10.4
佛山市	-2.9	-4.6	4.1	3.3	-3.8	-4.1	4.7	2.4	0.4	-14.2
温州市	-3.6	-0.1	0.6	3.1	-1.2	-4.8	2	3.3	0.7	-12.4
福州市	0.3	-5.2	1.3	3.7	-5.5	-1.2	3.9	1.9	1	-13.7
宁波市	-2.4	-2.4	1.4	3.3	-5	-3.5	5.1	2.8	0.6	-15.5
郑州市	-0.9	-7.2	3	5.1	-8	-1.5	7.3	1.6	0.5	-9.6
合肥市	-2.7	-3.4	1.7	4.4	-3.8	-2.6	3.3	2.4	0.7	-12
大连市	-0.5	-3	1.1	2.4	-2.8	-0.3	2.3	0.5	0.2	-12.1
济南市	-0.7	-3.5	-0.1	4.4	-3	-2.5	4	1.1	0.3	-14.1
泉州市	-2.7	-7.9	2.8	7.8	-7.8	-3.4	6.5	3.3	1.4	-15.3
无锡市	-4.5	-3.8	3.3	5	-4.7	-4.2	6	2.5	0.4	-16.4
西安市	-3	-4.9	1.7	6.2	-4.5	-3.7	5.6	2.2	0.4	-10.2

续表

城市名称	租赁供需失衡基础数据									可支付能力匹配度
	成交面积比例差值				成交户型比例差值					
	60m²以下	60~90m²	90~120m²	120m²以上	一居	两居	三居	四居	四居以上	
哈尔滨市	−3	1	−0.5	2.5	−3.6	0.9	2	0.5	0.3	−15.2
石家庄市	−0.9	−2.2	−0.5	3.5	−3.1	−1.5	3.7	0.6	0.3	−13.8
沈阳市	−0.7	−5.4	2.6	3.5	−6	1	4	0.8	0.2	−15.5
珠海市	0.3	−8	3.9	3.8	−7.2	−4.7	7.9	3.4	0.7	−5.8
徐州市	−3	−1.3	−0.4	4.7	−2.4	−5.5	5.9	1.3	0.6	−12.5
长沙市	−2.7	−5.5	1.7	6.4	−4.7	−3.6	4.5	2.8	1	−15
长春市	−0.8	−3.4	0.9	3.4	−2.8	−2.1	3.5	0.9	0.4	−11.2
绍兴市	−3	−6	2.1	6.9	−6.7	−3.9	6.7	2.9	1	−17.5
昆明市	−5.2	−3.9	3	6.1	−3.1	−6.6	5	3.3	1.3	−14.8
太原市	−0.8	−0.9	−1.6	3.2	−2.1	−3.1	3.5	1.2	0.5	−9.3
嘉兴市	−0.2	−4.7	2.2	2.8	−6.8	−4.4	8.1	2.6	0.6	−18.6
常州市	−3.2	−6.6	4.1	5.6	−6.4	−2.8	6.6	1.7	0.9	−17.6
兰州市	−2.2	−4	0.5	5.7	−2.6	−2.4	3.5	1.1	0.4	−9.9
中山市	−6	−3.6	4.2	5.3	−3.6	−6.9	7.3	2.8	0.4	−16.4
烟台市	−1	−3.2	0.9	3.3	−3.4	−2.1	4.6	0.6	0.3	−17.6
廊坊市	−0.7	−3.4	1.8	2.2	−5.5	0.3	4	0.8	0.4	−15.8
呼和浩特市	0.7	−2.2	−2.3	3.8	−2.7	−0.4	1.9	0.9	0.3	−16.1

资料来源：根据贝壳研究院数据测算。

　　非财政支持租赁试点城市的租赁失衡问题同样值得关注，排名前十占三个，排名前二十占八个。其中，苏州、东莞、佛山的租赁失衡程度排名前十，而珠海、温州、徐州、大连、中山五个城市的租赁失衡程度排在十到二十位之间。基于租赁失衡的程度，我们可以看出，国家对于租赁试点城市的选择大体是精准的，但是对于非财政支持租赁试点城市诸如珠海、温州等城市同样值得关注，这些城市应该是下一步租赁试点及政策支撑的重点城市。

上述城市的租赁失衡排名体现出城市之间在总体变现上的差别，但是对于各个城市，由于租赁市场活跃度、人口流动和租房租金的差异，如果只看一个综合指标，并不能反映具体的现实问题，因此有必要进一步分析租赁失衡的基础数据，进而得到全面的分析。

（4）小面积、一居室房源供不应求是引起城市租赁供求失衡的突出表现

从具体数据特征来看，以成交面积及户型比例差值来看，如表3-14所示，无论是超大城市还是中型城市，60平方米以下以及60~90平方米房源的都呈现出供不应求的状态，而对于90平方米以上的房源，却存在市场剩余，特别是120平方米以上的，更为供给远大于需求。这说明，对于租赁群体而言，对于小面积的租赁房源更为青睐，其主要原因可能在于支付能力，因为大面积的房源，其租金比较高，而对于租赁群体而言，他们是在城市买不起房的工薪阶层，其收入水平较低。租房生活对于租户来说，可能是短暂的或过渡性的，由于工作的换动、买房的需求，会促使他们愿意屈居于小面积房源。从租赁房源的户型成交比例差值来看，一居室和二居室均出现供不应求的市场状况，其中，一居室供求失衡最为突出，二居室次之，这说明，对于租赁群体而言，处于单身和未育有儿童的占据绝大多数，这也符合现实情况，租户群体大部分年龄在18~35岁，这部分群体对于房源的需求更多的是刚性需求，一是他们认为没有太多必要选择大户型，二是出于储蓄的动机，更愿意选择租金低、面积小的一居室和二居室或者合租。相反，对于三居室和四居室而言，则存在供大于求的剩余状态。另外，三居室相对于四居室而言，其供应剩余情况更为明显。其背后原因可能在于，一是市场上四居室的租赁房源比三居室要少，二是基于个人的偏好，如果三居室和四居室在租金的差异上并不明显，那么四居室比三居室更有吸引力。

（5）租金支付能力在不同城市差异化较大

从租赁群体的支付能力上看，如果以30%的人均可支配收入的租金上限为准，目前，上海市、北京市以及深圳市的租金价格超过了这个比例。究其原因，还是一线城市的房价偏高的原因，对于廊坊、中山、烟台、昆明、绍兴、嘉兴、无锡、呼和浩特等城市而言，其租金承受压力大约占据可支配收入的15%。对于哈尔滨、沈阳、长沙、济南、佛山等大城市，其租金占可支配收入也在15%左右，这说明，并不是大城市都会出现住房租金高的问题。另外，对于租房可支付

能力较高的城市，其小面积和一居室房源供应相比大城市而言更显不足，而三居室和大面积的房源供应剩余更加明显，这说明，大城市的租赁房源在总量的供应上相比需求而言比中等城市更加短缺，以至于在小面积、小户型的房源不足的情况下，人们会选择大居室进行合租或被迫选择大户型的房源。中等城市在房源的面积和户型供给结构上也存在不合理，可能是由于中等城市租赁群体相对较少，租金较低，市场对于租赁住房在结构上改建动力不足的原因。

四、我国租赁住房市场存在问题的成因

租赁住房有效需求和有效供给不足的具体成因很多。这里需要区分直接原因和根本原因。直接原因是指对事物的发生发展起到最直接的推动，并直接促成其发生变化的原因，不经过中间事物和中介环节。根本原因是指导致事物发生变化的根源或者导致事物发生变化的最本质的原因。

（一）市场租赁住房有效需求不足的直接原因

1. 租房群体多为中低收入人群，收入增长缓慢

目前我国的租房群体多是中低收入人群。最近几年由于受经济增速缓慢、疫情冲击等不利因素的影响，失业、降薪等时有发生，造成了收入增长缓慢、租赁住房不敢消费的状况。当然，这里面也有中高收入和流动性较强的租房群体，但他们同样也面临着收入增长缓慢等问题。

2. 租房群体为买房储蓄、养家糊口挤占了租赁支出

我国的租房群体多是流动人口，他们需要养活家人，或节省房租支出汇钱给在老家的老人、孩子生活、上学、看病、还贷等。还有一些中青年群体，为了买房筹集资金，倾向于储蓄和降低住房消费。

3. 租房群体为应对不确定性压缩租赁支出

我国的租房群体多是流动人口和青年人，他们会面临不确定的经济环境，承受着较大的就业压力。他们经历了多次失业和换工作，对未来存在较强的不安全感和不确定性，所以他们会按照成本最小的原则来租房，以减少租赁支出。

上述这些原因也导致了许多租房群体很多居住在城中村等非正规住房，而一些质优价高的正规住房反而租不出去。

（二）租赁住房有效供给不足的直接原因

1. 部分大城市人口净流入增长较快，需求增长超过了供给增长

我国人口的流向正在加速向大城市、大城市为中心的都市圈和城市群集聚，这造成了部分大城市人口增长较快，早先大城市本身的住房就供不应求，在人口增长较快的情况下，租赁住房供不应求就会变得更加突出。

2. 供求结构错配是最常见的原因

目前租赁市场存在的主要问题在于房源供给和需求的错配。一方面，租赁市场小户型需求量更大，大户型在供给结构上比例高于需求结构。另一方面，一些租户对租赁住宅的质量要求普遍有所提高，而现存的租赁房源很大一部分是老房、破房，无法满足租赁人群不断提升的租赁需求。此外，低收入群体需求的低价房源市场供给总量偏低。

在一些特大城市，部分外来务工人员按床位承租住房，出现了屡禁不止的群租现象，这也正是租赁住房供需错位的表现。近年来，市场上涌现出一批住房收储、转租机构，此类机构向个人房东租下闲置住房，重新装修后分间（通常会将客厅隔为一间独立的卧室）向多个承租人转租。这实质上是市场自发地寻找途径来解决租赁住房高空置和供需错位的问题。①

3. 有效需求的不足制约了有效供给

从现实来看，我国租赁住房的群体多是住房选择受限制的群体，也就是因收入限制而租房的群体，以及暂时租房过渡以后买房的群体。目前租赁需求人群中的主要构成为应届毕业生、各类外来务工人员等新市民人群。这些人群每年新增基数较大，且收入普遍处于较低水平，对租金较为敏感，仅可以承受较低水平的租金。目前月租金在1000元以下的需求量较大，而现有市场中供给的租赁住宅租金低于1000元的却太少，普遍租金超过这些人群收入的30%，因而流动人口和高校毕业生对于市场提供的较为优质的租赁房"望楼兴叹"，形成不了有效需求。

---

① 易居研究院．发展、完善住房租赁市场，优化市场供给侧是关键［EB/OL］．（2018-02-05）［2024-09-04］．https：//www.sohu.com/a/221119645_611172.

与此同时，非正规住房、保障性租赁住房分流了需求。虽然租赁群体数量庞大，但是这个群体的收入却有限。在中央政府的政策支持下，很多地方政府大力发展保障性租赁住房和公共租赁住房，提供了蓝领公寓、人才公寓等，分流了部分租赁需求，另外一部分需求则被便宜的非正规住房（城中村住房、非法违章建筑等）所分流。

除了收入受限制之外，租赁住房的安全没保障，不能同等共享基本公共服务，也造成了租赁住房的有效需求不足。前者和缺少租赁法来规范租赁关系造成了房东强势和租客维权不足，以及政府维护市场秩序力度不够（陈杰、吴义东，2019）。后者则与教育等基本公共服务实行购住房的群体优先有关，可能的原因是与教育等基本公共服务资源配置不平衡、不充分，以及分配政策不合理（黄燕芬，2017）。

对于自愿选择租房的群体，多数属于收入比较高、流动性比较强、愿意支付较高租金租赁高品质住房的人群。在中国房价快速上涨，以及不能够同等享受公共服务的情况下，这部分人群有的选择了购房，有的受到了购房资格限制而选择了租房，但选择租房的总体规模较小，造成了对高品质租赁住房的有效需求不足。此外，一些租赁企业运营不规范，频繁"爆雷"，也导致租户对房地产经纪机构和租赁机构缺乏信任，不愿意租房。

4. 供给方增加供给动力不足

有些城市的租赁住房供应赶不上人口的快速增长，造成了供求缺口，这与新建租赁住房供应不足有关，也和改建住房、盘活存量住房跟不上需求变化有关。

新建租赁住房供应受到了土地供应不足、建设运营租赁住房的投资收益率较低无法吸引社会资本进入、信贷和政策支持力度不够等影响。

改建租赁住房供应不足与建设运营标准缺失和政策支持力度不够、审批难有关。工业厂房、商业办公房屋改建为租赁住房，涉及规划变更、土地用途变性、行政审批、水电标准变化等诸多问题。租赁企业盈利难导致企业进入动力不足。

盘活存量住房受到了房东收益较低和麻烦事情较多导致积极性不高、租赁企业盈利难等因素的影响。存量住房质量和功能较差，改造成本较高，出租收益率较低。一些租赁企业运营不规范，频繁"爆雷"，导致个人和房东对房地产经纪机构和租赁机构缺乏信任，不愿意将房源托管或者包租给机构，房东自己管理租金较低，嫌麻烦事情多，不愿意出租。

对于租赁企业而言，无论是集中式或者分散式运营模式，都存在资金压力大、融资成本高、收益率低、空置率高等现实问题，在不同程度上影响和制约着企业的运营和发展。其中收益率低是主要的问题，租赁住房租金收益率仅在2.6%左右，一线城市基本在2%之下，与世界范围内的国际大城市相比处于较低阶段。单一的租金收益不足以长期支撑土地成本、装修成本、人工成本、营销成本、税费成本等。此外，对于拿地进行租赁产品开发运营的企业，拿地成本占到整个开发成本的50%左右。加之融资成本高，租赁企业盈利空间极其有限。另外，房价涨幅远高于租金收益，且租赁的回款时间普遍较长，投资回报面临一定的不确定性。由于盈利水平不高，导致企业进入意愿不足。

在国家鼓励租赁住房发展的背景下，大量社会资本涌入行业内，部分企业为了迅速占领市场、扩大规模，进而实现区域性垄断，采取了高价收房的策略。由此，其他住房租赁企业为争夺房源，也被迫加入了这场价格战。更有企业采取通过"高收低租"形成资金池的方式进行扩张的短视行为，并最终由于经营不善，资金链断裂而宣告终结。如2019年8月南京玉恒商业管理有限公司因拖欠房东房租，使得房东房客挤兑维权，最终走向停业。这实际上形成了"寒蝉效应"，更多企业因此而不愿意进入。

很多住房租赁企业来自酒店运营企业。酒店企业需要明确定位自己的目标市场，基于不同的市场细分制定不同的定价和营销策略。这通常要求细分市场具有一定的规模，能带来一定的业务量，并且有相对稳定的客源。目前，住房租赁企业面临着细分市场的规模不够大，业务不够多，客源不稳定，并且面临着低价房源（例如城中村非正规房源）和高价房源（例如一些酒店推出的酒店式公寓）的竞争，导致了基本业务利润薄，增值业务少和品牌效益模糊等问题。

（三）租赁住房有效需求和供给不足的根本原因

总体上看，租赁市场出现的问题是长期累积的结果，究其原因，既有政府对租赁市场的认识不够，认为租赁是一种纯粹的市场行为，无需政府干预，因而在机制、体制、法制的建设，以及对租赁市场的培育、规范、服务和引导上存在不到位和缺位的原因；也有租赁市场发展较快，市场机制、体制建设不成熟，诚信体系建设和基础工作适应不了市场快速发展的需要的原因。

1. 住房制度改革和传统文化的重购轻租的惯性

中国的传统文化倡导"有恒产者有恒心"的置业偏好，更倾向于购买住房，而不是租赁住房。虽然在计划经济时期得到了缓解，大多数城镇家庭租赁公房，但是在住房改革过程中，也出现了一些职工购买了房改公房后发现不如租赁公房划算，要求退回去重新租房的现象。从启动房改之时，住房就成了商品。1998年7月3日发布了《关于进一步深化城镇住房制度改革加快住房建设的通知》，随后，国务院统一部署停止住房实物分配，住房分配货币化。同时住房补贴制度开始启动。住房政策总体框架是"转换机制，分类供应、培育市场、发展金融"（成思危，1999）。该文件提出"对不同收入家庭实行不同的住房供应政策。最低收入家庭租赁由政府或单位提供的廉租住房；中低收入家庭购买经济适用住房；其他收入高的家庭购买、租赁市场价商品住房。住房供应政策具体办法，由市（县）人民政府制定"。当时的供应主体是经济适用房，以销售为主。这造成了住房政策导向上的"重卖轻租"。在2003年以后，商品房成为供应的主体，更是以销售为主。在1998年住房制度改革停止实物分房之后，随着房价的快速上升，住房的资产属性得到了强化，更多人愿意购买住房而不是租赁住房。

2. 系统的租赁住房开发运营模式还没形成

住房租赁市场是我国房地产市场的重要组成部分。为了规范住房租赁市场的发展，中央政府出台了一系列文件来支持，但是缺乏一个系统的租赁住房开发运营模式。我国地方政府、开发商、金融系统已经形成了完善的商品住房销售开发模式，但是没有形成系统的租赁住房开发运营模式，而且将商品住房销售开发模式套用到租赁住房开发运营模式，存在很多的问题。

一是地方政府习惯了"以地生财和以财生地"的土地财政和金融模式，通过土地出让获取土地增值收益，用来支持城市基础设施和公共服务，通过土地抵押获得城市发展项目的贷款，其前提是土地增值收益较大，并且短期快速回收。然而租赁住房开发运营模式与其不同，从公租房到保障性租赁房、再到市场租赁房都明确提出该地块的出让价格大大低于销售商品房用地，这导致了地方政府原有的模式无法继续。

二是开发商习惯了"高杠杆、高负债以及高周转"的开发销售模式，还不适应租赁住房开发运营模式。租赁住房开发运营模式周期较长，有的可能会长达几十年，而不是开发销售模式的 2~3 年的开发周期。前者的收益率很高，后者的收益率很低。在新建租赁住房运营项目中，企业拿地须一次性缴纳 70 年土地出让金，而承租人一般按月缴交房租，项目资金投入大，回收周期长，开发企业盈利困难，积极性较低。

三是金融机构习惯了短周期高利率的贷款模式，还没有形成长周期低利率的租赁住房信贷模式，造成了租赁住房融资难、融资贵。首先，对于轻资产模式的住房租赁企业，由于其没有抵押物，银行不会轻易给予贷款，但是想要扩张，形成集聚经济，就需要融资和扶持。其次，对于重资产模式，有资产抵押便于融资，但融资利率高造成了巨大的负担。尽管针对我国住房租赁企业的融资问题，政府层面不断努力拓宽融资渠道，为住房租赁企业发展提供支持，但是融资成本高、资金压力大仍是住房租赁企业需要面对的问题。在融资方面，银行业的授信规模高达数万亿元，但实际放款额并不大。据恒大研究院估算，目前已流入住房租赁市场的银行信贷资金估计不超过 500 亿元，各类直接融资规模合计也不过数百亿元。尽管有少数银行创新了住房租赁市场的信贷产品，但大多数银行仍未介入，不能提供相应的金融产品和服务。在资本市场方面，美、日等一些租赁市场较为发达的国家，均已通过 REITs 模式吸引社会资本参与，而国内的租赁住房 REITs 仍处于摸索阶段，有些仅向限定投资者发行，且是私募交易性质的类 REITs 产品，配套的税收优惠政策尚未建立，与真正的 REITs 存在较大差距（石海峰，2018）。国内融资成本仍处于一个较高的水平。王海纳（2018）认为，我国住房租赁机构融资综合成本较高，从已发行的 ABS 和 REITs 产品看，住房租赁机构资信水平总体较低，产品以租金收益作为底层资产，风险相对较高，发行时一般需要提供增信，导致综合融资成本上升。如信托受益权类 ABS 优先/次级分层、超额覆盖、补充质押机制、差额支付及流动性支持以及 AAA 担保安排等方式进行增信，综合融资成本接近 10%；私募 REITs 提供 4 年的股权回购协议，股权融资的付息水平接近 16%。

四是税务部门按照房地产开发销售模式开发征税，对住房租赁经营模式的针对性不强，税收负担太重。根据现有的税收政策，企业出租住房需缴纳增值税、城市维护建设税、教育费附加税及地方教育费附加税、印花税、房产税、企业所得税等。不考虑企业所得税的情况下，企业住房租赁相关税负已经达到租金收入的15.3%。特别是对于自持住房租赁经营的企业，承担整体税负约20%，税负过重，不利于自持型租赁住房企业发展。对于转租的经营企业，因为个人出租名义上所交房产税是租金的4%，但实际上绝大多数个人是不报备、不纳税的，甚至有些城市为了提高纳管率，直接宣布个人出租不纳税。但是企业包租不仅需要增加适当的装修成本，还要纳税，税率为9%（托管纳税税率为6%），并且从房东那里无法得到发票进行进项税抵扣，这不仅增加了其回本周期，更不利于租赁企业发展规模化、机构化。

表 3-15　　　　　　　　　　住房租赁企业所需缴纳税种及税率

环节	税种	税 收 政 策	
		购买房产出租	获取租赁权转租
购买/租入	契税	房产成交价格的 3%-5%，一般为3%，一次性缴纳	不适用
	印花税	房产成交价的 0.05%，一次性缴纳	租金支出×0.1%
出租	城镇土地使用税	占用土地面积×使用税额，按年征收额，各地区征收有不同，如深圳市银行土地使用税税额，一级 30 元，二级 21 元，三级 13 元，四级 9 元，五级 5 元，六级 3 元	
	房产税	房产租金收入（不含增值税）×4%	
	印花税	房租收入×0.1%	
	增值税销项税及附加税	租金收入（不含增值税）的 11.2%	
	增值税可抵扣进项税	获得不动产进项税额分 2 年从销项税额中抵扣，第一年抵扣比例为60%，第二年抵扣比例为40%	取得租金支出的进项税额
	企业所得税	应税利润的25%	

资料来源：中国建设银行股份有限公司。

3. 租赁相关法律不健全

住房租赁的立法缺位。现行《城市房地产管理法》《城市房地产开发经营管理条例》《商品房预售管理办法》等法律法规侧重于规范房地产交易市场秩序，对租赁方面有些滞后。目前住房租赁市场的法律法规主要是从行政管理的角度出发，属于行政法的范畴，对解决民事法律问题的作用较小，难以担当起指导和规范市场行为的重任；有关租赁行为的立法仅限于合同法，而合同法的规定过于原则，针对的是所有的租赁行为，难以适应住房租赁交易持续时间长、交易频率高、涉及关系广、细节事项繁杂的特点。2020 年 9 月，住房和城乡建设部公布《住房租赁条例（征求意见稿）》，涉及承租人的相关权益保障，但相关政策和细则仍没有落地。一些地方政府积极出台地方性法规和政策，例如《北京市住房租赁条例》于 2022 年 9 月 1 日起正式施行。这是全国首个规范"住房租赁"、规范长租公寓等新兴业态的地方性法规。

在租赁市场比较成熟的国家和地区，都有比较完善的租赁行为立法制度，如美国，为保护承租人稳定的租权关系，促进租赁市场长期发展，确立了一套涵盖最低租住标准、默示担保条款、限制出租人的合同解除权、推定驱逐和租金控制等制度完善的行为立法体系；香港于 1947 年制定了《业主与租客（综合）条例》并多次修改，对租赁当事人的责权利关系进行了极其详尽的规定。

与发达国家相比，我国关于住房租赁市场的相关法律法规还不够完善，住房租赁行业相关法律法规等制度建设严重滞后。这是一项烦琐复杂、耗时长的大工程，导致了住房租赁企业无法进行行业定性，企业名称五花八门，租赁双方出现合同纠纷，受害者却因标的金额较小很少选择运用法律手段维护自己的合法权益，只能通过上访解决问题。住房租赁市场出现甲醛、租金贷等一系列问题，市场乱象丛生，而当这些现象出现的时候，却没有相关的行业制度来对这些行为进行限制和惩罚。并且在住房租赁企业的创立和经营过程中，也会存在无制度条例可参考的状况，由于没有上位法的支撑，就导致在执法检查过程中，即使发现租赁企业存在"高收低租"、出租甲醛房等问题，也很难认定其存在违法违规行为，并缺乏相应处罚依据。一些不良企业利用互联网违规操作，部分不法企业从成立到"爆雷"的周期越来越短，甚至不到 2 个月，尤其是部分外地住房租赁企业"爆雷"具有隐蔽性，给监管部门的管理工作带来极大的难度。因而特别是现在互联网+住房租赁发展起来，加快建立配套制度对其进行规范也显得尤为重要。一个完备的制度体系，是住房租赁行业高效运转、健康发展的重要保证。

表 3-16　　　　　　　　　　我国住房租赁行业制度建设面临的问题

方　面	问　题
企业性质界定	作为新兴行业，现存经纪行业等法律不适用于此行业；企业名称五花八门，导致监管困难
企业运营及风险	装修不合规范（如甲醛超标）、租金贷等，企业因资金链断裂跑路，使大量承租人蒙受损失
租赁纠纷问题	拖延租金缴纳或拒绝退还租金、随意涨租等问题无对应惩罚措施，常由于标的金额小难以诉诸法律途径而选择上访解决，增加政府行政压力
房屋获取及出租关系	未明确是转租关系还是委托出租关系
其他问题	治安、消防、租房附属权益问题（如户籍、上学等）

资料来源：根据北京住房租赁立法讨论整理。

4. 租赁住房需要完善建设运营标准

目前，《住房和城乡建设部办公厅关于集中式租赁住房建设适用标准的通知》（建办标〔2021〕19 号）指出，按照使用对象和使用功能，集中式租赁住房可分为宿舍型和住宅型两类。新建宿舍型租赁住房应执行《宿舍建筑设计规范》及相关标准；改建宿舍型租赁住房应执行《宿舍建筑设计规范》或《旅馆建筑设计规范》及相关标准。新建或改建住宅型租赁住房应执行《住宅建筑规范》及相关标准。一些地方相应出台发布租赁住房建设和运营办法。

根据调研的情况，目前很多城市没有租赁住房的建设和运营标准，各地普遍存在消防验收部门不受理材料等问题，只能一事一议，项目需要等待的时间过长或者最终无法开业运营。特别是利用老旧楼宇、城中村等改造的长租公寓，虽然改善了城市中低收入群体的居住条件，但其市政配套大多不全，且受先天条件限制，即便改造后也无法达到一般商品房标准，需要专项解决方案。此外，已经出台了标准的城市，参照的技术规范五花八门，有些不符合租赁群体的实际需求。比如车位，根据我们对租户大范围调研，租赁住户车位需求不到购房住户的1/10，按商品住宅标准配车位会大量闲置。此外，在人均居住面积、存量商品住房分割成套出租配置上下水管等问题上，国家和地方也没有明确的法规条文，行业设计标准缺乏，造成了实际操作过程中"企业不敢做、政府不敢批"的情况，制约了行业发展。有些已经出台了标准的城市，参照的技术规范不一，有些不符合改建的实际要求。例如某项目由原来的布丁酒店改建成为集体宿舍，获得了政府支持，但是在改建过程中，其楼道宽度难以满足规定的2.2米（除非改造其主体结构），以及在验收的时候，需要做抗震检测等，要达到这些要求，无疑大大增加了企业的改建成本，对于这些利润微薄的租赁企业来说，没有动力按照规定的标准去改建，这样就导致这些企业没有合法合规的租赁住房身份，也得不到中央财政资金补贴。

5. 针对租赁住房的政策落地难

一是改建项目落地难。部分城市的改建项目，由于得不到原始项目的产权证明，导致改建项目难以通过联合验收。

二是中央财补资金获得难和使用难。首先，除了输出管理服务的轻资产模式外，特别是长租公寓目前大多无法覆盖市场化融资成本，处于亏损状态。由于蛋壳之类的轻资产企业的"爆雷"，部分城市有投鼠忌器的后遗症，中央财补资金无论是补给项目建设还是补给运营，都不敢补给轻资产企业，这给轻资产企业的融资带来了困难；其次，部分城市的改建项目没有通过联合验收，难以得到相应的财政补贴。所以部分城市为了既能避免风险，又能合规使用中央财补资金而选择新建，但是新建需要的资金成本非常高，除了国有企业的担当外，民企没有动力；再次，对于中央财补政策的期限和项目建设周期的不匹配，由于租赁项目从审批、建设、验收、运营周期很有可能不只3年，但是中央财补资金的使用期限是3年，还不知道是否有后续的补贴，对于企业的稳定预期产生影响。此外，企业普遍反映，中央财补资金大多数是事后补偿，但是对于企业而言，可能建设期间才是最需要补贴的。

三是对机构持有租赁房源缺乏有力的政策支持。开发商热衷于快进快出的代建模式而非长期持有以获取稳定回报的投资模式，这与开发商将房地产作为一项暴利行业的观念有关，但最根本的还是因为缺乏相应的政策支持，导致租赁的投资回报率不高。目前难以通过提高租金来提高出租的投资回报率，只能通过税收、金融、土地政策的支持，降低房屋出租的成本来提高投资回报率。我国还需要完善对机构持有出租房屋方面的政策支持。租赁市场成熟的国家和地区，通过金融、税收等政策支持来鼓励机构持有租赁房源。金融支持主要是贷款补贴，包括低利率和超长期贷款，如奥地利对于参加社会出租住房的机构提供期限为 30 年、固定利息 1% 的低息贷款，法国对参与此类房屋建设的机构投资者提供贷款期限长达 40~50 年的贷款；税收政策的支持主要包括降低增值税率，税收返还或减免房产税和企业所得税，如法国对参与社会出租住房的机构在购买土地和工程施工时的增值税率由 19.5% 降为 5.5%，同时免征 25 年的物业税，在美国，参与此类房屋的投资者可以在 10 年内享受建造成本约 9% 的所得税的抵扣。

四是机构经营租赁房源存在制度瓶颈。机构持有出租房源的培育是一项长期任务，以小业主为主体的持有模式在短期内难以改变，而通过经纪机构的代理，可以在小业主持有的客观情况下实现机构的经营，从而减轻由于供应主体分散而带来的市场不稳定和管理难度大的问题。但是租赁代理服务在制度方面仍面临诸多困境，主要表现为没有规范化的服务标准，租赁收费制度尚存争议，由于资金监管账户数量的限制，经纪机构对银行的选择性减小，受银行政策调整的影响较大。

6. 住房租赁登记备案少，政府缺乏充分信息

虽然我国自 1995 年就通过《城市住房租赁管理办法》确定了租赁登记备案制度，但没有从根本上解决租赁合同经过登记可以对抗第三人的效力的问题，导致当事人登记意愿不强。与权属登记"我要政府登记"不同，租赁登记是"政府要我登记"，租赁登记备案带来的麻烦明显而带来的好处却并不明确，所以长期以来租赁登记备案率很低。

现有税制不利于鼓励个人租赁房源以登记备案的正规途径进入市场。长期以来，政府部门把房屋租赁登记备案制度作为租赁管理的重要手段。但租赁登记备案制度没有得到全面落实，不办理租赁合同备案的情况十分普遍。由于租赁合同备案率低，房地产管理部门无法掌握住房租赁市场的交易情况。究其原因，一方

面最高人民法院司法解释规定"法律、行政法规规定应当办理登记手续，但未规定登记后生效的，当事人未办理登记手续不影响合同的效力"。故房屋租赁合同是诺成合同，登记备案不是房屋租赁合同生效的条件，房屋租赁合同签订后没有办理备案的，不影响合同的效力。经备案的房屋租赁合同，在法律层面上，也未承认其优先性和对抗性。另一方面，办理房屋租赁登记备案，当事人除要缴纳房屋租赁管理费外，税务部门往往根据租赁合同备案信息，去征收当事人出租房屋的税费。房屋租赁登记备案对出租人和承租人而言好处很少，更多的是缴费和纳税义务。因此办理房屋租赁登记备案的寥寥无几。由于登记备案率低，缺乏完整、真实的住房租赁市场状况数据，有效管理和服务也就无从谈起。

7. 租赁市场存在多头管理、缺乏有效协同监管

一是租赁市场管理力量仍比较薄弱。一些城市政府机构中对租赁市场的专门管理人员不足，与租赁市场规模不相适应，"以房管人"的专门队伍和机制尚未建立；"以人管房"的机制虽然已经建立，但是队伍的专业化水平却不够。

二是租赁管理的部门配合协作机制不健全。根据规定，公安、建设（房屋）、工商行政管理、民防、卫生、人口计生、规划、税务和城市管理综合执法等行政部门对住房租赁都有管理权，但是缺乏牵头部门，部门之间的协调、合作、交流和信息共享机制尚未建立，部门各自为政，无法形成合力，监管不足和监管过度并存。如流管办通过对出租房屋的登记来实现对流动人口的管理，而建设部门从整个房地产市场的健康协调发展来管理租赁市场，两个部门之间的管理存在重合，信息不能共享，流管办和基层服务站作用没有得到充分发挥。如 2016 年国务院颁布的《关于加快培育和发展住房租赁市场的若干意见》（国办发〔2016〕39 号）中明确了可以"商改租""工改租"，但是没有明确给予改建的标准和细则。甚至有些相关规定并不兼容，有些改建违反了规划的强制标准，导致审批会造成违法和违反政策无法审批。这造成改建的长租公寓没有租赁住房的身份，后续验收、落实优惠政策、办理证照、享受公共服务都存在障碍。

三是租赁信息化系统的协调性不够。租赁网上登记备案系统与权属登记系统没有形成有效对接，房屋的产权产籍查询与登记备案相分离，一房多租的现象难以杜绝；租赁登记备案系统与房屋数据系统、房屋交易管理系统和监管平台信息共享不够，虽然形成了大量的信息数据，但信息孤岛现象仍然存在，信息应用效

率不高。

四是租赁管理过于依赖政府，社会力量运用不足。目前我市的住房租赁管理基本上依赖于政府部门，政府的人力、财力和物力都难以满足这个主体众多而分散并且不断变动的市场的要求。而物业管理公司和租赁经纪机构对出租人、承租人以及租赁的房屋信息掌握更为全面，居委会对于出租人和承租人的监管更为便捷有效，但是在租赁市场的监管中，这些组织和机构的作用没有得到很好发挥。

五是缺乏多元化的纠纷解决机制。缺乏租赁纠纷的前端化解机制，不利于将矛盾化解于萌芽之中；没有便捷的调解机制，对于承租人与出租人以及中介机构之间已经发生的纠纷，解决方式依赖司法途径，效率较低成本较高。一些纠纷难以通过正常渠道及时解决，容易导致社会矛盾的积累；基层服务站调解纠纷的作用尚未得到充分发挥。租赁市场成熟的国家和地区，主要是通过简易便捷的程序来处理租赁纠纷，如在中国香港，根据《业主与租客（综合）条例》的规定，大部分的纠纷解决都是适用简易程序；在英国，设立了专门的仲裁机构，通过简易程序来处理租赁纠纷。

8. 诚信建设滞后，行业规范缺失

一是租赁主体信用体制建设尚未完全建立。目前，很多城市经纪机构信用档案制度已初步推行，但是覆盖面不够，内容有待进一步完善。部分经纪机构内部建立了出租人和承租人的信用档案，但对象仅限于公司的客户，且仅供公司内部使用，威慑力不够。没有一个机构来组织各经纪机构，搭建统一的出租人和承租人信用档案系统，以实现租赁主体信用信息的共享，提高信用档案的权威性和威慑力。由于信用体系建设的不足，使得租赁当事人违规违约的成本较低，而收益远高于成本，导致违规违约行为层出不穷，加大了政府管理难度。在西方国家，信用体系成为租赁当事人守法履约的最重要的约束力量。如美国，有非常完备的信用制度，一旦当事人的不规范行为被记入信用档案，信用积分会降低，对以后的贷款、就业等都造成严重的影响，因此租赁当事人不敢轻易违规违约。

二是缺乏统一的行业规范和执业道德准则。经纪行业、租赁行业没有建立统一的行业行为标准，缺乏对从业机构和个人行为的引导，他们在执业过程中只能以自己的价值标准来衡量，行业内部难以达成一致的看法，导致执业过程中质量和服务水平参差不齐。没有一套完整的执业道德评价体系，从业机构和个人的行为缺乏必要的道德约束，公众对租赁行业的评价也没有统一的标准，只是从个人的好恶和价值判断出发，舆论缺乏客观公正的标准，对经纪行业、租赁行业的评价存在妖魔化的倾向。

三是行业协会的作用尚未充分发挥。目前房地产中介协会、租赁协会的主要职能是培训和沟通、协调，而对行业的管理却不够，并且大量的中小经纪机构、租赁企业尚未加入协会，行业协会的作用没有充分发挥。而我国台湾地区的房地产经纪行业协会受当局委托承担了较多的行业管理工作，包括市场准入、资格审查、行业自律、信用档案建设等，拥有较强的力量，在行业发展过程中起到较大的作用，也很好地带领行业渡过了行业发展的困难期，促进了行业成长。台湾地区的经纪行业实行的"人必归业、业必归会"制度，保证了行业协会在实施管理的过程中，既有动力、有愿望，又有必要的资源、信息和行业号召能力，切实做到了管人、管企业和管行业一体化。

总而言之，虽然国家为住房租赁市场的发展创造了良好的政策环境，积极鼓励支持市场主体参与住房租赁市场竞争，租房的巨大需求造就了住房租赁市场良好的发展前景，但国内住房租赁市场的总体发展还不成熟，相关的法律法规还不健全，建设运营标准还不完善，租赁市场规范性还不够，政策的系统性和连贯性还不强，住房租赁企业还没有形成持续的、稳定的盈利模式，这些都造成了中国租赁住房供给总量偏小，结构失衡，与需求不匹配的现实困境。

第四章　我国配租型保障房发展的现状和需要解决的问题

第一节　我国配租型保障房需求的现状和特征

一、我国公共租赁住房需求的现状和特征

（一）我国公共租赁住房需求的现状和特征

1. 公共租赁住房需求受到政策限定，保障群体以户籍中低收入家庭为主

公共租赁住房是我国保障性住房体系中的重要组成部分，是指政府投资或提供政策支持，限定套型面积，按优惠租金标准，向符合条件的家庭供应的保障性住房，旨在通过梯度消费逐渐改善住房条件，解决城市中等偏低收入家庭及新就业职工、外来务工人员等"夹心层"群体阶段性住房困难问题。国务院《关于规划建设保障性住房的指导意见》（国发〔2023〕14 号）提出，对符合条件的城镇住房收入困难家庭提供公共租赁住房，承租人按照市场租金标准支付租金，政府根据承租人的困难程度给予相应的租金补助。

公共租赁住房旨在解决城市中等偏低收入家庭及新就业职工、外来务工人员等"夹心层"群体阶段性住房困难问题。但从政策实践来看，地方政府认为保障户籍中低收入住房困难家庭是属地的责任，认为新就业职工、外来务工人员等群体流动性比较大，更倾向于通过雇主单位和产业园区配套宿舍来解决阶段性住房困难问题，并且担心公租房口子开得太大，吸引的人群越多，政府的财力和房源提供压力就会越大。因此，从地方政府的实践来看，大多数地方政府的公共租赁

住房重点解决的是本地户籍中低收入的住房困难家庭。

2. 公共租赁住房入住群体以低保家庭、低收入家庭、大病重残等特殊家庭为主

公租房要坚持实物保障与租赁补贴并举。申请公租房的家庭可以申请实物公租房或者市场租房补贴到市场租房。经过申请审核、备案及轮候之后，才能配租实物公租房。没有配租之前，根据一些城市的政策，如果选择了市场租房领取市场租房补贴，则不能再选择实物公租房。而且由于公租房轮候家庭比较多，房源有限，因此设定了排队顺序，先从低保（最低生活保障）、低收入家庭，然后到大病重残，再到其他特困家庭。根据住房和城乡建设部、国家发展改革委、财政部、自然资源部共同印发的《关于进一步规范发展公租房的意见》，明确了要分类合理确定准入门槛，针对不同困难群体，合理设置准入条件，采取适当的保障方式和保障标准。对城镇低保、低收入住房困难家庭要实现应保尽保；对城镇中等偏下收入住房困难家庭要明确合理的轮候期，在轮候期内给予保障。

3. 公共租赁住房入住群体还包括了产业园区外来务工人员、引进人才等群体

住房和城乡建设部、国家发展改革委、财政部、自然资源部《关于进一步规范发展公租房的意见》已明确提出，对新就业无房职工和稳定就业外来务工人员，重点保障环卫、公交等公共服务行业以及重点发展产业符合条件的青年职工和外来务工人员，重在解决阶段性住房困难。人口流入多、公租房需求大的城市，要切实增加公租房实物供给，可通过配建、长期租赁等方式多渠道筹集房源。新就业无房职工和外来务工人员较为集中的开发区和产业园区，应增加集体宿舍形式的公租房供应。要合理确定租赁补贴标准，建立动态调整机制，并根据保障对象的收入水平实行分档补贴，支持保障对象租赁到适宜的住房。

一些城市将外来务工人员纳入公租房保障对象范围。早在 2010 年，《重庆市公共租赁住房管理暂行办法》第 18 条规定，申请人应年满 18 周岁，在重庆有稳定工作和收入来源，具有租金支付能力，符合政府规定收入限制的本市无住房或

家庭人均住房建筑面积低于 13 平方米的住房困难家庭、大中专院校及职校毕业后就业和进城务工及外地来渝工作的无住房人员。第 19 条规定，申请公共租赁住房的收入限制：单身人士月收入不高于 2000 元；家庭月收入不高于 3000 元。政府将根据经济发展水平、人均可支配收入、物价指数等因素的变化定期调整，并向社会公布。市、区政府引进的特殊专业人才和在重庆工作的全国、省部级劳模、全国英模、荣立二等功以上的复转军人住房困难家庭按属地申请公共租赁住房，不受收入限制。截至 2022 年 9 月底，重庆共建公租房 58.3 万套，已分配 55.4 万套，保障中低收入群体约 140 万人。其中，市级公租房 31.8 万套，已分配 30.6 万套，公租房保障人群 75% 为进城务工及外地来渝工作的无住房人员，至此全面实现了公租房保障范围常住人口全覆盖①。

　　与此同时，很多城市为了吸引人才，还推出了人才公租房。为此北京市出台了《海淀区人才公共租赁住房管理暂行办法》，本办法所称人才是指就职于支持中关村科学城建设、支撑海淀区经济社会发展的高新技术企业、海淀区重点企业、新型研发机构、海淀区重点引进企业，支持中关村科学城创新的第三方服务机构，以及为海淀区作出特别贡献且具有公共管理服务性质的企业事业单位、社会团体等单位的在职人员。区住房保障管理部门按照"产城融合、职住平衡"原则，在海淀区筹集的公共租赁住房房源中统筹调剂一定数量房源，会同中关村科技园区海淀园管理委员会等相关职能部门进行资格审核并制定配租方案，面向符合条件的人才配租，解决人才周转性住房问题。产权单位（运营单位）与申请人所在单位及申请人签订人才公租房租赁合同，租赁合同期限原则上不超过 3 年。福建省制定了《三明市区人才住房保障办法（试行）》，公租房保障对象主要为实体企业新招收全日制本科及以上毕业生。《深圳市人才安居办法》规定，人才安居采取实物配置和货币补贴两种方式实施。实物配置包括免租金租住、产权赠与、租住公租房和购买安居型商品房等形式；货币补贴包括购房补贴和租房补贴等形式。

---

　　①　重庆市人民政府. 共建 58.3 万套公租房、保障约 140 万人居住 重庆让"住有宜居"梦想照进现实［EB/OL］.（2022-10-14）［2024-09-04］. https：//wap. cq. gov. cn/zwgk/zfxxgkml/lwlb/cqzxd/zzdt/202210/t20221014_11190537. html.

（二）我国公共租赁住房需求的影响因素

从理论上讲，公租房保障的对象存在"两个困难"，即住房困难和住房支付能力（收入）有困难的家庭。

1. 住房困难

住房困难是指居住水平低于基本居住水平，居住水平通常以自有住房的建筑质量、面积、环境质量等指标来衡量，目前可量化的是住房面积，住房面积低于基本住房水平的即认为住房困难。此外还有用租赁房改公房等政策性住房的面积来认定的。

基本住房面积的确定有两种方法：一是家庭标准，即按家庭人数结构分别认定不同家庭的基本住房面积；另一种是人均标准，即按照家庭人均住房面积来确定。由于有些空间是家庭成员可以共享的，家庭标准相对更科学，但是人均标准操作简便也更适用。

基本住房面积的确定依据一是参照住宅设计标准。国家及各地区的建筑设计标准中都对住房的基本功能空间及最小使用面积作出了相应规定，可以参考设计规范或有所降低。二是参照人均住房面积（目前有所降低）。如我国廉租房的保障面积标准原则上不超过当地人均住房面积的60%。三是参照存量住房的平均面积。四是参照"住房尊严"标准。按无尊严住宅的标准来考虑住房困难户的判断标准，家庭居住水平低于社会平均水平一半的，可称之为居住困难户（张泓铭，1998）。

目前国际上还没有统一的关于基本住房的面积标准，一些国家从实用和经济角度提出过相应的标准，主要用于受政府补贴的住房建设和作为房租补贴的依据。世界卫生组织的欧洲地区机构提出人均居住面积为12平方米（余凌志，2007）。国际家庭组织联盟（IUFO）、国际住房和城市规划联合会（IFHTP）于1958年联合提出了欧洲国家的住房及其房间统一的最小居住面积标准建议，要求每套住房应至少有一间11.3平方米的房间，每个卧室的面积至少为8.5平方米。日本在《建筑工法》中对最低居住水准也作了规定：对于1口之家，如为青年人，则每套住宅有1间卧室加厨房，建筑面积为16平方米；如为中老年人，则为1间卧室加餐厅兼厨房，面积增至25平方米。对于4口之家，每套为3间卧室加餐厅兼厨房，面积为 50 平方米。6 口之家在 4 口之家的基础上再增加一间卧室，面积为 66 平方米。

表 4-1 　　　　　　　　　欧洲不同规模家庭住宅的最小居住面积标准 　　　　　单位：平方米

房间	居住面积（分子为住房卧室数，分母为家庭人数）								
	2/3	2/4	3/4	3/5	3/6	4/6	4/7	4/8	5/8
白天房间：									
厨房—就餐	6	7	7	8	8	8	8	8	8
餐厅	5	5	5	6	6	6	7	8	8
起居室	13	13	13	14	16	16	17	18	18
总计	24	25	25	28	30	30	32	34	34
睡眠房间：									
父母	14	14	14	14	14	14	14	14	14
1 个子女	8	12	8	12	12	12	12	12	12
2 个子女	–	–	8	8	12	8	12	12	12
3 个子女	–	–	–	–	–	8	8	12	8
4 个子女	–	–	–	–	–	–	–	–	8
合计	22	26	30	34	38	42	46	50	54
总计	46	51	55	62	68	72	78	84	88

资料来源：Ranson R. *Healthy Housing*：*A Practical Guide*. London：E & FN Spon，1991.

2. 住房支付能力困难

判断住房支付困难的标准是住房支付能力。美国低收入住房委员会、澳大利亚住宅发展委员会等机构对住房支付能力的定义为："在满足了食品、衣服、交通、医药和教育等必要开支后用于住房消费的能力。"（汤腊梅，2010）因而需要一些指标来判断居民的住房支付困难。公租房考虑保障的对象是租不起房的人群，因此，本章讨论的主要是租金收入比、住房消费收入比、收入余额等指标。

①租金收入比

租金收入比（Rent-to-income Ratio，RIR）是指房租支出占家庭收入的比例，用于衡量租赁住房家庭的支付能力。其基本计算公式为：

$$RIR = \frac{Rh \times Qh}{I \times N}$$

其中 Rh 表示住房单位租金；Qh 表示住房单位面积；I 表示居民家庭人均年收入；N 表示居民家庭户均人口数。

目前，对于租金收入比的合理水平，并没有统一的认识，但租金收入比却与各地的经济发展水平、消费支出结构以及住房市场发展密切相关。从横向比较看，英国住房委员会在 1991 年提出，如果租户的租金（含服务费）支出超过其收入的 20% 以上，则该租金水平是不可支付的，1993 年英国将该比例提高到其净收入的 22%；香港 1996 年住房租金支出占家庭收入的比例平均为 10.7%，其中公共住房为 8.6%，私人住房为 25.0%（成思危，1999）。

②住房消费收入比

住房消费收入比是指住房消费支出占家庭可支配收入总额的比重。其基本的计算公式为：

$$住房消费收入比 = \frac{住房消费支出}{居民家庭可支配收入}$$

由于该指标能够比较直观地反映一个国家或地区居民住房消费水平的高低，因此成为国际上最常用的方法之一。住房消费比例法具有易计算、易理解的优点，方法所需的数据比较容易获得。由于采取的是比例形式，所以可在不同区域、不同时间内进行比较。

关于住房消费支出收入比的合理水平，相关的研究较多。如 Kamete（2004）的研究列举了学者所认为合理的各种不同的住房消费比例：25%（Rakodi，1992）；20%（Davidson & Payne，1983；Cotton & Franceys，1991）；15%～25%（Davidson & Payne，1983）；27.5%（Rakodi & Mutizwa-Mangiza，1989）；由于住房成本的上升，这一比例已经提升到 30%。Fologwe（1996），Rakodi & Withers（1995）和 David（1995）认为住房消费比例会随着时间的变化而变化。"比如在加拿大，20% 的标准一直使用到 20 世纪 50 年代，后来被

25%的比例所替代，到了80年代，这一比例又变为30%"。（郭玉坤，2006）赫前进（2008）认为收入的30%用于住房消费将被视作超过了成本负担，如果住房消费超过收入的50%，则视作严重的成本负担。赵路兴（2003）提出："我国目前住房消费支出占可支配收入比重的一般水平为20%，最高不能超过30%。"在德国，若某家庭的住房开支超过家庭总支出的15%~25%（单身家庭超过30%），则认为该家庭不具备支付能力，应享受住房津贴。（Hills，1990）美国住宅与城市发展部（HUD）规定的家庭应该支付的住房消费比例的标准是：用最多占家庭收入30%的金额即可购买或租用适当的住房，而1981年之前的标准为收入的25%。（郭玉坤，2006）

③剩余收入指标

剩余收入是指家庭可支配收入与基本合理水平的非住房支出之差。

家庭预算由住房支出和非住房支出两部分组成。住房支出是指家庭购置住房（包括建房）或租房所发生的成本支出；非住房支出是指城市居民家庭用于日常生活的全部支出之和。

在某一地区特定的经济社会发展阶段存在基本居住水平和基本生活水平的标准，则相应的支出也存在以下标准：

基本标准住房支出额 H^* ——特定的经济社会发展阶段家庭达到该地区基本居住水平所必需的住房支出额。

基本标准非住房支出额 NH^* ——特定的经济社会发展阶段家庭达到该地区基本生活水平所必需的非住房支出额。

则：最基本标准的家庭预算 $B^* = H^* + NH^*$，B^* 指特定的经济社会发展阶段家庭刚好达到该地区基本居住水平和基本生活水平所必需达到的预算收入。

基于剩余收入的住房支付能力评价方法的基本表述：在某一地区特定的经济社会发展阶段，如果某家庭收入减去基本标准非住房支出的余额小于基本标准住房支出额，则该家庭存在着住房支付能力问题。公式表达如下：

$$\begin{cases} B - NH^* < H^* \\ H = B - NH^* \end{cases}$$

H 也称为收入余额，即为家庭的最大住房支出能力。

　　理论上符合上述收入不可支付和住房困难的家庭即是公租房的保障对象，这通常是潜在需求，但实际需求可能比潜在需求还要小。一方面，有些符合条件的家庭并没有申请，这可能是由于他们不知道有公租房，不知道如何申请；也有可能知道有公租房，也知道如何申请，但是不打算申请。可能的原因有，一些地方公租房污名化，这些家庭认为申请入住公租房脸上无光，还有一些家庭可能自有住房或有希望继承住房或长期租住的房改公房虽然面积不达标，但预期拆迁征收的价值较高，不愿意因为申请入住公租房损失这些住房资源。另一方面，各地通常设定一个收入、财产、住房门槛来界定公租房需求。例如《深圳市公共租赁住房管理办法》（深圳市人民政府令（第 352 号））规定，申请人及共同申请人均未在本市拥有自有住房（含住房建设用地），在申请受理日之前三年以内未在本市转让过或者因离婚分割过自有住房。《深圳市发展和改革委员会 深圳市住房和建设局关于发布深圳市公共租赁住房申请家庭和单身居民收入财产限额的通知》（深发改规〔2023〕9 号）规定，公共租赁住房申请家庭和单身居民收入财产限额如下：公共租赁住房申请家庭和单身居民收入限额为人均年可支配收入 54000 元（含）以下；公共租赁住房申请家庭和单身居民财产限额为 3 人及以下家庭（含单身居民）财产 66 万元（含）以下，4 人及以上家庭财产 87 万元（含）以下。

　　由于公租房租金低廉，租期稳定，一些租户出现了租金欠缴、拒不退出等问题，也可能导致实际的需求较大。一些家庭超出了公租房的收入和财产线，拒不退出，公租房运营管理部门主要是按照民事纠纷向人民法院起诉，通常耗时较长，有时因为唯一住所还无法执行强制腾退。但是由于个人收入、财产信息不透明，例如一些非正规就业群体采取现金交易，收入无法核查，导致这些家庭即使超出了公租房的收入和财产线，运营机构也没有证据清退。

　　公租房需求的界定通常取决于特定时期一国的社会、经济和政治状况，以及人们对居住标准和住房改善的预期，还取决于政策目标和政策手段。不同国家、地区和不同经济发展阶段、不同住房福利制度下对于公租房需求的界定和标准不同。而具体的标准既和大多数家庭的住房状况有密切关系，还和社会认可的文明标准有关，以及和住房保证人们的身心健康联系起来，还和政府的住房政策目标和手段有关。因此,公租房需求受到了总体的住房状况、收入分布和住房政策的影响。

二、我国保障性租赁住房需求的现状和特征

(一) 我国保障性租赁住房需求的现状和特征

1. 保障性租赁住房保障群体以新市民、青年人为主

国务院办公厅印发《关于加快发展保障性租赁住房的意见》,明确保障性租赁住房主要解决符合条件的新市民、青年人等群体的住房困难问题。以建筑面积不超过 70 平方米的小户型为主,租金低于同地段同品质市场租赁住房租金。准入和退出的具体条件、小户型的具体面积由城市人民政府按照基本的原则合理确定。国务院《关于规划建设保障性住房的指导意见》(国发〔2023〕14 号) 提出,对符合条件的新市民、青年人,特别是从事基本公共服务的机关事业单位和企业人员提供保障性租赁住房。

新市民称谓由农民工、外来务工人员转变而来,以推进其市民化、促进其融入城市为出发点,并逐渐延展为"城市新移民"。与"新市民"相关的最早的官方称谓是 2006 年《国务院关于解决农民工若干问题的意见》提出的"农民工"概念,其后青岛、西安等地使用了"新市民"的称谓。2010 年国务院《关于加大统筹城乡发展力度进一步夯实农业农村发展基础的若干意见》正式提出了"新生代农民工"的称谓,并强调了帮助其实现市民化。2015 年年底中共中央政治局会议首次在中央层面提出了"新市民"的概念。随着房价的不断上涨,不仅农民工,其他流入城市的就业工作人员的住房困难问题也不断加剧。国家发展改革委在《2021 年新型城镇化和城乡融合发展重点任务》中提到扩大保障性租赁住房供给,着力解决困难群体和农业转移人口、新就业大学生等新市民住房问题。2022 年 3 月,中国银保监会在《关于加强新市民金融服务工作的通知》中指出,新市民主要是指因本人创业就业、子女上学、投靠子女等原因来到城镇常住,未获得当地户籍或获得当地户籍不满三年的各类群体。

表 4-2 政策层面"新市民"定义的演变

日期	发布部门	政　策　概　要
2006 年 3 月	国务院	《国务院关于解决农民工若干问题的意见》中,"农民工"作为官方正式称呼出现,并获得了权威解释:"农民工是我国改革开放和工业化、城镇化进程中涌现的一支新型劳动大军。他们的户籍仍在农村,主要从事非农产业,有的在农闲季节外出务工、亦工亦农,流动性强,有的长期在城市就业,已成为产业工人的重要组成部分。"
2006 年 2 月	青岛市	将外来务工人员改称为"新市民",其子女称为"新市民子女"
2006 年 8 月	西安市	雁塔区发文将外来人口、外来务工人员、打工者、农民工等统一称为"新市民"
2010 年 1 月	国务院	2010 年中央一号文件在《关于加大统筹城乡发展力度进一步夯实农业农村发展基础的若干意见》中,首次使用了"新生代农民工"的提法,并要求采取有针对性的措施,着力解决新生代农民工问题,促进符合条件的农业转移人口在城镇落户并享有与当地城镇居民同等的权益,帮助新生代农民工实现市民化
2014 年 3 月	国务院	《国家新型城镇化规划(2014—2020)》指出目前我国城镇化水平较低,提出了实现 1 亿左右农业转移人口和其他常住人口在城镇落户的发展目标
2015 年 12 月	中共中央政治局	中共中央政治局会议提出,要化解房地产库存,通过加快农民工市民化,推进以满足新市民为出发点的住房制度改革
2021 年 4 月	国家发展改革委	《2021 年新型城镇化和城乡融合发展重点任务》提到扩大保障性租赁住房供给,着力解决困难群体和农业转移人口、新就业大学生等新市民住房问题
2021 年 7 月	国务院	《国务院办公厅关于加快发展保障性租赁住房的意见》提出加快发展保障性租赁住房,主要解决符合条件的新市民、青年人等群体的住房困难问题

日　期	发布部门	政　策　概　要
2022 年 3 月	中国银保监 会、中国人 民银行	《关于加强新市民金融服务工作的通知》中指出，新市民主要是指 因本人创业就业、子女上学、投靠子女等原因来到城镇常住，未 获得当地户籍或获得当地户籍不满三年的各类群体，包括但不限 于进城务工人员、新就业大中专毕业生等，目前约有 3 亿人

资料来源：贝壳研究院整理。

对于青年人的划分并没有绝对的年龄界定范围，不同机构的划分标准不同。例如联合国（UN）将青年界定为 15~24 岁的人群，联合国人居署（UN Habitat）将青年界定为 15~32 岁的人群①。而我国统计局将青年的年龄范围划定为 14~35 岁，中华全国青年联合会将青年的年龄段划分为 18~40 岁。2017 年 4 月由中共中央、国务院印发的《中长期青年发展规划（2016—2025）》规定，青年的年龄范围是 14~35 周岁。

由于对于保障人群的范围并无统一且明确的定义，保障性租赁住房保障人群范围相对模糊，而且新市民、青年人属于不同的分类，与新市民相对的是老市民，与青年人相对的是少年和中老年人，二者之间还会有交叉。本文结合政策文件对人口净流入城市保障性租赁住房的目标群体进行了概念界定与规模测算，定义保障重点对象"新市民"是指在本市稳定工作时间通常不超过 5 年的群体，"青年人"是指年龄在 18~35 岁之间的城市常住人口。保障性租赁住房目标群体规模可通过新市民规模、青年人中无房人群规模两者合并计算。

未来我国大城市新市民和青年人的保障性租赁住房需求将持续增加，主要体现在三个方面：第一，随着城镇化率的提升，租客绝对数量保持增加趋势；第二，租赁群体有年轻化、家庭结构小型化趋势；第三，随着平均购房年龄的延长，租客停留在租赁市场的时间延长。网络问卷调查与实地租客访谈结果显示：我国新市民和青年人住房租赁需求总量大且呈现持续增加的趋势；随着租赁群体

---

① United Nations. Definition of Youth［EB/OL］.［2013-01-13］. https：//www. un. org/esa/socdev/documents/youth/fact-sheets/youth-definition. pdf.

年轻化、家庭结构小型化的趋势，租赁需求也逐步呈现多样化的趋势，未来租赁品质提升的空间较大。调研显示，大部分租客的租金可负担，而租金的负担程度是住房选择权衡后的结果。当前新市民、青年人租客对于连锁租赁机构更信任，通过互联网选房的比例较高。

2. 新市民和青年人住房租赁需求总量大且呈现持续增加的趋势

根据第七次人口普查，2020 年我国城镇化率达到 63.89%，流动人口达到 3.76 亿人，与 2010 年第六次全国人口普查相比，城镇化率上升了 14.21 个百分点，流动人口增加了 1.55 亿人，未来随着户籍制度改革的推进与城镇化率的提升，租赁人口的数量必然将呈现增长趋势。

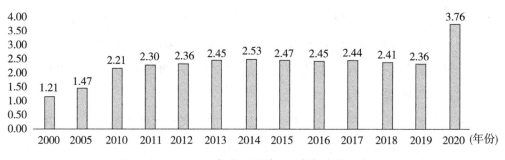

图 4-1　2000—2020 年我国流动人口数据变化（亿人）

数据来源：国家统计局，全国人口普查数据，贝壳研究院整理。

一线城市及中西部区域中心城市人口增长幅度大。根据全国第七次人口普查结果，在租赁发展重点城市中，深圳、广州、成都近十年人口增长最多，超过 500 万人。天津、沈阳及长春人口增长最少，少于 100 万人。人口大量向一线城市、中西部区域中心城市、华东和华南城市聚集，华北及东北地区人口吸引力相对较弱。并且，一线城市租赁人口中新市民比重较大，以北京为例，北京市新市民、青年人群体约 360 万人，占北京市总体租赁人口的比例约一半。

青年人租房比例更高。全国 18~35 岁青年人中租房的占比是 21.23%，全部年龄段中租房的占比是 12.27%，前者比后者高 8.96%。

一线城市中深圳市年轻人租房占比最高。根据第七次人口普查，深圳 18~35 岁人群租房占比高达 68.57%，其次为广州占比 43.29%，上海 33.56%，北京

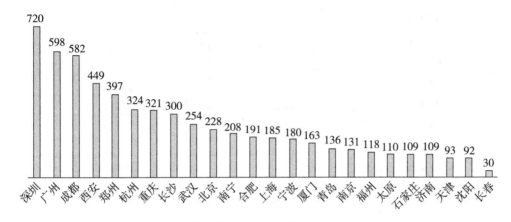

图 4-2　重点城市七普对比六普人口流入情况（万人）

数据来源：国家统计局，全国人口普查数据，贝壳研究院整理。

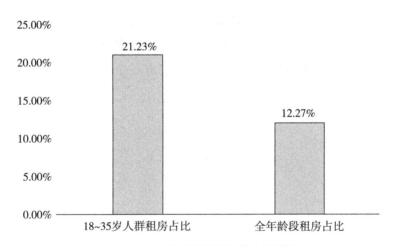

图 4-3　2020 年分年龄段租房占比情况

数据来源：第七次全国人口普查、国家统计局微观数据实验室。

31.25%，均高于全国平均水平。

3. 租赁群体年轻化，家庭结构小型化

问卷调研显示，与自有住房人群相比，租房人群更年轻，平均年龄 26.68 岁。租赁群体以未婚状态为主，占 67.5%，已婚租客占 30.5%。租房人群家庭

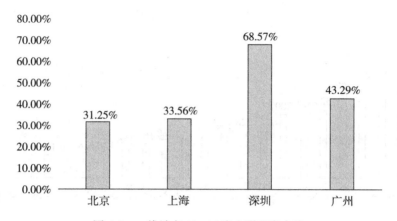

图 4-4　一线城市 18~35 岁人群租房占比

数据来源：第七次全国人口普查、国家统计局微观数据实验室。

结构小型化与年龄分布也有一定关系。未婚单身的租客年龄大多集中在 23 岁，未婚有情侣的租客年龄占比较多的是 25 岁，已婚租客年龄占比较多的是 30 岁。在租赁群体中的已婚家庭中，51% 的家庭有一个小孩，17.8% 的家庭有两个小孩。

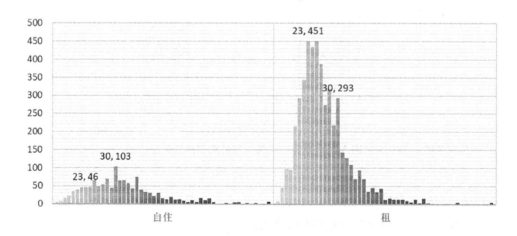

图 4-5　自有住房与租房群体年龄分布

数据来源：贝壳研究院。

一线城市租赁群体年龄分布更广,已婚比例更高。其他城市租客主要集中在 20~24 岁,而一线城市的租客在 25~29 岁最多,在 30 岁以上各年龄段的比例都比其他城市更多。同时一线城市的租客在家庭结构上已婚家庭比例更高,且大部分已婚家庭都有孩子,租房原因也各不相同,还有部分租客拥有自有住房但是由于各种原因在租房,例如希望给孩子更舒适的居住空间、方便孩子就近上学等。

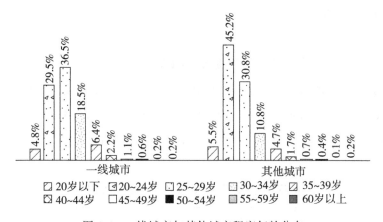

图 4-6 一线城市与其他城市租客年龄分布

数据来源:贝壳研究院。

平均购房年龄走高,一线城市租客的租住时间有继续延长的趋势。依据贝壳平台数据,2021 年四个一线城市的平均购房年龄为 36~38 岁,相比于 2018 年推迟了 2~3 年,由此可以推算,自高校毕业生进入租赁市场后,多数的租住时间或超过 10 年。其中购房年龄推迟原因主要是由于房价上涨而导致的"买不起",以及由于限购政策而导致的"买不了"。一线城市对非户籍人口有一定社保缴费或个税证明年限限定。自如调研结果显示,租客租赁时间在 3 年及以上的租客占比达到 5 成,10 年及以上的接近 1 成。综合来看,租客在租赁市场的停留时间将继续延长。

表 4-3　　　　　　**2018—2021 年贝壳平台一线城市平均购房年龄情况**

城市/年份	平均购房年龄（岁）				延长时间（年）
	2018 年	2019 年	2020 年	2021 年	
北京	36.8	37.7	38.1	38.8	2.0
上海	36.6	37.2	37.6	38.6	2.0
深圳	33.1	33.7	34.6	36.4	3.2
广州	33.3	34.0	34.8	36.0	2.7

数据来源：贝壳研究院。

4. 租赁需求呈现多样化、品质提升空间大

不同家庭的租客租赁需求呈现多样化。未婚租赁群体更倾向于租金价格的考虑，而已婚租赁群体的换房原因呈现多样化，其中租金价格因素在弱化，如居住空间大小、通勤便利、周边环境、生活便利等原因在逐渐增多。

表 4-4　　　　　　　　**不同家庭生命周期租赁群体计划换房原因**

换房原因	未婚单身	未婚有情侣	已婚无孩	已婚有孩
居住面积大小	15%	15%	17%	17%
租金价格	22%	21%	15%	19%
建筑及装修品质	10%	12%	10%	12%
服务管理水平	3%	3%	2%	4%
居住安全性	4%	4%	6%	3%
生活隐私感	2%	1%	1%	0%
人际关系	4%	4%	3%	2%
小区内或楼宇周边环境	6%	6%	7%	7%
通勤便捷性	10%	11%	18%	8%
公园、绿地等休闲场所	2%	3%	5%	6%
教育资源	0%	0%	1%	3%
生活便利性	5%	5%	9%	6%

续表

换房原因	未婚单身	未婚有情侣	已婚无孩	已婚有孩
暂时不打算换	16%	14%	6%	13%
总计	100%	100%	100%	100%

数据来源：贝壳研究院。

　　根据调查问卷，工作不稳定导致频繁搬家是受访者最头痛的事，占比多达45.5%，其次是虚假房源信息多。48.9%的受访者表示不接受长期租房。此外，交通便利程度、租金、周边配套设施是青年们租房时考虑最多的三个因素。

表 4-5　　　　　　　　**新青年租赁痛点影响因子分布**

排序	新青年租赁痛点影响因子	百分占比
1	工作不稳定导致更换住处	45.50%
2	虚假房源信息多	41.10%
3	安全隐患	35.30%
4	维修责任无人承担	30.10%
5	房屋质量差	22.00%
6	克扣押金	18.40%
7	被恶意抬高租金	17.90%
8	租不起心仪的房子	15.80%
9	突然被通知房子不租了	8.79%
10	治安问题	6.75%
11	房东第二年涨价太多	6.24%
12	所签合同不能保护自己的权益	5.95%
13	房东不好相处	5.90%
14	室友不好相处	5.50%
15	碰上不良习惯的室友	5.39%
16	被欺骗	2.15%
17	其他	0.45%

数据来源：贝壳研究院。

5. 大部分租赁群体租金水平可负担

租金负担程度是住房选择时各方面的权衡。从租金收入比分段来看，随着租金收入比的提升，租金满意度下降明显，特别是租金收入比大于30%的租赁群体对于租赁的满意度有明显下降，但是整体满意度却没有租金满意度下降得快，可能租客在付出高租金的情况下，在住房区位、住房面积、住房品质上获得了一定的满意度。通过访谈发现，有部分租客选择租赁住房时要选择步行15分钟内的住房，也有部分租客喜欢繁华的、自己较熟悉的区域，对于区域黏性很大，这部分群体即使租金负担超过30%，但是租赁整体满意度还是比较高的。

大部分租赁群体租金水平可负担。本次调研样本平均租金为2318元/套（间），其中整租型、合租型、宿舍型租金分别为3092元/套（间）、2198元/套（间）、566元/套（间）。在租金负担上，调研样本整体租金负担19.9%，其中整租型、合租型、宿舍型租金分别为22.2%，21.2%，8.7%。

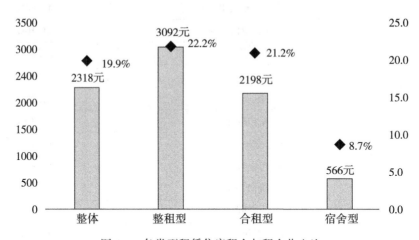

图4-7　各类型租赁住房租金与租金收入比

数据来源：贝壳研究院。

从租金负担分段来看，大部分租赁群体租金负担在可承受范围内。租金收入比在30%以下的租客占81.5%，30%~50%的占14.3%，超过50%的占4.2%。

租赁群体租金收入比随着收入的增长而降低，其中租金负担最重的为年收入10万元以下的家庭，租金收入比为24.1%，而家庭年收入50万元以上家庭，租

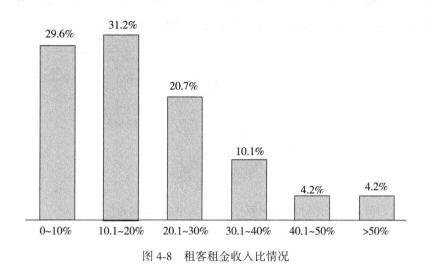

图 4-8　租客租金收入比情况

数据来源：贝壳研究院。

金收入比仅为 8.4%。

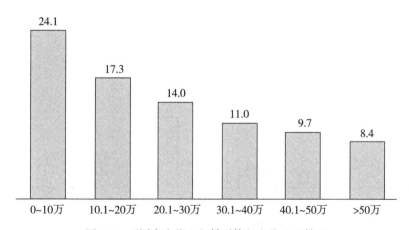

图 4-9　不同家庭收入租赁群体租金收入比情况

数据来源：贝壳研究院。

6. 租客对连锁租赁机构更信任，通过互联网选房的比例高

在本次调研的人群中，租房人群中机构租赁占比更高，约六成。相比于通过

经纪人租赁或通过个人二房东租赁，租客对连锁租赁机构更信任。访谈中发现，租客普遍认为机构租赁更稳定安全，装修品质更好，服务更正规。

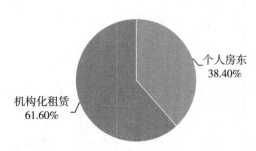

图 4-10 租赁机构化房源与租赁个人房东房源的租赁人群比例

数据来源：贝壳研究院。

互联网看房选房是主要的住房选择渠道。超过五成租赁群体通过互联网（互联网平台、长租公寓平台、自媒体、政府网站）的方式看房选房，通过线下中介门店选房仅占 20.5%。

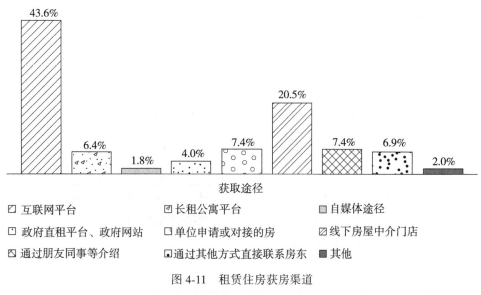

图 4-11 租赁住房获房渠道

数据来源：贝壳研究院。

（二）我国保障性租赁住房需求的影响因素

保障性租赁住房住区环境、个体特征、家庭特征、住房特征四大因素对保障性租赁住房需求产生显著的影响。租户比较看重保障性租赁住房住区环境，例如是否交通便利、配套齐全，家庭租户还关心配套的教育资源。保障性租赁住房的需求主体主要是新市民和青年人，比较年轻，单身较多，也有部分家庭户，比较偏好小户型、低总价。此外，保障性租赁住房政策也对需求产生重大的影响，例如有些城市试点租户的准入限制、租房的租金管控等。

第二节　我国配租型保障房供给的现状和特征

一、我国公共租赁住房供给的现状和特征

（一）我国公共租赁住房供给的现状和特征

1. 公共租赁住房供给以政府及其国有机构为主

2010 年国务院发布《关于加快发展公共租赁住房的指导意见》指出公租房的房源筹集有：（1）公共租赁住房房源通过新建、改建、收购、在市场上长期租赁住房等方式多渠道筹集。新建公共租赁住房以配建为主，也可以相对集中建设。要科学规划，合理布局，尽可能安排在交通便利、公共设施较为齐全的区域，同步做好小区内外市政配套设施建设。（2）在外来务工人员集中的开发区和工业园区，市、县人民政府应当按照集约用地的原则，统筹规划，引导各类投资主体建设公共租赁住房，面向用工单位或园区就业人员出租。（3）新建公共租赁住房主要满足基本居住需求，应符合安全卫生标准和节能环保要求，确保工程质量安全。成套建设的公共租赁住房，单套建筑面积要严格控制在 60 平方米以下。以集体宿舍形式建设的公共租赁住房，应认真落实宿舍建筑设计规范的有关规定。

由于公租房公益性比较强，盈利能力较差，主要是政府以及政府设立的国有企业、事业单位来建设运营。例如上海市公共租赁住房的房源建设筹措由

市、区两级政府和有关园区、企业共同推进、积极落实；运营管理实行"政府支持、机构运作"，全市各区县均已组建公共租赁住房运营机构。同时，鼓励有条件的科技园区、产业园区、大型企事业单位、农村集体经济组织利用自用土地和农村集体建设用地建设人才公寓、来沪务工人员集体宿舍等各种类型的单位租赁住房。

再如深圳。深圳市公共租赁住房按照筹集建设资金来源和产权隶属关系不同，划分为：市政府投资建设公共租赁住房、区政府投资建设公共租赁住房、政府和企业共同出资混合建设公共租赁住房。按照"谁建设，谁管理"的原则，深圳市由政府运营管理的公共租赁住房存在以下管理方式：市级公共租赁住房由深圳市住宅租赁管理服务中心负责运营管理；区级公共租赁住房由各区住房和建设局直属机构负责运营；企业筹资建设公共租赁住房由企业自主管理；政府和企业共同出资混合建设公共租赁住房由政府委托企业代为管理或者由政府收购后统一归政府主管部门负责管理。

2. 公共租赁住房筹集规模增加，覆盖率有所增加

截至 2018 年年底，3700 多万名困难群众入住公租房，累计近 2200 万名困难群众领取了租赁补贴，城镇住房困难家庭以及新就业无房职工、稳定就业外来务工人员的居住条件得到了积极改善①。

再以北京为例。根据《北京住房和城乡建设发展白皮书 2022》，"十三五"期间，发放公租房补贴和市场租房补贴 23.33 亿元，累计分配公租房 18.79 万套。2021 年公租房补贴和市场租房补贴发放 5.85 万户、9.88 亿元，其中公租房补贴发放 2.87 万户、4.28 亿元；市场租房补贴发放 2.98 万户、5.60 亿元。2021 年建设筹集公租房 3251 套。

根据第六次和第七次人口普查资料，从 2010 年到 2020 年，中国城镇家庭住房来源中租赁公租房（含廉租房）占比从 2.5% 上升到 3.4%。

3. 公共租赁住房租金定价低于市场价

---

① 中国政府网. 四部委印发意见规范发展公租房［EB/OL］. (2019-05-21)［2024-09-04］. https：//www.gov.cn/xinwen/2019-05/21/content_5393279.htm.

2010 年国务院发布《关于加快发展公共租赁住房的指导意见》指出，各地区在加大政府对公共租赁住房投入的同时，要切实采取土地、财税、金融等支持政策，充分调动各类企业和其他机构投资和经营公共租赁住房的积极性。公共租赁住房租金水平由市、县人民政府统筹考虑住房市场租金水平和供应对象的支付能力等因素合理确定，并按年度实行动态调整。符合廉租住房保障条件的家庭承租公共租赁住房的，可以申请廉租住房租赁补贴。国务院《关于规划建设保障性住房的指导意见》（国发〔2023〕14 号）提出，对符合条件的城镇住房收入困难家庭提供公共租赁住房，承租人按照市场租金标准支付租金，政府根据承租人的困难程度给予相应的租金补助。

主要支持政策如下。一是土地政策。各地要把公共租赁住房建设用地纳入年度土地供应计划，予以重点保障。面向经济适用住房对象供应的公共租赁住房，建设用地实行划拨供应。其他方式投资的公共租赁住房，建设用地可以采用出让、租赁或作价入股等方式有偿使用，并将所建公共租赁住房的租金水平、套型结构、建设标准和设施条件等作为土地供应的前置条件，所建住房只能租赁，不得出售。二是财政支持政策。市、县人民政府要通过直接投资、资本金注入、投资补助、贷款贴息等方式，加大对公共租赁住房建设和运营的投入。省、自治区人民政府要给予资金支持。中央以适当方式给予资金补助。三是税费优惠政策。对公共租赁住房的建设和运营给予税收优惠，具体办法由财政部、税务总局制定。公共租赁住房建设涉及的行政事业性收费和政府性基金，按照经济适用住房的相关政策执行。四是金融支持政策。鼓励金融机构发放公共租赁住房中长期贷款，具体办法由人民银行、银监会制定。支持符合条件的企业通过发行中长期债券等方式筹集资金，专项用于公共租赁住房建设和运营。探索运用保险资金、信托资金和房地产信托投资基金拓展公共租赁住房融资渠道。政府投资建设的公共租赁住房，纳入住房公积金贷款支持保障性住房建设试点范围。

不同城市采取了不同的租金定价方法。例如北京的政策是市场定价、分档补贴、租补分离。北京市先后出台《关于公共租赁住房租金补贴申请、审核、发放等有关问题的通知》（京建法〔2012〕10 号）及《关于公共租赁住房租金补贴对象及租金补贴标准有关问题的通知》（京建法〔2012〕11 号），对公租房租金补贴相关事宜进行了规定。现行公租房租金补贴政策以"市场定价、分档补贴、租补分离"为原则，在公租房租金按照略低于同地段、同类型住房的市场租金水平确定的基础上（大约相当于市场租金的80%），对无力支付租金或支付租金有一定困难的公租房承租家庭给予不同程度的补贴，提高其承租住房的能力。根据现行政策，公租房租金补贴按照分档补贴原则，对六类具有不同条件的保障对象采取不同补贴比例的租金补贴，最高比例达到95%。该租金补贴比例的确定兼顾了居民租金可支付能力、财政负担能力、公租房建设规模等多项因素（表4-6）。

表4-6 北京市公租房租金补贴标准情况表

家 庭 类 型	租金补贴占房屋租金的比例	租金补贴建筑面积上限
取得廉租住房实物配租资格的城市低保家庭	95%	50平方米
取得廉租住房实物配租资格的其他家庭	90%	
取得廉租住房市场租金补贴资格的家庭	70%	
人均月收入1200元及以下的其他家庭	50%	60平方米
人均月收入在1200元（不含）以上1800元（含）以下的其他家庭	25%	
人均月收入在1800元（不含）以上2400元（含）以下的其他家庭	10%	

深圳则是租金按照市场定价的一定比例，并对特殊家庭经申请减免租金。《深圳市公共租赁住房管理办法》规定，公共租赁住房租金按照同期同区域同品质租赁住房市场参考租金的30%确定，面向特困人员、最低生活保障家庭（以下简称低保家庭）、最低生活保障边缘家庭（以下简称低保边缘家庭）配租的，租金按照同期同区域同品质租赁住房市场参考租金的3%确定。市场参考租金由市主管部门委托专业机构评估测算确定，并根据市场变动情况适时调整。市主管部门可以根据市场参考租金变化情况，对公共租赁住房租金相应实施动态调整。其中第30条规定，有残疾人等一项或者多项情形的，可以申请减缴公共租赁住房

租金的 50%；有特困人员等情形之一的，可以申请全额免缴公共租赁住房租金。

4. 公共租赁住房满足基本居住需求

2010 年国务院发布《关于加快发展公共租赁住房的指导意见》指出，新建公共租赁住房主要满足基本居住需求，应符合安全卫生标准和节能环保要求，确保工程质量安全。成套建设的公共租赁住房，单套建筑面积要严格控制在 60 平方米以下。以集体宿舍形式建设的公共租赁住房，应认真落实宿舍建筑设计规范的有关规定。

5. 公共租赁住房准入、使用监管要求严格

2010 年国务院发布《关于加快发展公共租赁住房的指导意见》指出，公共租赁住房只能用于承租人自住，不得出借、转租或闲置，也不得用于从事其他经营活动。承租人违反规定使用公共租赁住房的，应当责令退出。承租人购买、受赠、继承或者租赁其他住房的，应当退出。对承租人拖欠租金和其他费用的，可以通报其所在单位，从其工资收入中直接划扣。住房保障部门要按照规定的程序严格准入审批，加强对公共租赁住房运营的监督管理，做到配租过程公开透明、配租结果公平公正。对存在滥用职权、玩忽职守、徇私舞弊等违法违规行为的，要依法依纪严肃追究相关单位和人员的责任。

(二) 我国公共租赁住房供给的影响因素

国际上许多国家决定保障性住房规模时，主要考虑人民居住水平现状、存量住宅规模与当前人口规模的关系、中低收入家庭所占的比重等因素。人口流入多、房价高的城市，对公共租赁住房的需求更为迫切，供给更有市场。住房租赁市场的供求关系和主体的活跃度，也会影响公共租赁住房的供给。在住房租赁市场供求平衡或者供大于求的城市，会更多采取政府提供租房补贴的方式来利用市场房源，减少实物公共租赁住房的供给。

当前，公共租赁住房建设的资金绝大部分仍来源于政府的财政收入，而经济发展的程度将直接影响政府的财政收入。地区财政收入与政府在公共租赁住房的投入呈正相关。此外，政府对公共租赁住房免征城镇土地使用税、印花税等措施，可以减轻项目的建设和运营成本。

土地作为房地产开发的基础资源，其供应量和价格直接影响公共租赁住房的建设成本和数量。政府在土地供应上的支持，如划拨土地、降低土地出让成本、分期缴纳土地出让金、规划和容积率、要求商品房配建等政策支持，是增加公共租赁住房供给的关键因素。

金融市场的发展为公共租赁住房项目提供了融资渠道，公共租赁住房需要低成本资金的支持。例如，中长期低息银行贷款、REITs 等金融工具的支持，可以增加项目的融资能力，促进供给。

租金水平是影响租赁住房供给的经济因素之一。租金的稳定性和合理性会直接影响租赁住房的投资回报，进而影响供给。

此外，行业监管体系的完善，如资金监管、信用信息管理等，有助于规范市场、提高供给效率和质量。不同城市的发展战略和规划也会影响公共租赁住房的供给。一些城市可能更注重通过公共租赁住房来吸引和留住人才，而其他城市可能更侧重于商品房的开发。

二、我国保障性租赁住房供给的现状和特征

（一）我国保障性租赁住房供给的现状和特征

1. 保障性租赁住房供给多主体

保障性租赁住房房源的筹集方式是"政府给政策支持，引导多主体投资、多渠道供给"。根据《国务院办公厅关于加快发展保障性租赁住房的意见》（国办发〔2021〕22 号）要求，一是利用集体经营性建设用地建设保障性租赁住房。人口净流入的大城市和省级人民政府确定的城市，在尊重农民集体意愿的基础上，经城市人民政府同意，可探索利用集体经营性建设用地建设保障性租赁住房；应支持利用城区、靠近产业园区或交通便利区域的集体经营性建设用地建设保障性租赁住房。二是利用企事业单位依法取得使用权的土地建设保障性租赁住房。对企事业单位依法取得使用权的土地，经城市人民政府同意，在符合规划、权属不变、满足安全要求、尊重群众意愿的前提下，允许用于建设保障性租赁住房。三是利用产业园区配套用地建设保障性租赁住房。在确保安全的前提下，可

将产业园区中工业项目配套建设行政办公及生活服务设施的用地面积占项目总用地面积的比例上限由7%提高到15%，建筑面积占比上限相应提高，提高部分主要用于建设宿舍型保障性租赁住房，严禁建设成套商品住宅；鼓励将产业园区中各工业项目的配套比例对应的用地面积或建筑面积集中起来，统一建设宿舍型保障性租赁住房。四是新建普通商品住房项目，可配建一定比例的保障性租赁住房，具体配建比例和管理方式由市县人民政府确定。鼓励在地铁上盖物业中建设一定比例的保障性租赁住房。五是非居住存量房屋改造为保障性租赁住房。对闲置和低效利用的商业办公、旅馆、厂房、仓储、科研教育等非居住存量房屋，经城市人民政府同意，在符合规划原则、权属不变、满足安全要求、尊重群众意愿的前提下，允许改建为保障性租赁住房。

土地属性从原本的住宅类用地，扩展至集体建设用地、工业用地、商业与办公用地，大大降低了保障性租赁住宅供给的土地成本。从商业模式角度来看，土地与闲置物业所有权方主动权更大，不论是开发商还是长租公寓企业基本处于被动接受所有权方委托的情况。据住建部《关于集中式租赁住房建设适用标准的通知》（建办标〔2021〕19号），将集中式租赁住房分为宿舍型租赁住房（包括实践中的公寓型租赁住房）、住宅型租赁住房两类。新建宿舍型租赁住房执行《宿舍建筑设计规范》或《旅馆建筑设计规范》及相关标准，新建或改建住宅型租赁住房执行《住宅建筑规范》及相关标准。北京、上海、重庆等城市也根据地方情况出台了本地保障性租赁住房建设导则。但总体来说，对于参与主体而言，现有的建设标准从投资回报角度来说仍然标准偏高，除了个别产权方不考虑投资回报率的情况，各类保障性租赁住房供给项目的回收周期普遍在5~8年左右，集体土地建设保障性租赁住房的回报周期甚至达到15年以上，回报周期过长导致产权方参与意愿不高。这也使得很多地方的保障性租赁住房的开发运营主体主要是地方国有企业。

2. 保障性租赁住房供给以小户型为主，租金低于市场租金

根据《国务院办公厅关于加快发展保障性租赁住房的意见》（国办发〔2021〕22号）要求，保障性租赁住房主要解决符合条件的新市民、青年人等群体的住房困难问题，以建筑面积不超过70平方米的小户型为主，租金低于同地

段同品质市场租赁住房租金。准入和退出的具体条件、小户型的具体面积由城市人民政府按照保基本的原则合理确定。

3. 保障性租赁住房的不同筹集方式供给存在一定的差异

不同筹集方式的保障性租赁住房在供给上存在不同的特征。新建类保障性租赁住房的建设周期较存量改造类普遍偏长。从项目审批到建成出租历时一般超过三年。以广州市集体土地建设租赁住房项目为例，2018 年 9 月，经广州市规委会审议通过，番禺钟村街谢村、花都狮岭镇旗新村、白云钟落潭镇长腰岭村将建设42.4 万平方米、共计约 6400 套租赁住房①。2021 年 7 月根据《羊城晚报》消息，广州首批集体用地租赁性住房年底完工，白云区长腰岭项目预计 2022 年春节前后推出市场②。

存量改造模式引入市场机构、住建部门协调完成项目审批验收，建设周期较短。以杭州市富阳区东洲街道普坤大厦政策性租赁住房试点项目为例，普坤社区原属杭州烟霞制鞋厂，已闲置 3 年。建信住房购入普坤大厦 16 年租赁权，住房和城乡建设部门协调多部门，通过联合审批、联合验收的方式，与蓝领公寓运营商安歆公寓合作，以市场价 70% 的优惠租金为园区内企业员工提供政策性租赁住房，2020 年 8 月 17 日项目顺利落地正式开业。

从供给的参与主体角度来看，保障性租赁住房供给的普遍呈现多主体参与的趋势，其中新建项目中开发商参与较广泛，存量改造类项目中专业长租公寓企业深度参与。一些城市在土地出让流程中前置政策性租赁住房（后改为保障性租赁住房）配建指标保障土地供应。长沙规定商住经营性用地土地招拍挂时作为土地供应前置条件，对符合有关要求的已出让商业用地或商住比例明显偏高的房地产项目用地可将商业部分调整一定比例建设政策性租赁住房。沈阳规定，三环以内出让的住宅用地，出让国有建设用地使用权时，达到最高限价后，应建设自持政

---

① 广州市人民政府. 长腰岭村租赁性住房项目开建［EB/OL］.（2019-03-31）［2024-09-04］. https：//www. gz. gov. cn/zwfw/zxfw/zffw/content/post_2855705. html.

② 羊城晚报. 广州城市更新：多主体多渠道增加保障性住房供应［EB/OL］.（2021-07-23）［2024-09-04］. https：//ep. ycwb. com/epaper/ycwb/h5/html5/2021-07/23/content _ 15 _ 410641. htm.

策性租赁住房。

表 4-7　　　　　　　　　　各类型保障性租赁住房的特征

	新 建 类				存量改造类
	利用集体土地建设	企事业单位自有闲置土地建设	园区配套用地建设	住宅用地出让中单列租赁住房用地	非居住房屋改造
建设周期	长	长	长	长	短
参与主体	村集体、开发商	企事业单位	园区管委会开发商	开发商	街道、长租公寓企业
商业模式	村集体以土地作价入股，参与企业经营分红	自建、委托代建（为主）	自建、委托代建（为主）	自持+自建	长租+装修改造
土地用途	集体建设用地①	以工业用地为主	以工业用地为主	四类居住用地②（R4）、二类居住用地（R2）	商业与办公用地
建设标准	《宿舍建筑设计规范》或《旅馆建筑设计规范》部分城市出台了专门的租赁住房建设导则			《住宅建筑设计规范》	《宿舍建筑设计规范》或《旅馆建筑设计规范》
回报周期	15年以上	—	—	一般在5~8年左右	一般在5~8年左右

资料来源：贝壳研究院整理。

---

①　集体建设用地：是指乡镇或者村集体经济组织和农村个人投资或集资，进行各项非农业建设所使用的土地。

②　四类居住用地：以简陋住宅为主的用地。

（二）我国保障性租赁住房供给的影响因素

各国决定保障性住房规模时，主要考虑人民居住水平现状、存量住宅规模与当前人口规模的关系、中低收入家庭所占的比重等因素。

保障性租赁住房的影响因素和公共租赁住房的影响因素基本相同，受到了规划、土地、财税、金融、租购同权等政策的影响和住房租赁市场的影响，以及社会力量的参与积极性的影响，社会力量可以增加供给主体的多样性，提高供给能力。

保障性租赁住房的主体是非政府的社会组织。例如，在德国社会住房发展之初，其供应主体主要为非盈利组织，包括国有政府房产公司、住房合作社、Neue Heimat 住房代理组织。目前，除了 Neue Heimat 退出外，国有政府房产公司、住房合作社仍是社会住房的重要供应主体，私营企业和自有住房所有者，逐渐成为社会住房重要的供应主体，他们建造并管理社会住房，获得稳定的收益回报。近几年，一些国际投资机构通过购买，也成为社会住房的持有者和供应主体。德国的社会住房主要由市场主体投资建设，政府给予财政补贴、低息贷款、税收减免等支持；投资建设主体拥有住房的产权，但在与政府约定的期限（一般10多年，最长40年）内，住房只能向符合条件的家庭租住，租金水平不得高于政府规定的上限；超出规定期限后，住房由投资建设方自有处置，一般是按市场价格出租或出售；社会住房的供应对象，是住房支付能力不足的家庭，但并不局限为低收入家庭，比如一些多子女家庭、单亲家庭等，都可作为供应对象。

这里分析了影响社会力量参与保障性租赁住房供给的影响因素。除了获取合理的投资回报动机之外，非政府组织（NGOs）还有其他一些激励动机，例如NGOs通常旨在应对市场失灵，确保住房作为基本人权保持可获得性；解决社会不平等问题，提供社会住房是直接帮助低收入和弱势群体的一种方式，这些群体可能无法负担市场价格的住房；通过创建稳定的邻里关系和整合不同收入群体来促进社区发展，从而带来更加和谐和可持续的社区；预防无家可归和社会排斥，这通常是他们更广泛社会福利任务的一部分。一些单位提供保障性租赁住房则是为了解决员工住宿问题，吸引劳动力加入，提高企业的竞争力。我国的非政府组织参与保障性租赁住房发展较慢。

第三节 我国配租型保障房供求匹配的现状和特征

一、我国公共租赁住房供求匹配的现状和特征

(一) 低标准、低覆盖

我国中低收入群体人数众多，内在差异较大，中央政府和地方政府的公租房支持能力有限，公租房处于低水平的基本保障，基本实现了低保、低收入家庭应保尽保，对于其他群体尽力而为。2010 年国务院发布《关于加快发展公共租赁住房的指导意见》指出，成套建设的公共租赁住房，单套建筑面积要严格控制在60 平方米以下，这相当于 2010 年城镇家庭户均建筑面积（86 平方米）的 70%以下，但是相当于 2020 年城镇家庭户均建筑面积（101 平方米）的 60%以下。2021 年 7 月，《中共中央 国务院关于优化生育政策促进人口长期均衡发展的决定》发布，作出实施三孩生育政策及配套支持措施的重大决策部署。原来的房型设计考虑的是一个家庭生育一个孩子，在考虑到一个家庭允许生育三个孩子的情况下，房型面积需要扩大。

按照《中国统计年鉴 2019》提供的 2018 年城镇人口 83137 万人来计算，入住公租房的人口占比为 4.5%，入住公租房和领取租赁补贴覆盖的人口占比为7.1%。这一数值可能高估，因为这里公布的是累计领取租赁补贴的人数，可能存在有些地方将公租房租金定为准市场价格然后给予租金减免或发租金补贴，与领取市场租房补贴到市场租房有所不同，而在统计的时候可能混为一体。

根据第六次和第七次人口普查资料，从 2010 年到 2020 年，中国城镇家庭住房来源中租赁公租房（含廉租房）占比从 2.5%上升到 3.4%。这一数值可能低估，因为这里公布的是租赁实物公租房，没有将公租房保障对象领取市场租房补贴到市场租房统计进去。

(二) 发展不均衡

根据第七次人口普查资料，在 2020 年，中国城镇家庭住房来源中租赁公租

房（含廉租房）占比为 3.4%。从全国各省来看，地区差异明显。其中，北京为 5.6%，浙江为 5.1%，广东为 6.1%，重庆为 5.3%，云南为 6.8%，西藏为 26.1%，新疆 7.1%，均高于 5%。

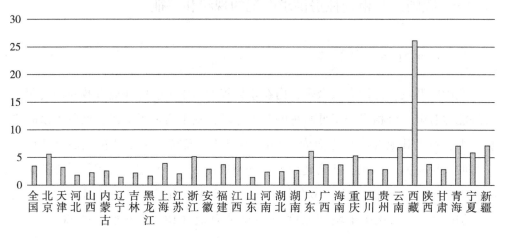

图 4-12　2020 年全国各省城镇家庭租赁公租房占住房来源比例（%）

（三）低租金、高补贴、租期较长

《城镇廉租住房管理办法》规定：廉租住房租金标准由维修费、管理费两项因素构成。单位面积租赁住房补贴标准，按照市场平均租金与廉租住房租金标准的差额计算。《廉租住房保障办法》：实物配租的住房租金标准实行政府定价。实物配租住房的租金，按照配租面积和市、县人民政府规定的租金标准确定。据报道，北京市第一个廉租房小区北京市广渠门北里，总建筑面积 3.2 万平方米，共有 400 套住房，每套住房使用面积从 30 平方米到 60 平方米不等。租金标准为每平方米每月 2.4 元，每户平均月租金在 100 元左右。对人均住房使用面积 7.5 平方米以下的廉租家庭，配租到 10 平方米，月租金补贴每平方米 25 元，由廉租家庭到市场租赁住房①。

---

① 新浪网．建廉租住房千万间让天下寒士俱欢颜［EB/OL］.（2004-02-03）［2024-09-04］. https://news.sina.com.cn/w/2004-02-03/13371703724s.shtml.

2010 年国务院发布《关于加快发展公共租赁住房的指导意见》：公共租赁住房供应对象主要是城市中等偏下收入住房困难家庭。有条件的地区，可以将新就业职工和有稳定职业并在城市居住一定年限的外来务工人员纳入供应范围。公共租赁住房租金水平，由市、县人民政府统筹考虑住房市场租金水平和供应对象的支付能力等因素合理确定，并按年度实行动态调整。国务院《关于规划建设保障性住房的指导意见》（国发〔2023〕14 号）提出，对符合条件的城镇住房收入困难家庭提供公共租赁住房，承租人按照市场租金标准支付租金，政府根据承租人的困难程度给予相应的租金补助。以北京远洋沁山水公租房为例，2012 年，远洋沁山水周边住宅租房价格大多为每平方米 60 多元，远洋沁山水公租房项目将租金定为每平方米 41 元，比周边市场价便宜了近 1/3。如今即使租金每月每平方米上调了 2 元，远洋沁山水公租房租金仅为周边市场租金的 43%①。

《关于加快发展公共租赁住房的指导意见》要求：公共租赁住房出租人与承租人应当签订书面租赁合同。公共租赁住房租赁合同期限一般为 3 至 5 年，合同示范文本由省、自治区、直辖市住房城乡建设（住房保障）部门制定。承租人应当按照合同约定合理使用住房，及时缴纳租金和其他费用。租赁合同期满后承租人仍符合规定条件的，可以申请续租。保障性租赁住房的合同期限不能短于 1 年，最长不超过 5 年。例如，《成都市保障性租赁住房运营管理暂行办法》指出，每次租赁合同期限原则上不少于 1 年，最长不超过 5 年。合同期满后，符合条件的可续租，但承租人应提前 1 个月向运营单位提出续租申请。

二、我国保障性租赁住房供求匹配的现状和特征

（一）供求集中在人口净流入的大城市

根据《国务院办公厅关于加快发展保障性租赁住房的意见》（国办发〔2021〕22 号）要求，人口净流入的大城市和省级人民政府确定的城市作为积极推进保障性租赁住房的重点。"十四五"期间，40 个重点城市计划建设筹集保障

---

① 网易新闻. 北京公租房租金动态调整：6 年只涨了 2 元/平方米［EB/OL］.（2018-05-26）［2024-09-04］. https：//www.163.com/dy/article/DIO7RB1K0515QRNF.html.

性租赁住房 650 万套（间），可解决近 2000 万新市民、青年人的住房困难问题。2021 年、2022 年全国已建设筹集保障性租赁住房约 360 万套（间），可解决 1000 多万新市民、青年人的住房困难①。

（二）供求错配依然存在

保租房供给的数量、结构、价格和需求方的数量、结构和价格不完全匹配。由于收入的限制，新市民的需求规模较大，虽是一张床、一间房的需求，但支付的租金不高。如果完全采取市场定价，保障性租赁住房就会出现空置率较高、企业运营亏损、有房没人住的局面。

（三）成本微利租金和政策支持

国务院办公厅发布《关于加快发展保障性租赁住房的意见》（国发〔2021〕22 号：保障性租赁住房主要解决符合条件的新市民、青年人等群体的住房困难问题。以建筑面积不超过 70 平方米的小户型为主，租金低于同地段同品质市场租赁住房租金。国务院《关于规划建设保障性住房的指导意见》（国发〔2023〕14 号）提出，对符合条件的新市民、青年人，特别是从事基本公共服务的机关事业单位和企业人员提供保障性租赁住房。目前定价多是在市场租金的 80%～90%。保障性租赁住房项目纳保要求租金不得高于同地段、同品质市场化租赁水平，租金折扣上限普遍以 9 折居多，目前折扣范围在 85 折（如武汉）到 95 折（如厦门）。

表 4-8　　　　　　　　　各地保障性租赁住房纳保租金标准规定

城　　　市	租 金 标 准
北京	低于同地段同品质市场租赁租金水平，利用企事业单位自有土地建设的项目在 9 折以下定价

---

① 翟波．"十四五"期间 40 个重点城市计划筹建保租房 650 万套［EB/OL］．（2023-02-07）［2024-09-04］．https：//baijiahao. baidu. com/s？id＝1757309601258553370&wfr＝spider&for＝pc.

续表

城　　市	租　金　标　准
上海	同地段同品质市场租金的 9 折以下，建立随年限增加的租赁价格累进机制和管理规则
广州、重庆	低于同地段同品质市场租赁租金，每年涨幅不超过 5%
长沙、太原、郑州、洛阳、佛山、东莞、天津	低于同地段同品质市场租赁住房租金
青岛	不高于同地区住房市场租金的 80%
杭州、西安	不高于同地段同品质的市场租赁住房评估租金的 90%
武汉	不高于同地段同品质市场租赁住房租金的 85%
厦门	不高于同地段同品质市场租赁住房租金的 95%，年涨幅不得超过 5% 且不高于同品质同地段周边市场化租金同期涨幅
成都	市场租金的 90% 且年涨幅不超过 5%

资料来源：政府官网、贝壳研究院整理。

以北京七彩家园为例，七彩家园地处朝阳区，住房为 18 平方米大单间，带独立卫浴，月租 1200 元，签约一年送两个月，还免收中介费，附近的城中村自建房，一个月也要 1300~1400 元。七彩家园还带家具家电网络，配洗衣机，性价比高①。

第四节　我国配租型保障房发展需解决的问题

一、各类租赁住房边界不清，衔接不紧密

目前国内已经形成了以公共租赁住房、保障性租赁住房和市场租赁住房为主体的租赁住房体系，但三者在供应与保障对象、覆盖城市、政策支持等方面存在一定差异。

目前，公共租赁住房和保障性租赁住房的供应采取了多主体筹集，需求大多

---

① 贾璇 . 北京高性价比保租房，谁在住？［EB/OL］.（2023-11-30）［2024-09-04］. https：//www. ceweekly. cn/mag/2023/1130/431191. html.

涵盖了城镇户籍中低收入家庭、新市民、青年人、公共服务人员等群体，相互之间存在交叉。

　　很多城市保障性租赁住房和市场租赁房一样采取市场定价，保障性租赁住房的保障对象的准入和退出标准尚不清晰，有违保租房支持新市民和青年人的初心。根据当前重点城市保障性租赁住房政策落地情况来看，各地对于保障对象"新市民、青年人"的定义细则程度不一，保障对象认定细则尚未完全落地，保障性租赁住房项目入住人群资格审核机制、后续资质复核与不再符合入住条件的退出标准尚不清晰。

表 4-9　　　　　　　　　重点城市保障性租赁住房保障人群定义整理

城市	人 群 定 义
北京市	本市无房或者在特定区域内无房的新市民、青年人等群体住房困难问题，重点保障城市运行服务保障人员、新毕业大学生等群体
成都市	符合条件的新市民、青年人等群体
天津市	本市户籍在租住区无自有住房和非本市户籍在津正式就业且在租住区无自有住房的均可申请，重点保障环卫、公交、快递、家政等从事基本公共服务的群体
武汉市	正常缴纳社会保险且无自有住房的新市民、青年人以及符合我市人才租赁房承租条件的对象
西安市	本市工作且无自有住房的新市民、青年人等群体的住房困难
广州市	在本市工作或生活的新市民、青年人等住房困难群体
济南市	符合申请条件的新市民、青年人等群体
南京市	项目所在区无房的居民，重点供应新市民、青年人等群体
宁波市	本市符合条件的无房新市民、青年人
上海市	一是在本市合法就业、在职工作；二是在本市存在住房困难，住房困难的面积标准原则上按照家庭在本市一定区域范围内人均住房建筑面积低于 15 平方米确定
杭州市	一定区域内无房新市民、青年人等群体的阶段性住房困难

　　资料来源：贝壳研究院整理。

国务院《关于规划建设保障性住房的指导意见》（国发〔2023〕14号）提出，对符合条件的城镇收入困难家庭提供公共租赁住房，承租人按照市场租金标准支付租金，政府根据承租人的困难程度给予相应的租金补助；对符合条件的新市民、青年人，特别是从事基本公共服务的机关事业单位和企业人员提供保障性租赁住房。该文件进一步扩大了配租型保障房的保障对象，涉及从事基本公共服务的机关事业单位和企业人员。

从国际经验来看，公共租赁住房一般是由政府建设、所有和运营维护和低额收取租金的住房。其保障对象在不同国家有所不同，美国主要是保障低收入家庭，北欧国家的保障对象广泛得多。保障性租赁住房（社会住房）更强调非营利机构（第三部门）的作用，例如英国有非营利性的住房协会等提供的社会租赁住房，以及租金高于社会租赁住房租金但低于私人租赁住房租金的中间租赁住房，主要提供给不愿意买房的关键部门职工（刘志林等，2016）。并且国际上出现了从公共租赁住房转向保障性租赁住房的趋势。在市场供求平衡之后，出现了发放市场租房补贴和保障性租赁住房私有化和规模缩小的趋势。

目前，我国的公共租赁住房和保障性租赁住房并存，给政策宣传和公众造成了一定程度的困惑。各类租赁住房需要合理分工和合作。公共租赁住房在推出之初，覆盖的范围很广，除了住房困难的中低收入家庭之外，一些地方推出了人才公租房。现有的公共租赁住房需要盘活现有存量，清理退出部分不再符合条件的家庭，加大政策和法规的处理力度，对于不交租金、占用住房不退出等问题需要专项治理，避免进去了出不来，不交租金还没事的恶性循环。在公共租赁住房供不应求的城市，给予要考虑筹集新房源，在保障性租赁住房匀租部分房源作为公共租赁住房。在供大于求的城市，给予更多政策支持发放市场租房补贴利用市场房源来实现保障性租赁住房的保障目标。

二、供需结构矛盾突出，有效需求和有效供给均不足

目前公共租赁住房和保障性租赁住房均存在结构性矛盾问题，但是保障性租赁住房还出现了有效需求和供给不足。保障性租赁住房供给的数量、结构、价格和需求方的数量、结构和价格不完全匹配。

建设、租赁和运营保障性租赁住房是一项长期工作，需要专业机构参与，但

目前有效供给不足。目前，在住房租赁领域专业化的租赁机构较少，在相关建设和管理方面缺乏经验和品牌。轻资产住房租赁企业在资本助力下虽然得到快速生长，但没有进入规模效益带来的盈利阶段；中资产住房租赁企业因难以取得优质物业或者改建成本过高而难以盈利；重资产住房租赁企业因租金回报率过低而无法盈利。加之受到疫情冲击，住房租赁企业抗风险能力整体较弱，还未走上专业化、规模化、健康可持续运营管理的轨道。

三、配租型保障房落地难题待解

保障性租赁住房房源筹集模式主要有：利用集体土地、企事业单位自有闲置土地、园区配套用地、国有用地新建；还有利用存量房屋改造，包括空置的商业办公楼、工业厂房、住宅等改造为保障性租赁住房。

一是新建模式出现了诸多难题。集体建设保障性租赁住房，出现了村集体自行开发融资难、缺乏运营经验和专业能力，村民参与积极性不高等状况；合作开发出现了村企合作矛盾多、合作企业没有产权造成融资难等问题。利用企事业单位自有闲置用地建设保障性租赁住房，有些项目存在以租代售的嫌疑。新建国有土地建设保障性租赁住房，集中建设土地成本太高；配建土地成本不明确，存在向商品房转嫁成本，土地出让难的问题。产业园区配套保障性租赁住房，配套比例、人员限制过多过死，造成了供求不匹配。

二是存量房屋改建模式也有很多问题急于解决。闲置房屋改建为保障性租赁住房，存在商办与工业的改建标准不统一，存量改造项目合规难度大的问题。非改居项目涉及土地、规划、消防等多个监管部门，项目申请、审批条件、改建验收等环节缺少细则和流程指引。部分城市采取一事一议的方式，项目审批周期长达几个月到半年，影响改造项目进度。另一方面，在出台了地方性技术标准的城市中，大部分参照的是同类建筑中较为严格的规定执行，原有商业办公类物业在采光、通风、消防、建筑面积、容积率等方面存在诸多限制，物业验收通过较难。这造成了项目认定书落实存在一定难度，也造成了项目无法纳保，融资受到限制。还有的企业将闲置住宅改造为保障性租赁住房赚差价，因为利润太薄他们骗取装修款、租金、押金然后跑路。

四、政策支持力度需要加强

一是金融税收优惠不明显，支持力度有待进一步加大。现行金融税收政策对保障性租赁住房和市场租赁住房的支持差别不大，社会主体更倾向于做市场租赁住房。在金融支持方面，市场上可选择的金融产品仍然缺乏，保障性租赁住房项目缺乏长期低息融资渠道，没有产权抵押的租赁改造项目难以获得贷款，保险机构为保障性租赁住房提供资金支持的相关细则尚不明确，支持社会主体参与发展保障性租赁住房的专门税收支持政策仍有待于明确。

二是退出渠道不畅通，发展模式有待于进一步探索。保障性租赁住房募投管退的商业闭环不顺畅，现有退出方式存在周期长、风险大、利润低、发行 REITs 难等问题。

三是加强保障性租赁住房租金价格的管控。保障性租赁住房项目纳保要求租金不得高于同地段、同品质市场化租赁水平，租金折扣上限普遍以 9 折居多，目前折扣范围在 85 折（如武汉）到 95 折（如厦门）。由于市场化租赁住房具有非标性，对标房屋在装修品质、户型面积、朝向、楼层上差异较大很难对比，租金要求没有具体落地可执行的细则。另外，租金管控导致企业纳保意愿低。部分城市严格规定了保租房项目不得擅自提高租金，约束了企业灵活定价的能力，租赁项目纳保难度较大，企业无法享受保租房相关政策优惠。

第五章 我国住房租赁体系的制度变迁方向

第一节 制度环境、住房制度和政策分析框架

一、住房制度比较的分析框架

市场经济和工业化导致很多国家出现了很大的相似性。这让很多人相信现代社会的住房体系从本质上是一样的，文化差异不是很重要，只不过是不同国家和地区处在不同的发展阶段（如 Ball，1988；Harloe，1995）。这就意味着住房政策是在同一个背景文本上运行的，可以用来解决类似的问题。很多的政策制定者和政治家认为：一些国家/地区成功的住房政策能够被成功地转移和复制到其他国家，解决同样的问题。而一些国际组织，例如欧盟、世界银行、国际货币基金组织等也在鼓励一些国家把成功的住房政策和经验向其他国家推广，并希望能解决类似的住房问题。而在一个国家内部，也出现了中央政府鼓励其他地区学习和复制某个地区成功解决住房问题的政策经验。

然而，住房问题产生的根源，也许每个国家和地区是独特的，这样简单移植别的国家/地区的成功政策，也许会产生错误的结果。因此这种住房体系本质同源的概念遭到了越来越多学者的批评，并提出了住房体系异质的理论分析视角（如 Allen，1999；Kemeny，1995）。这种流派强调住房制度环境（住房政治和住房文化）的内在相关性，并存在很大的不同，导致了特定社会需要特定的住房政策。

Allen 等（1999）从住房政策学习视角提出了分析住房制度环境、影响和政策的分析框架（见表 5-1）。这里借鉴该分析框架提出了分析制度环境、住房制

度安排和政策。

　　住房福利体系作为基本的住房意识形态和文化制度，决定了国家的住房供应模式，并成为住房租赁体系产生的根源之一，影响了租赁住房的规模，还成为住房租赁政策的价值观方面判断的依据之一。租赁住房的规模和影响程度，则成为制定租赁住房政策的触发机制。具体的住房政策是综合考虑住房制度和租赁住房的影响制定的。住房政策是住房政治和文化制度的产物，同时也塑造了住房政治和文化制度。

表 5-1　　　　　　　　　　关注住房政策学习视角的住房比较分析

住房理念（住房的政治学）	住房文化（住房的社会学）	住　房　政　策
（1）住房研究比较分析的通用模式		
不同社会的住房政治本质差异是什么？ 例如是集体主义还是个人主义？稳定还是非稳定？	住房消费的特征和程度是什么？例如是自有的还是租赁的，城市的还是农村的，统一的还是多样化的？	用什么政策来管理经济和社会生活？例如住房消费
（2）住房政策比较分析的特定模式		
在不同的社会有哪些不同类型的住房政策？例如是重点发展商品房还是保障房，高成本还是低成本，集体的还是个人的住房金融？ 这些政策对住户有什么影响？	不同国家住房需求的本质和程度是什么？ 不同国家住房租赁需求的本质和程度是什么？ 不同国家市场租赁住房和保障租赁住房的关系是什么？	租赁住房是问题吗？什么方面的问题？ 用来解决问题的住房政策目标、工具和具体措施是什么？注意不同国家住房政治和文化的差异，这些政策可以转移吗？

　　资料来源：Allen C., Gallent G., Tewdwr-Jones M. The Limits of Policy Diffusion: Comparative Experiences of Second Home Ownership in Britain and Sweden [J]. *Environment and Planning* C. 1999, Vol. 17, pp：230.

　　租赁住房的规模在欧美不同国家和地区存在明显的差异，并且在不同的发展阶段影响有所不同。因此制定租赁住房政策首先必须分析住房政策所运行的制度环境及形成租赁住房的机制，分析租赁住房的影响程度，然后分析政策的作用机制和制定解决问题的政策措施。在借鉴别的国家的住房政策的时候，也需要分析制度的差异性，用租赁住房问题的产生机制和政策的作用机制来判断是否具有借鉴意义，然后再制定特定的政策。

二、福利国家和住房制度分类的分析框架

（一）福利国家分类

　　住房制度环境是租赁住房产生的根源之一。根据 Esping-Anderson（1990）的"福利国家理论"将国家分为四种类型。第一种是自由福利国家（liberal），以美国为原型，包括加拿大、澳大利亚、新西兰、英国和爱尔兰等国。第二种是保守的合作主义福利国家（conservative），以德国为原型，包括德国、意大利、奥地利和法国等国。第三种是社会民主福利国家（social democratic），以瑞典为原型，包括其他北欧等国。巴洛和邓肯（Barlow，Duncan，1994）对安德森的分类法提出了补充，认为还有第 4 种福利国家——初级福利国家，也有的称之为地中海型福利国家。这类国家与自由福利国家类似，只是处于农业社会向工业化社会转型的初级阶段。尽管很多国家开始进行了福利体系的改革，出现了"福利国家转变"，但是大多数国家保持了高度的弹性（Kühner，2008）。这意味着尽管发生了改革，大部分国家依然保持着基本类型不变。

表 5-2　　　　　　　　　　　　　　福利国家的分类

分类/特征	自由福利国家	保守合作福利国家	社会民主福利国家	地中海福利国家
去商品化程度	低	中	低	低
社会分化程度	增强了差异	再产生了现有的差异	减少了差异	再产生了现有的差异

续表

分类/特征	自由福利国家	保守合作福利国家	社会民主福利国家	地中海福利国家
收入分布和贫困	收入差异大，高贫困发生率	收入差异中，中贫困发生率	收入差异小，低贫困发生率	收入差异大，高贫困发生率
失业率	相对较低	相对较高	相对较低	相对较高
国家、市场和家庭间的关系	政府主导	市场主导	家庭占重要地位，非营利组织有很大影响	家庭主导
国家代表	英国、爱尔兰	德国、法国、奥地利、荷兰、比利时	丹麦、瑞典、芬兰	意大利、西班牙、葡萄牙、希腊

资料来源：Hoekstra J. *Divergence in European Housing and Welfare Systems* ［M］. Amsterdam：IOS Press，2010：216. Vrooman，J. C. *Rules of Relief*：*Institutions of Social Security*，*and Their Impact* ［M］. Hague：The Netherlands Institute for Social Research／SCP.

（二）福利国家和住房制度的关联

"福利国家理论"并没有考虑住房的去商品化，也没有考虑保障性租赁住房，这可能是由于不同国家有不同规模的保障性租赁住房，而且福利国家类型和保障性租赁住房的份额并不完全吻合。住房体系的变化，除了从内部供求关系和政策来解释，还需要考虑更广泛意义的外部影响，例如政治压力、人口结构的变化、经济社会环境、技术进步以及其他因素的变化（Allen，2013）。

尽管上述国家分类并没有将住房包括进去分析，这四类国家对住房福利、政府和市场的做法存在很大的不同（Barlow，Duncan，1994）。在自由福利国家，由市场主导，住房是商品，政府干预最少，仅仅是作为市场失灵的补充，给少数无法从市场得到充足住房的人提供了住房保障，同时对自有住房的住户（中产阶级及以上阶层）提供了大量的税收减免。在保守合作福利国家，政府和市场合作，对市场干预比较多，用公共住房政策来解决社会问题，但是它不会破坏原有的社会分层。在社会民主福利国家，政府对市场干预程度很高，公共租赁住房和合作社住房被看作和市场供应同等重要，政府尽力使所有人都得到合适数量、质量和价格的住房。在初级福利国家，政府对住房市场干预少，企业供应和家庭自建房比例高，政府供应的社会住房所占比例不高。

表 5-3 福利国家的住房体系

分类/特征	社会民主福利国家	保守合作福利国家	自由福利国家
去商品化	高	相对高	低
社会分化	低	高，根据社会阶层	高，根据收入
国家、市场和家庭关系	国家主导	家庭很重要，非营利组织有很大的影响	市场主导
政府管制	中央政府有较强的影响	功能分散、工具性、解决问题式的政策	中央和地方政府较少干预
住房政策的一般目标	普遍拥有高品质的住房	保持社会分层；对传统家庭优待；激励家庭和私人部门在市场发挥作用	市场主导，仅对边缘群体支持
补贴	高的供给方补贴；较大群体获得补贴	差异补贴，对特定人群补贴较多	需求方补贴；少量的供给方补贴
定价和管理	政府有很强的影响	政府有一定的影响；管制旨在消除不利影响	市场主导
住房分配	按需分配	政府干预矫正市场，部分群体获益	市场主导，政府干预较小，仅提供小规模的保障房
住房供应	严格的空间规划，政府为新房供应提供激励	相对严的空间规划；私人部门（家庭、小企业）为市场供应新房	宽松的空间规划，私人部门（主要是大企业）为市场供应新房

资料来源：Hoekstra, J. S. C. M. Housing and the Welfare State in the Netherlands: An Application of Esping-Andersen's Typology [J]. *Housing, Theory and Society*, Vol. 20, No. 2, pp. 58-71.

住房被视为"福利国家摇摇欲坠的支柱"（Torgersen，1987）。住房研究是关于住房供应、分配和消费的理论，这与福利国家研究密切相关。住房制度是指政治权力体系的一种类型，在不同国家，它们在经济和政治决策中的社团主义的程度不同，并决定了住房制度（Kemeny，2001；2006）。由于文化、意识形态和政治因素的差异，住房体系差异很大。它可以通过住房租买结构、住房金融和相关的政府补贴来说明（Stephens，2015）。住房制度理论（housing regime theory）被用于分析住房系统的功能和变化如何随着制度结构的变化而变化，并成为住房研究领域的基本问题之一（Kemeny，2006；Stephens，2020）。因此需要从福利国家和住房制度的高度来思考我国住房租赁体系的顶层设计。

社会福利制度将影响居民的租买选择和总体的租赁占比。凯梅尼（Kemeny，1985；2005）认为住房自有率与社会福利水平之间呈现负相关，一国社会福利水平越高，住房自有率越低，租房比例越高，因为住房产权制度与社会保障制度具有一定的替代关系（tradeoff）。住房产权支持政策和社会福利制度都需要消耗大量的公共资源，在政府财力有限的情况下，二者是具有替代性的制度安排。如果一个国家投入了大量的公共资源支持住房产权制度，居民通过积累"资产性财富"（asset-based welfare）来提高对抗风险的能力，更加自立自足，从而减少对社会福利的依赖。反之，如果政府把鼓励住房自有的公共资源节约下来做社会福利，在社会保障体系很完善的情况下，加之限制了房价上涨和获利的空间，那么人们买房进行储蓄和资产性保障的动机就会大大降低，会更愿意接受租房。这也说明了社会福利制度会影响居民的租买选择，并影响了总体居民的租赁占比（陈杰，2020）。

社会福利和住房保障的理念还影响住房租赁体系内部的市场住房和社会住房的关系。凯梅尼（Kemeny，1994）发现，在住房租赁体系内部，西方各国对以私人租房为主还是以公共租房或社会租房为主的态度也大不相同，并且对私人租房与社会租房两个子体系之间是相互衔接的"一元制"（unitary）还是相互割裂的"二元制"（dualist），各国做法也差别很大。Esping-Andersen（1990）认为不同福利国家的社会保障理念是有差异的。以美国、英国为代表的盎格鲁-撒克逊模式自由主义经济体秉承的理念是把社会保障看作一种避免市场竞争失利者闹事的避难所和救济网，为此公共租赁住房不仅提供较少，且准入门槛很高，仅面向那些最低收入家庭或边缘化人群，同时往往把这部分受助者与社会主流群体在空间上隔离，陷入"贫民窟"陷阱，整体上属于"剩余化"（residualisation）的福利政策，导致公共租赁住房与私人租赁住房成为割裂的两个体系。德国和北欧国家等社会市场经济体则把社会保障看作对暂时经济不利者的"合作式"支援和助力，社会保障规模大，覆盖范围广，他们的社会租房与私人租房定价接近，并平等接受政府资助和相应的约束，有机协调、相互开放、融为一体，还可以合理竞争、相互促进（Kemeny，1994）。这也与社会民主福利国家、保守合作福利国家的历史文化传统、社会市场经济体制、社团/合作主义（corporatist）的社会理念和阶层平等程度很高有关（朱玲，2015）。

福利国家类型和住房制度的设计会影响经济社会的不平等和社会阶层的空间融合。自由福利国家和地中海型福利国家的经济社会不平等比较显著，居住分化和居住隔离比较明显。而在保守的合作主义福利国家和社会民主福利国家经济社会不平等比较小，居住分化和居住隔离不如前者显著。

（三）东亚发展型福利国家和住房制度分类

一些学者发现东亚很难归纳到艾斯平-安德森所提出的自由主义、保守合作主义与社会民主主义福利国家中的任一种类型，存在着一些独特性。注意到日本及亚洲"四小龙"经济体资本主义发展的不同路径。东亚福利体制最早的研究者之一凯瑟琳·琼斯（Jones，1990，1994）从文化出发，认为在东亚，占主流地位的儒家文化代表了一种独特的社会发展与福利体制的意识形态，并从一开始就决定了这些国家福利制度的走向，形成了"儒家福利国家"的东亚福利体制。它有以下特征："没有工人参与的保守合作主义，没有教会的社会救助，没有公平的社会团结，没有自由的放任主义；所有的都可以归纳为一种'家庭经济'福利国家，即在一个自许的，儒家传统的，扩展的家庭模式下运作"。

尽管日本、韩国这些国家沿着西方资本主义的道路前进，但是在经济发展到一定水平后并没有进入西方的"福利国家"，相反，他们对社会福利的支出相当"吝啬"，其财政福利支出占 GDP 的比重远远低于西方福利国家。东亚"四小龙"的福利制度中存在"发展主义"即追求经济目标的倾向（Midgley，1986）。后来的研究认为威权政治体制、国家发展主义的意识形态和出口导向型的经济是其主要成因。

Holliday（2000）则认为它是东亚特征的福利资本主义的第四个世界，即以经济增长为首要目标的生产主义福利体制，并将它分为三种亚类型，即促进型、发展-普遍型、发展-特殊型。促进型遵循市场优先、最低限度的社会权利、福利安排的分层效应有限等，以中国香港为代表；发展-普遍型坚持在支持市场提供和家庭供给的基础上提供一些具有普遍性的福利计划，承诺有限的社会权利，以亚洲金融危机之后的韩国与中国台湾地区为代表；发展-特殊型遵循引导家庭的社会福利活动、最低限度的社会权利、其分层效应倾向于强化生产性要素等，以新加坡为代表。联合国社会发展研究所（United Nations Research Institute for Social Development, Kwon, 2005）提出发展型福利国家的理念。发展主义是一种以促进经济发展为导向的政府施政理念和行动，其中产业政策的实施成为发展型国家的核心。它也包括社会政策，其社会政策的取向是强调福利的民间性来源、降低民众对国家的依赖、将社会公正的追求从属于经济效率的考量（White 等，1998）。发展型福利国家（developmental regime）也可以从发展型国家的角度来理解，它强调国家不会通过政府过度干预扭曲市场，但成功地帮助纠正了市场失灵（例如，通过公共产品的提供）（Wade, 2018）。中国也属于经济发展型的福利国家（顾昕，2016）。

需要注意的是，东亚国家的住房体系以及租赁在其中的地位也因国而异。在东亚社会中，住房政策被视为经济发展政策的一部分，与公民的基本社会权利和生产活动直接或间接相关（Doling & Ronald, 2010; Holliday, 2000）。例如，在中国香港，住房所有权在公共政策中扮演着重要角色，对经济增长至关重要，被认作生产型住房制度（productivist housing regime）（Ronald & Chiu, 2010; Ronald & Doling, 2010; Yip, 2014）。在新加坡，公共住房在国家发展战略中扮演基础性的角色（Heo, 2014），约五分之四的公民居住在政府提供的公共住房中（Phang, 2015）。新加坡代表了一种既重视经济增长又重视社会问题的发展型住房制度（developmental housing regime）。发展型住房制度超越了"生产主义"和"商品化住房所有权"的福利关联体系，通过政府积极干预，同时促进经济发展和提高人民生活水平。

第二节　中国住房制度设计的依据

对中国住房制度的讨论通常处于以生产型制度为特征的东亚模式中。自 20 世纪 90 年代末以来，中国城市住房从福利产品向商品化过渡，推动了土地和住房市场的繁荣，进而促进了国家经济的全面增长（Wang et al.，2012）。尽管在住房商品化改革的同时推出了保障房（如廉租房），但难以满足大量城市低收入家庭和"夹心层"人群的基本居住需求（Wang et al.，2012；Zhou & Ronald，2017）。国家为部分低收入纳税人提供公租房，为高技能人才提供人才房，符合生产主义的供给逻辑，旨在促进经济发展（Chen et al.，2017；He & Chang，2020）。但一些学者认为，基于 2010 年以来公租房计划的重新兴起，中国的住房发展逻辑正在从"生产型福利制度"转向"发展型福利制度"（Chen et al.，2014）。

这些研究对中国住房制度设计很有启发，同时还需要深入分析中国住房制度设计的依据，明晰当前和未来的走向。这里重点探讨如下几个问题：一是中国将走向何种类型的福利国家？二是中国的经济发展模式中房地产的未来走向如何？三是中国住房供求关系和突出问题是什么？这些都是住房制度设计的主要依据。

一、中国从低福利国家走向共同富裕

中国在 2000 年之前是低福利国家，但是在 2002 年进入到小康阶段之后，"小康阶段"的中国梦是共同富裕。为了实现共同富裕，中国对那些能切实改善大多数人福利的领域（如公共卫生、公共教育、公共住房、公共安全、公共交通、生态保护、基础设施、文化艺术、科学技术）加大了公共投入，通过再分配的方式，尽力对与人类生存权相关的领域进行"去商品化"，社会保障方面的公共支出占 GDP 的比重从 2000 年的 5% 猛增至 2012 年的 10.5%，超越了世界的平均值。除个别例外，中国在社会保障方面的支出现在仅低于两类经济体，即欧美发达经济体与前苏东经济体，在 138 个有数据的经济体中，可以排在 60 位左右（王绍光，2013）。

郁建兴（2022）认为，与经济高质量发展目标相适应，共同富裕治理体系应

当超越发展型国家和福利国家，特别关注再分配之前的公平正义的市场初次分配。由于我国在过去相当长时期内走的是高积累、低消费发展道路，在经济发展过程中劳动者在初次分配中的收入水平较低，而较低的工资特别是劳动报酬与国内生产总值的不匹配，成为制约国民消费潜力的重要障碍因素。共富治理体系中的收入制度安排，必须超越过去那种低工资、低劳动权益的模式，不断提高就业群体的工资水平，改变初次分配中不利于劳动者和消费者的格局，提高劳动报酬占国内生产总值的比重。从再分配角度来看，推动共同富裕，应当通过适度增加税收、扩大税种税基等形式来建立和完善民生与社会保障制度，增强再分配效应；通过健全高效的社会再分配机制，来缩减低收入与高收入阶层之间的差距，促进收入和财富的扁平化发展，约束极化发展趋势，防范收入分配中的社会马太效应。防范逆向再分配效应，需要进行严密细致的制度设计，注重通过创立税收给付的普惠式制度来扩大福利受益面和普及度，特别是在教育领域和医疗领域，应促进基本公共服务的均等化。在民生与社会保障领域，应将重点置于通过体制机制改革以提升再分配效应方面，而不是将改革重点简化为过多过高承诺社会福利待遇。

从对标福利国家来看，中国的共同富裕目标旨在减少经济社会的不平等，更接近保守主义的福利国家（如德国）和社会民主主义的福利国家（如瑞典）。

二、中国经济增长模式从出口导向高速发展转向双循环高质量发展

陶然（2023）建立的"中国经济增长分析框架"指出，加入 WTO 后中国对外出口超常规增长所带来的收入和财富效应，使得地方政府大规模推动"以地为本"的工业化、城市化成为可能，并引发了地方政府在土地开发上的强大利益驱动。由于出口实现了超常规增长，地方政府就可以在大规模的工业开发区、新城区建设中获得两类收入：一是国有土地使用权出让金收入，这部分收入在分税制改革后明确落实到地方；二是与土地相关的土地增值税、契税、房地产税等，这部分税收规模不小。这两项收入激励地方政府大搞土地开发，包括投资基础设施、建设开发区和新城区。土地相关的税收和土地出让金收入成为地方财政的主要收入来源，如果把二者相加起来看，目前地方财政土地依赖度更高。

一是民营企业在下游制造业行业的"一类市场化竞争"。主要是通过引进国

际资本和技术，利用人力比较优势生产中低端消费品，向全球市场出口并赚取外汇。这种强投资、强制造、强出口的模式，就是我们熟悉的东亚模式。不过，陶然（2023）更进一步强调了中国模式与东亚模式的不同，这些不同主要体现在"二三"两方面。

二是中央和地方政府在国际、国内"两层逐底式竞争"。国际逐底式竞争，主要指的是中央实施低汇率和出口退税政策刺激商品出口，同时实施宽松货币政策支持基础设施和制造业投资。国内逐底式竞争，主要指的是地方政府通过压低工业土地价格招商引资、开发工业园区，同时提供宽松的劳动和环境政策降低商品制造和出口的成本。

三是国企在上游部门、国有银行在金融行业、地方政府在商住用地出让上的"三领域行政性垄断"。上游部门主要是石油石化、煤炭、电力、矿业和冶金等能源、原材料行业，以及邮电通信、民航铁路等非金融服务业，国有企业在这些领域凭借行政垄断优势获得收入。金融领域主要是以国有银行为主体的金融业，国有银行先获得低价存款，然后实施差异化的放贷政策，向国企和地方融资平台提供较低利率的贷款，助推基础设施、制造业和房地产投资，而民营企业整体上贷款难、贷款贵。商住用地出让主要指地方政府调控城市国有商住用地的供应，单一主体的供应模式扭曲土地价格，促使二三产业交互强化型溢出。二产对三产的"财政溢出效应"指的是地方政府开发工业园区，通过压低工业土地价格招商引资，然后形成产能后带来对商住用地的需求，进而推高商住用地价格，通过商住用地出让金收入补贴工业用地的亏损。三产对二产的"反向金融溢出效应"则主要是2008年后，央行通过宽松的货币政策刺激房地产开发，地方政府获取高额土地出让金收入，并以此为抵押大规模融资，进而推动开发区和工业园区建设。二三产业交互强化型溢出，实际上是以土地为依托开发工业和房地产，获取土地财政和土地金融。但是这种模式带来了环境污染、内需不足和居民消费低下、公共资源分配不公平等问题，带来了房地产泡沫和地方债务风险。

2020年5月14日，中共中央政治局常委会会议首次提出"构建国内国际双循环相互促进的新发展格局"。5月下旬两会期间，习近平总书记再次强调，要"逐步形成以国内大循环为主体、国内国际双循环相互促进的新发展格局"。党的十九届五中全会通过《中共中央关于制定国民经济和社会发展第十四个五年规划

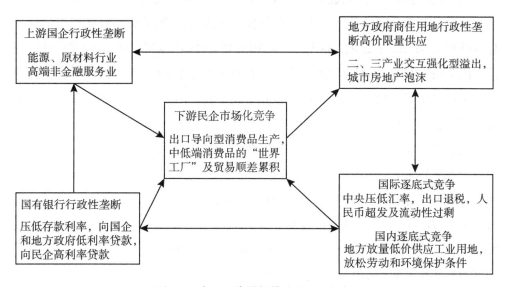

图 5-1　中国经济增长模式的基本框架

和二〇三五年远景目标的建议》，将"加快构建以国内大循环为主体、国内国际双循环相互促进的新发展格局"纳入其中。构建基于"双循环"的新发展格局是党中央在国内外环境发生显著变化大背景下，推动我国开放型经济向更高层次发展的重大战略部署。近年来，美国对中国的遏制力度不断加大，尤其是特朗普上台后，从贸易战开始，打击中国的科技、金融、军事手段层出不穷，所以双循环纠正经济失衡不仅是中国国内发展所需，也是外部压力导致。这可能导致国际出口的下降和很多产业的产能过剩，并传递到家庭的收支变化和对房地产的需求发生变化。

三、中国加快构建房地产新发展模式

党的二十大报告要求，"坚持房子是用来住的、不是用来炒的定位，加快建立多主体供给、多渠道保障、租购并举的住房制度"。2023 年 12 月召开的中央经济工作会议要求"完善相关基础性制度，加快构建房地产发展新模式"。这对房地产行业遵循发展规律，适应我国人口与经济社会发展新形势的变化，具有十分长远的战略指导意义。

从房地产发展规律和我国房地产现状来准确把握其发展方向。房地产需求存在着从数量到质量到功能环境的提升态势。2020年，我国城镇家庭户人均住房建筑面积为 38.62 平方米，这与中国城市规划设计研究院联合中国建筑设计研究院有限公司发布的《城镇家庭居民"住有所居"量化指标研究报告》提出的中国城镇家庭居民人均住房使用面积舒适标准（30~40 平方米）比较接近。但是住房质量、功能环境方面还有很多不足。鉴于此，住房和城乡建设部党组书记、部长倪虹在《坚持人民至上 推动高质量发展》提出人民群众对建筑产品的需求从"有没有"转向"好不好"，期盼有更舒适安全的居住条件、更便捷高效的市政公共服务设施、更优美宜人的城乡环境。倪虹部长在《全面学习贯彻党的二十大精神 奋力开创住房和城乡建设事业高质量发展新局面》中指出：从好房子到好小区，从好小区到好社区，从好社区到好城区。这些是基于科学发展规律和我国客观现实作出的对未来发展趋势的重要判断。

房地产供给的发展规律存在着房地产投资占 GDP 比重从上升到下降，房地产投资绝对值从快速上升到缓慢上升再到逐步下降，新房供给在总量中的占比逐渐下降，存量房供给在总量中的占比逐渐上升。根据国家统计局网站，2021年，商品房销售面积 179433 万平方米；房地产开发企业房屋施工面积 975387 万平方米；房屋新开工面积 198895 万平方米；房屋竣工面积 101412 万平方米；商品房待售面积 51023 万平方米；全国房地产开发投资 147602 亿元。2022 年，商品房销售面积 135837 万平方米；房地产开发企业房屋施工面积 904999 万平方米；房屋新开工面积 120587 万平方米；房屋竣工面积 86222 万平方米；商品房待售面积 56366 万平方米；全国房地产开发投资 132895 亿元。2023 年，商品房销售面积 111735 万平方米；房地产开发企业房屋施工面积 838364 万平方米；房屋新开工面积 69286 万平方米；房屋竣工面积 99831 万平方米；商品房待售面积 67295 万平方米；全国房地产开发投资 110913 亿元。与前五年不断上升的态势相比，2021 年至 2023 年呈现出不断下滑的趋势，这是符合经济规律的调整。

与之相应的是，房地产行业发展规律是从第二产业为主转向第三产业为主，从生产产品为主转向提供服务为主，房地产开发业务将下降，租赁、经纪、物业服务和资产管理业务将上升；房地产企业运营模式从增量生产转向存量服务为主；房地产企业结构与行为表现为优胜劣汰，竞争更加激烈与创新加剧；房地产企业绩效是与风险相关的利润平均化，回归到平均利润（易成栋，2023）。

在总量供求平衡之后，房地产价格波动更加频繁。从中国的实践来看，从 2000 年到 2020 年，我国经济快速增长，城市化迅猛推进，房地产市场出现了供需两旺，房价快速上涨。目前我国房地产市场达到了供求基本平衡，存在结构性短缺和过剩，前者例如高品质的房屋和服务短缺，后者如老旧过时的房屋和人口大量流出城市的房屋过剩。随着供求平衡，房价上涨的速度会变慢。在一些人口大量涌入的核心城市和都市圈，可能还会出现房价上涨。而在一些人口大量减少和严重供大于求的城市，会出现房价的下跌，房价波动的风险攀升。房价除了受到供求关系的影响以外，还受到了宏观经济、财政金融政策的影响，波动会更加频繁，因此需要防范和化解房地产市场风险。

这意味着以往的房地产发展模式将逐渐终结。从 2000 年以来，地方政府以地生财和以财生地，开发商"高负债、高杠杆、高周转"，金融机构大量融资进入房地产领域，居民购房升值和买房投资，促进了我国房地产市场的繁荣，为经济增长、财政增收和促进就业发挥了一定的作用，但同时也存在风险积累、资源错配等问题。自 2021 年以来，三道红线等金融政策冲击叠加了宏观经济的下行和疫情冲击的影响，我国房地产企业出现了流动性风险，一些房企出现了资金链断裂、很多开发商房屋难卖-回款困难-外部融资紧-房企出现信用风险；地方政府出现了土地出让量价齐降，地方财政收入锐减，地方债违约风险上升；居民观望，房地产有效需求不足，出现个人房贷违约等风险；银行、信托等金融机构的贷款融资出现了开发商和个人违约，带来了系统性金融风险上升等问题。因此把有效市场与政府结合起来，建立人地房钱联动机制，通过新建住房的有效供给来释放住房租赁需求、保障性住房需求和改善性住房需求，防范和化解房地产市场风险。2020 年发达国家其住户住房租赁比例一般在 30%～40%，而我国城镇家庭租赁住房占比为 21%。参照国际经验，随着我国城镇化的继续推进，我国租赁住房的城镇家庭占总体家庭比例将达到 30%～40%，还有很大的上升空间。一些住房和收入困难的中低收入家庭、新市民和青年人存在租赁住房方面的困难，需要加大公共租赁住房、保障性租赁住房的筹集和供应。一些拆迁安置家庭、工薪收入群体有购房的需求，但是购买力不够，这需要推动棚改安置房、配售型保障性住房和普通商品住宅让他们居者有其屋。一些家庭随着家庭生命周期、住房和工作的变化，有购买更高品质、更大面积住房的改善性需求，这需要破除商品房市场不合理的限制因素，更好地发挥市场作用。房地产的使用寿命很长，所有人和使用人还有保留、改造和拆除新建等运营维护和品质提升的需求，需要完善相关制度激励供给和满足有效需求。

四、中国住房租赁需求和供给还将继续增长

（一）住房租赁需求不断增加

总的来看，在存量房时代，租赁住房占总体住房比例约三分之一。例如，美国 2001 年大约有 32% 的家庭承租住宅。英国约 30% 的住宅采用租赁的消费方式，其中，约 20% 的居民从当地政府租赁公有住房，10% 的居民租住私人房屋。随着我国住房租赁体系的逐步完善，制度建设已将逐步健全，我国的住房租赁人口占比，将进一步有所提升。随着城镇化水平的提高，我国住房租赁部门在城镇家庭中占比将由 2015 年的 20% 提高到 30%~40%，其中的住房租赁市场占比将由 2015 年的 15% 达到 20%~30%。

现有的租房群体包括不断涌入大中城市的大量流动人口（包括进城务工人员、高校毕业生以及各类流动性人才、城市间流动人口），以及部分城市存量户籍人口也存在租房需求。

我国流动人口依然是住房租赁市场中最主要的需求主体。《中国流动人口发展报告》数据显示，全国流动人口中约有 67.3% 的居民选择租房解决住房问题，8% 的居民选择购房，其他的居民或选择借住，或是利用单位住房解决居住问题。该群体年龄较大，抚养系数较高，未来收入缺乏增长空间，对低价格、小户型、小面积的集体宿舍和成套住房需求较高。

高校毕业生是我国住房租赁市场的另一个重要需求群体，且其规模呈现逐年平稳增长的态势。在由教育部、人力资源和社会保障部发布的信息显示，2020 届高校毕业生规模达 874 万人，2021 年更是达到 909 万，据统计，84.2% 的应届毕业生需要租房。该群体对独立生活空间的需求较强，但当前租赁房源结构和价格难以满足这种需求。中指研究院数据显示，2019 年 7 月出租住房中两居室占44.1%，一居室占 29.9%。链家研究院数据显示，40.5% 的租客处于独居状态，

32.9%为情侣合住。小户型供不应求且价格较高，多数单身者不得不选择合租。其次，该群体对居住环境有一定的要求，而市场中的租赁房源，小户型房源中老旧房的比重较高，在该群体偏爱的就业和高校集中的区域更是如此。

此外，尽管目前租房者以单身为主，家庭所占比重不高，但高房价下年轻人购房难度日益加大，其中相当一部分会面临成家后仍需租房的局面，届时家庭住房租赁问题将进一步凸显。一些城镇居民也会选择租赁住房作为阶段性过渡性需求，或者长期居住需求。与单身或情侣租房相比，家庭租房不仅面积需求增加，而且要兼顾双人或多人通勤，有孩子的家庭还要考虑到入园入学问题，对超市、菜市场等日常生活配套的依赖性增强。同时，家庭对居住稳定性的要求也更高。

（二）住房租赁行业发展前景看好

随着中国房地产供求关系的变化，中国房地产行业将从以房屋建筑业和开发业为主逐渐向侧重房地产经纪、物业管理、租赁经营和资产管理等方向转变，房地产企业也将更加注重存量物业的经营和服务。房地产租赁经营行业还有很好的发展空间。

一是房地产租赁行业在房地产业中的地位将不断上升。在一些国家，专业机构住房出租人与其他类型房地产的出租人共同构成的"房地产出租业"，已经是房地产业中最主要的行业。2007年美国房地产出租业在房地产业总收入中占比最高，为31.97%，超过了新建住宅开发、土地细分、房地产经纪和其他房地产服务（崔裴，2010）。2007年英国房地产出租业在房地产业总收入中占比最高，为41.35%，超过了自有房地产和以收费或合同为基础的房地产活动（崔裴，2010）。①

表 5-4　　　　　　　　　　**2007 年美国房地产业的行业结构**

行　业　名　称	行业代码	收入（千美元）	收入在房地产业中占比
新建住宅开发 （new housing operative builders）	236117	171，694，173	30.39%

---

① 崔裴. 中美房地产业比较研究：内涵、属性与功能［M］. 北京：光明日报出版社，2010.

续表

行 业 名 称	行业代码	收入（千美元）	收入在房地产业中占比
土地细分 （land subdivision）	237210	62，899，183	11.13%
房地产出租 （lessors of real estate）	5311	180，650，546	31.97%
房地产经纪 （offices of real estate agents and brokers）	5312	84，358，267	14.93%
其他房地产服务 （activities related to real estate）	5313	65，428，591	11.58%

数据来源：1. U. S. Census Bureau，（2007）Economic Census，Sector 23（Release Date：8/14/2009），http：//factfinder. census. gov/servlet/IBQTable? _ bm = y&-geo _ id = &-ds _ name = EC0723I1&-_lang = en 2. U. S. Census Bureau，（2007）Economic Census，Sector 53（Release Date：8/6/2010），http：//factfinder. census. gov/servlet/IBQTable? _ bm = y&-geo _ id = D&-ds _ name = EC0753A1&-_lang = en

表 5-5　　　　　　　　　　**2007 年英国房地产业行业结构**

产业分类 编号 （1、2级）	产业名称 （1、2级）	产业分类 编号 （3级）	产业名称(3级)	营业收入 （total turnover） £ million	营业收入 （total turnover） £ million	%
70	房地产活动（real estate activities）				55,121	100.00%
70.1	自有房地产 （real estate activities with own property）	70.11	房地产开发和出售 （development and selling of real estate）	13,086	14,006	25.41%
		70.12	买卖自有房地产 （buying and selling of own real estate）	921		
70.2	房地产出租（letting of own property）				22,791	41.35%

续表

产业分类 编号 (1、2级)	产业名称 (1、2级)	产业分类 编号 (3级)	产业名称(3级)	营业收入 (total turnover) £ million	营业收入 (total turnover) £ million	%
70.3	以收费或合同为基础的房地产活动(real estate activities on a fee or contract)	70.31	房地产经纪(Real estate agencies)	9,098	18,324	33.24%
		70.32	以收费或合同为基础的房地产管理(management of real estate on a fee or contract basis)	9,226		

数据来源：英国国家统计局，http://www.statistics.gov.uk/abi/downloads/section_k.xls

二是住房租赁行业在房地产租赁业中的地位十分重要。我国租赁住房占比还不高，参考国际上其他国家的情况，租赁住房占比将达到30%~40%，还有较大的上升空间。从美国房地产出租业的情况看，住房出租企业在行业收入中占近半壁江山（崔裴，2010）。而住房出租企业主要是公寓出租企业。在美国，公寓（apartment）指整幢楼或整个小区整体出租的住宅，公寓出租人收入占到了住宅出租人收入的92%。因此，在美国的住房租赁市场上，规模化和专业化的公寓出租人提供稳定的住房租赁服务和专业化的管理，有助于住房租赁市场的规范发展。

表5-6 **2002年美国房地产出租人营业收入结构**

产业编号	产业名称	收入(千美元)	比例
5311	房地产出租人 (lessors of real estate)	116,240,519	100%
53111	住宅出租人 (lessors of residential buildings and dwellings)	55,295,976	47.57%

续表

产业编号	产业名称	收入(千美元)	比例
53112	非住宅出租人(不含小型仓储) (lessors of nonresidential building(except miniwarehouse))	51,778,431	44.54%
53113	小型仓储出租人 (lessors of miniwarehouse and self storage units)	3,675,143	3.16%
53119	其他房地产出租人 (lessors of other real estate property)	5,490,969	4.72%

资料来源：U. S. Department of Commerce, Economics and Statistics Administration and U. S. CENSUS BUREAU,2002 Economic Census Real Estate and Rental and Leasing Subject Series. http://www. census. gov/prod/ec02/ec0253slls. pdf

表 5-7　　　　　　　　　　**2002 年美国住宅出租业收入结构**

产业编号	产业名称	收入(千美元)	比例
531110	住宅出租人 (lessors of residential buildings and dwellings)	55,295,976	100%
5311101	公寓出租人 (lessors of apartment buildings)	50,861,975	91.98%
5311109	非公寓住宅出租人 (lessors of dwellings other than apartments)	4,434,001	8.02%

资料来源：U. S. Department of Commerce, Economics and Statistics Administration and U. S. CENSUS BUREAU,2002 Economic Census Real Estate and Rental and Leasing Subject Series. http://www. census. gov/prod/ec02/ec0253slls. pdf.

(三) 住房租赁企业专业化和规模化，行业集中度提升

住房租赁行业的供给方主体主要有私人房东、房地产经纪企业、房地产租赁经营企业、物业管理企业、房地产开发企业。房地产开发企业转型租赁和权益型的房地产投资信托公司对发展专业化、规模化的租赁运营企业起到了重要作用。一些房地产开发企业开始转型做房地产租赁经营行业。在美国，很多上市房地产

开发公司（即纽交所上市的"real estate holding and development company"）进入房地产租赁经营领域，采取自建（或改建）持有经营的模式。还有 REITs 在房地产租赁行业起到了重要作用，一些权益型的房地产投资信托公司（Equity REITs）购买和租赁经营房地产。这一类目前占比尚小，但发展速度很快。这些企业可以从资本市场获得大量长期资金，还拥有税收上的优惠，因而有能力从事住房租赁这种资金沉淀量大、投资回报期长的房地产经营业务。

2019 年在租赁市场季节性遇冷，资金流断裂危机频发的行业大背景下，大多数中小企业长租公寓运营商之间进行联合，收购、并购逐渐成为行业常态。从长租公寓行业自身来看，第一阶段的"群雄并起"已近尾声，长租公寓的运营方的品牌在数量上的快速增长期已近结束，2019 年长租公寓企业数量已经有了一定减少。目前处于第二阶段，即行业集中度的提升"寡头之争"，并且这一阶段还将持续较长时间。规模化之争的背后逻辑在于头部短期盈利难，但非头部企业未来的生存发展空间较小。预计未来 2~3 年长租公寓市场中，头部将占据七成以上份额；第三阶段是产品力直升阶段，从长远来看，长租公寓仅仅在规模上占优并不足以保持明显优势，唯有在"产品力"上有优势才是根本。

（四）"自持物业+资产管理""托管运营+增值服务"将是未来住房租赁企业的两种较好的增值模式

多种租赁经营方式并存，包括了自营、代理和包租等多种模式。除了个体或者机构房东自营外，还有房东委托租赁企业或者经纪企业代理和提供房屋管理，以及房东将房屋包租给租赁企业，租赁企业再和承租人签订合同的包租模式。从这三种模式目前的发展速度和市场占比看，我国包租模式的发展速度有所放缓，但仍是主流，占95%以上；自营模式发展较快，约占5%，且土地出让中自持租赁住房和集体土地建设租赁住房项目大部分已进入开工建设的高峰期；代理模式则刚刚起步，处于萌发阶段，目前管理的房间总量相对较少（柴强等，2020）。

在西方发达国家住房租赁市场上，除了自营模式之外，房地产经纪机构的代理作用也非常重要，不仅私人住房出租人与承租人之间大多通过房地产经纪机构提供信息、沟通撮合而达成交易，大型的机构住房出租人也往往是委托房地产经纪机构进行招租，而将自己的精力主要放在租赁住房的投资决策和资产管理上。

发达国家的房地产经纪业大多采用代理方式提供经纪服务，房地产出租人或承租人可以通过代理合同，将租约签订之后的很多租赁管理事务委托给房地产经纪机构，尽可能避免住房租赁过程中管理的缺失。

有两种类型的住房租赁企业将在激烈的市场竞争中得到快速发展。一类是以地产开发为背景的长租住房企业，采取自持物业加上资产管理的模式。他们有对房地产周期的准确把握能力，在周期中能灵活处置住房资产，并选择适当的时期进行资产的收购和出售，以及拥有大量融资的经验，另外他们充分利用资本市场，并且在资金、人才、品牌上都有一定优势。这种重资产模式则由于土地、房屋这些资产的价格总体过高，导致出租收益率过低，在将来市场和政策的支持下，将成为一种重要模式。

另一类是住房租赁托管平台，采取的是包租托管+增值服务的模式。租赁业务越来越成为一个平台和入口业务，起到带动产业链发展和协同盈利的作用，而非单独作为利润中心存在。这种业务模式的发展需要大的集团平台实现，能处理房东、租客关系的多个风险点，提供住房及其衍生的服务，例如交通、旅游、社会交往等，需要具备多种业务的管理和操作能力。这主要由现有的租赁平台型公司发展而来。由于是轻资产的分散型托管运营模式，因此扩张速度将比自持运营模式更快。轻资产运营主流运营模式是包租托管模式，即中介机构当"二房东"，从个人手中收租房源并加以改造后出租，服务模式单一，服务水平参差不齐，在将来会出现规范化经营，规模化运作。此外，互联网租房平台作为信息中介，也将为市场上众多的分散个体房源和租户连接起来，成为一种重要的互联网+模式。

第三节　中国住房制度和租赁体系变迁的方向

一、中国住房制度变迁的方向

（一）借鉴福利国家住房制度的经验，走向共同富裕导向的住房制度

根据"福利体制理论"对上述典型福利国家的住房保障政策进行对比分析。从政府、市场、社会在住房保障政策中角色来看，在美国自由主义模式下，市场

机制在获取住房的社会权利中得到强化，政府只保留基础的、普救主义的住房保障，政府的保障性体现在开发规划和消费分配两个阶段。在社会民主主义模式下，瑞典政府在社会权利扩张中起主导作用，对全体国民施行普遍、公平的住房保障政策，在保障房开发规划、建设建造、消费分配三个阶段依然是政府起主导作用，社会作用次之，市场作用最弱。在保守主义模式中，德国崇尚的是合作主义，政府与社会共同起主导作用。在开发规划阶段政府起主导，建设建造上市场发挥作用，消费分配上政府干涉管制。

从住房产权类型来看，自由福利国家则把自有住房作为市场的主要部分，国家干预仅限于低收入等特殊阶层；社会民主福利国家把出租住房和合作住房作为满足社会各阶层住房需求的长期策略；保守主义福利国家对社会出租住房和私有出租住房同等对待，两者都能随时根据需求成为住房供应的主要部分。

从去商品化的角度来看，依据保障性住房覆盖率、获得条件和保障支出水平等指标来衡量三个典型国家的住房保障去商品化程度可以得出，社会民主主义福利模式代表国家——瑞典，其住房保障的去商品化程度是最高的，保守主义福利模式代表国家——德国次之，而自由主义福利模式的代表国家——美国在三个国家中的去商品化程度最低。

中国目前采取的模式不是其中的任何一种，与德国模式比较像，但是二者之间的差异也比较大，例如中国租赁住房比重没有德国高，社会住房占比也没有德国高。

表 5-8　　　福利体制理论下欧美典型国家住房保障政策对比一览表

国家名称	美国	德国	瑞典
福利体制类型	自由主义	保守主义	社会民主主义
住房政策中市场作用	强	中	弱
住房政策中政府作用	弱	中	强
政府保障性体现阶段	开发规划、消费分配	开发规划、消费分配（干涉）	开发规划、建设建造、消费分配
住房产权类型	公租房和租房补贴	社会和私有出租住房	出租和合作住房

国家名称	美国	德国	瑞典
去商品化程度	低	中	高
租购关系	租赁和购买补贴为主	以租赁市场为主，对租赁进行补贴和管制	住房补贴和低租金为主

资料来源：根据前面分析自绘。

党的二十大报告提出，中国式现代化是全体人民共同富裕的现代化。并且，在"增进民生福祉，提高人民生活品质"的部分中指出，坚持房子是用来住的、不是用来炒的定位，加快建立多主体供给、多渠道保障、租购并举的住房制度。结合中国式现代化的中心任务，我国应在住房领域实现高质量发展和共同富裕，并以住房和空间锚定的社会资源（例如教育、医疗、公共交通等）的合理分配为重要抓手去促进收入和财富的共同富裕。共有产权住房作为我国住房保障体系的重要组成部分，不仅在推进我国住房供给侧结构性改革和完善房地产长效机制中有着重要作用，并将在实现全体人民共同富裕的现代化中发挥重要的作用。

一是将配租型保障房和配售型保障房作为社会资源再分配的重要工具，实现住房和空间锚定的社会资源的合理分配，促进共同富裕。初次分配坚持按劳分配为主体、多种分配方式并存，居民按照自己的收入和财富到市场购买和租赁住房，并获得相应的社会资源。对于市场支付能力不足的群体，再分配需要通过配租型保障房和配售型保障房等住房保障，使中低收入家庭获得的住房和空间锚定的社会资源的数量和质量符合社会认可的文明标准，达到空间均好性、可得性和可支付性。这要求配租型保障房和配售型保障房规划选址着力维护和促进社会公平正义，均等地共享社会资源，做到空间分布均衡，区位便利；设计和建设以实现人民对美好生活的向往作为出发点和落脚点，做到面积合理、质量好，功能齐全、配套好；在新房定价方面以收入法为主，让保障群体买得起，同时参考市场法和成本法，调动地方政府和开发商的积极性。然而，很多国家和地区出现过支持中低收入群体的保障房却被强势的其他利益群体获得，反而增加了社会不公平问题。这需要加强配租型保障房和配售型保障房的分配制度设计，加强约束机制，减少住房资源的空置和浪费。

二是将配租型保障房和配售型保障房作为收入和财富的合理再分配，促进共同富裕。居民在租购配租型保障房和配售型保障房的时候，享受了政府土地和税费减免等补贴，增加了收入，减少了和中高收入家庭的收入差距；居民在配售型保障房再上市交易的时候，会享受到经济增长带来的房价增值收益，实现了财富增长，缩小了和中高收入家庭的财富差距。这要求配售型保障房新房定价方面以收入法为主，让保障群体买得起；后期管理需合理设定禁止期，抑制投资投机需求，分配给真正需要的群体；合理设定再上市交易价格，在禁止期内定价和禁止期外定价应有所不同，前者可参照资金成本和折旧，后者由市场决定，根据市场供求关系确定价格和税费，保持购房人获得合理的增值收益，以及政府可以回收部分成本回馈给社会。

与此同时，还要大力发展住房租赁市场，实现居住正义。中国民间从古至今有很强的住房投资文化和置业传统，例如"有恒产者有恒心"和"有土斯有财"，并且将住宅作为重要的投资渠道和保值增值的财富传之后代。地方政府卖地进行房地产开发销售能增加财政收入，开发商买地进行房地产开发销售，能快速资金回流和获得丰厚投资回报。租赁群体主要是中低收入群体，并且租赁住房就是生活必需。发展住房租赁利润较薄弱，回收周期较长，政府应将租赁住房作为社会福利的公共投资，满足经济和社会弱势群体的居住权，承担推动租赁住房市场发展和完善的责任。

（二）加快双循环，走向平衡消费和投资的住房制度

习近平总书记在中央全面深化改革委员会第十五次会议上强调，加快形成以国内大循环为主体、国内国际双循环相互促进的新发展格局。这是根据我国发展阶段、环境、条件变化做出的战略决策，是事关全局的系统性深层次变革。这是适应我国比较优势和社会主要矛盾变化、适应国际环境复杂深刻变化的迫切要求，说明我国经济社会发展新阶段需要以国内经济循环为主，以更好地满足国内消费和发展作为落脚点之一。2020 年 11 月《中共中央关于制定国民经济和社会发展第十四个五年规划和二〇三五年远景目标的建议》提出，全面促进消费。增强消费对经济发展的基础性作用，顺应消费升级趋势，提升传统消费，培育新型消费，适当增加公共消费，促进住房消费健康发展。据光华思想力课题组预测，

2035 年居民消费占 GDP 比重要达到 60%，相较于现在增加约 20%。在未来 15 年的时间里，如果解决了城市人口工作地和居住地相一致的问题，就能更好地释放消费潜力。

住房消费本身也是消费的重要组成部分，促进住房消费健康发展是促进国内消费的一个重大举措，也是国内国际双循环的有效支撑。在中共中央关于"十四五"规划和 2035 远景目标的建议中，已经提到"促进住房消费健康发展"。住房消费的内涵很丰富，包括对住房条件改善、家具装修换代、居住品质提升、物业管理提高、老旧小区综合整治包括安装电梯和适老化改造、社区周边配套资源增加等消费。满足这些消费，既能满足人民对美好生活不断增长的需要，提升人民的获得感和幸福感，增强社会凝聚力，也直接带动了一大批产业发展，从而有利于国内国际双循环新格局的形成[1]。

大力发展和培育租赁住房，促进住房消费健康发展，有利于促进其他消费。首先，"安居才能乐业"。住房不稳不安心，就难以安心工作，也不敢放心大胆地消费。房价一直上扬，会挤出消费；内需不振，内循环就难以顺畅；畅通国内大循环，促进消费实施扩大内需战略，必然要促进房地产市场健康平稳发展，大力发展和培育租赁住房，通过住房消费带动其他消费。既要释放住房市场的合理需求，延伸住房消费领域，又要发挥消费对经济增长的拉动作用。培育租赁住房这样一个新型的住房消费，有利于降低以往高昂的购房和贷款利息支出，打通消费堵点，释放其他消费需求。[2]

（三）促进房地产业转型升级，走向高质量发展的住房制度

房地产行业经过几十年的发展，在上一轮城镇化所演绎的辉煌正在悄然改变，已经走过了"高规模、高增长、高负债"的发展阶段。随着房地产行业由"黄金十年"转入"白银时代"，房地产行业传统的靠单一土地增值形成价值链的开发、投资、运营模式正面临着巨大的改变，房地产开发企业迫切需要转型升

---

① 陈杰.解决好大城市住房问题 推动双循环高质量发展［EB/OL］.（2020-12-21）［2024-09-04］. https：//baijiahao. baidu. com/s？id＝1686696949462408361&wfr＝spider&for＝pc.

② 人民网.专家热议：增加租赁住房有效供给［EB/OL］.（2020-12-22）［2024-09-04］. http：//www. xinhuanet. com/house/2020/12/22/c_1126890044. htm.

级和多元化发展。

进入新时代，房地产开发企业要从粗放型外延式发展转向集约型内涵式发展，从大规模、高速度的增量建设转向存量运营与结构性需求增量建设，同时，处于调整期的房地产开发企业正在不断地探索新的发展方向，企业调整品牌战略，回归到地产价值本身，众多企业积极创新转型寻求"新赛道"①。当前，整个行业的成长重心正在从需求侧转为供给侧，高质量发展成为企业的共识。随着房地产行业走向稳健发展"新周期"，在消费升级和高质量发展的背景下，房地产企业只有通过提高产品品质、提供满足美好生活需要的多样化服务，用责任重树信心才能穿越周期，获得市场和消费者认可。②

大力发展、培育和规范住房租赁市场成为新时期房地产调控政策的主要着力点，是房地产业转型升级和高质量发展的题中之义，是满足人民群众对于美好生活的向往和追求，是促进房地产市场长效机制的建立的重要举措。经过多年的发展，住房租赁市场已经与新商品房市场、二手房市场形成了住房供应体系中三足鼎立的局面，在解决民生问题、增强城市活力、优化资源配置、增加居民财产性收入方面发挥了重要的作用。以北京市为例，住房租赁市场解决了北京市三分之一人口的住房问题，其中外省户籍家庭中有80%是租赁居住。住房租赁对形成住房梯级消费、分流住房买卖市场的需求压力作用突出，对缓解北京市人多地少矛盾，促进土地资源的集约利用和房地产市场的持续健康发展有重要意义。住房租赁市场满足了低中高端各层次的住房需求，是餐饮、物业服务等行业和文化创意、信息等产业就业人群解决住房的主要方式，也是长期居住在北京的外国管理人员和技术人员的主要居住方式，为北京市增强活力、吸引人才、优化产业结构提供了居住保障。住房租赁市场的发展还增加了居民财产性收入，拓展了投资渠道。

在"双循环"和供给侧结构性改革的大环境下，住房租赁市场正逐步以城市

---

① 凤凰网地产."双循环"新发展格局下 房企应回归地产价值本身［EB/OL］.（2020-09-28）［2024-09-04］. https：//baijiahao. baidu. com/s？id＝1679044972768576065&wfr＝spider&for＝pc.

② 新华网.推动行业高质量发展，房企探索转型升级路径［EB/OL］.（2018-12-29）［2024-09-04］. https：//baijiahao. baidu. com/s？id＝1621170178167098942&wfr＝spider&for＝pc.

居住生活为核心，从租赁住房的建设、装修、管理、信息、维修、保洁、搬家等一系列环节带动了居住服务业上下游行业的发展。

在新一轮的基层社会治理升级优化和建设美好环境与幸福生活的人居环境进程中，国家会将更多资源和权力下放至社区层面，这就要求住房租赁企业抓住这一契机，根据自身优势与社区居委会和基层政府密切合作，提升社会安全和公共服务，打造幸福生活的租赁社区。

住房市场防范重大金融风险依然是当前的重要任务。不仅要防范购房市场的房价急剧波动及其带来的金融风险，还要关注租赁市场构成新的风险点。尤其从2017年以来，部分长租公寓连续"爆雷"，成为新的社会不稳定隐患。

（四）促进新型城镇化，走向城乡融合发展的住房制度

党的十八大以来，党中央在继续深入实施西部开发、东北振兴、中部崛起和东部率先发展战略的基础上，提出并重点实施"一带一路"建设、京津冀协同发展、长江经济带发展三大战略，推动区域协调向更大范围和更高层次挺进。

新型城镇化是以城乡统筹、城乡一体、产业互动、节约集约、生态宜居、和谐发展为基本特征的城镇化，是大中小城市、小城镇、新型农村社区协调发展、互促共进的城镇化。2019年中国城镇人口为8.48亿人，同比增长2.05%，城镇人口的增长速度虽然放缓，但依旧维持在2%以上的年增长率。我国常住人口城镇化率从2011年的51.3%提升至2019年的60.60%，提前完成《国家人口发展规划（2016—2030）》中2020年城镇化率达到60%的发展目标，并且随着主要城市聚集人口能力的增强，到2030年我国城镇化率将达到70%左右，2050年将达到80%左右，城镇化仍然具有较大的发展空间和潜力。[1] 随着我国城镇化的不断推进，农村人口涌向城市，并向都市圈、城市群、城市带和中心城市集聚。

《国家发展改革委关于培育发展现代化都市圈的指导意见》（发改规划〔2019〕328号）明确提出，培育发展一批现代化都市圈，形成区域竞争新优势，为城市群高质量发展、经济转型升级提供重要支撑。清华大学中国新型城镇化研

---

[1]　潘家华，单菁菁. 城市蓝皮书：中国城市发展报告 No. 12 ［M］. 北京：社会科学文献出版社，2019.

究院《中国都市圈发展报告 2018》的研究认为，在我国城镇化实践过程当中，逐步建立了"四大板块"+"四大战略区域"的区域协调发展格局，从以城市群为主体和高等级中心城市发挥核心作用，到大中小城市和小城镇协调发展，再到乡村振兴的城镇化格局。这样形成"城市群——都市圈——中心城市——大中小城市协同发展——特色小镇——乡村振兴"统筹发展的总体战略格局和全尺度空间组合链条。该报告建议城区人口 500 万人以上、1 小时左右通勤圈内人口密度超过 1500 人/平方公里作为都市圈划定的基本门槛。目前我国人口超过 500 万人的超大城市、特大城市 10 个左右。预计到 2035 年，我国将拥有约 25 个超大城市和特大城市，基本覆盖了我国的直辖市、计划单列市和东部、中部、东北地区的主要省会城市。为了国土空间均衡发展，该报告还建议在中西部地区发展基于国家战略需求培育的都市圈，其中心城市 2035 年城区人口规模原则上应达到 300 万以上。按照上述标准，除去港澳台地区，全国共识别出 34 个中心城市都市圈（如图 5-2）。

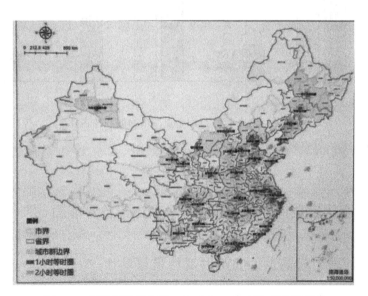

图 5-2　全国主要都市圈 1 小时和 2 小时等时圈范围图

　　城市化率的增长会带来城镇人口的增加，同时带来租赁住房需求增加。在城市群和都市圈核心城市，住房市场租赁比例高这一特征更为显著。如日本东京租赁住宅占到 60% 左右，与全国情况刚好相反。因此，我国的住房租赁市场将集中在上述 34 个中心城市都市圈的核心城市，尤其是长三角、粤港澳大湾区、京津冀、长江中游城市群和成渝城市群的核心城市。

这里以首都都市圈为例。当前首都都市圈内职住空间关系以北京单方向劳动力虹吸为主。从结合工作地定位的租客职住结构来看，租住于廊坊的租客跨城到周边城市工作的比例达 28.73%，其中 21.45% 为跨城到北京工作。同为中心城市的天津，租赁人群中有 9.89% 为跨城工作，其中 3.68% 为通勤至北京工作。随着与北京之间距离的缩短，跨城职住及跨北京职住占比均呈现下降趋势。保定、张家口、唐山租赁人群中跨城职住占比分别为 21.65%、13.67%、8.11%，其中，在北京工作的租客占比分别为 13.95%、6.64%、1.22%（见图 5-3）。

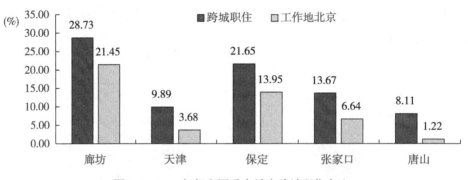

图 5-3　2021 年都市圈重点城市跨城职住占比

资料来源：贝壳研究院。

二、加强国家层面的顶层制度设计和国家治理能力

（一）加强国家层面的住房制度的顶层设计

1. 加强住房体系的顶层制度设计

1998 年 7 月 3 日国务院发布了《关于进一步深化城镇住房制度改革加快住房建设的通知》（国发〔1998〕23 号），随后，国务院统一部署停止住房实物分配，住房分配货币化，建立经济适用房为主体、廉租房和商品房为辅的住房供应

体系，同时住房补贴制度开始启动。这是我国建立与社会主义市场经济相适应的住房制度的重要顶层设计。

在具体实施过程中，我国住房制度促进了住房供应的增加，满足了大多数家庭的住房需求，但是也出现了廉租房覆盖范围过小、经济适用房从政策性商品房转为保障房并最终消失、支持购买的住房价格阶梯缺失等问题，为此，建设部课题组（2007）提出适应不同家庭需求的住房供应体系框架，截至2023年，该框架中的经济适用房和限价普通商品住房在符合规定的上市条件后将转化为普通商品房，共有产权住房将被配售型保障房替代，廉租住房消失和被配租型保障房替代。对比欧盟（EU，2018）提出的住房谱系来看，我国建立了面向应急救灾的临时安置房屋、面向流浪群体的救助管理站，主要面向户籍住房困难群体的公共租赁住房，主要面向新市民、青年人的保障性租赁住房，以及支持购买力不足的配售型保障房，和面向中高收入群体可租可售的商品房，此外还有房改过程中出现的房改公房、经济适用房、限价商品房和共有产权住房。

从住房制度的实践来看，我国与西方社会的自由主义或社团主义政权下的二元或一体化住房制度不同，中国的住房政策不仅是促进国家和地区经济增长的手段，也是延缓资本过度积累危机和维护社会稳定的一种替代方法（Chen et al.，2021；He & Wu，2009）。更重要的是，政府运用各种政策工具，不断创新住房制度和政策，不断改进其体制机制，以保持社会经济发展的动态平衡（Li et al.，2023）。中国政府层面的住房政策的目标说法通常是保民生和促发展，例如《经济参考报》的新闻报道标题是"加大保障性住房建设和供给 利民生助发展促转型"。另外，也体现了中国住房体系也在不断地修正，例如廉租房、共有产权住房的出现和消失。

从住房制度发展的大方向来看，应从生产型住房制度走向发展型住房制度，从促进经济增长为目标转向促进经济社会协调发展。目前顶层设计需要厘清租购关系，租赁内部的公共租赁住房、保障性租赁住房和市场租赁住房的关系，以及自有内部的配售型保障房和商品住房的关系，并且保持相对稳定。

一是应加强租购并举。我国住房顶层制度设计中应确定适当的租赁比例。参照国际经验，我国城镇家庭自有住房占比为60%～70%，租赁住房占比为30%～40%，配租型保障房占比为10%～20%，配售型保障房占比10%左右。

二是厘清公租房、保障性租赁住房和市场租赁住房的关系。从目前的政策实践

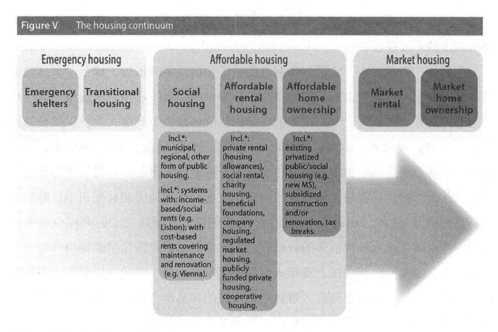

Incl. ＊：Including but not limited to.

Source：Urban Agenda for the EU，*The Housing Partnership Action Plan*，December 2018. Available at http：//ec. europa. eu/futurium/en/system/files/ged/final_action_plan_euua_housing_partnership_december_2018 1. pdf.

图 5-4　欧盟的住房谱系

来看，公共租赁住房和保障性租赁住房的保障对象有所侧重，也有所重叠。按照政策规定，公共租赁住房主要面向城镇户籍中低收入住房困难家庭，保障性租赁住房主要面向新市民和青年人，但实际上原来的公租房政策也允许新市民和青年人申请，但是有明确的收入和住房条件限制。保障性租赁住房则放松了收入和住房条件限制，允许更多的群体进入。这样保障性租赁住房实际上包含了公共租赁住房。

表 5-9　　公共租赁住房、保障性租赁住房和市场化租赁住房的对比

	公共租赁住房	保障性租赁住房	市场租赁住房
政府角色	政府主导	政府给支持政策，多主体投资、多渠道供给	规范引导

续表

	公共租赁住房	保障性租赁住房	市场租赁住房
主要供应对象	城镇居民、收入困难家庭、设收入门槛	符合条件的新市民、青年人等群体、收入门槛相对弹性	没有限制
政策支持方式	实物保障、货币补贴	实物保障（以盘活存量资源为主）	少量集中式租赁住房享受政策支持
覆盖城市	全部城市	人口净流入的大城市等	全部城市
退出机制	实物公租房一直保持保障属性；对租户有最长租住年限要求	租户退出条件由城市人民政府确定	部分项目需要由企业自持一定年限以上；对租户无要求

资料来源：根据有关政策文件整理。

　　建议根据持有主体来分，例如政府和公共机构持有为公共租赁住房，非政府组织、限制利润企业持有为其他配租型保障房。前者设定收入、财产和住房门槛，保障对象限定为低收入住房困难家庭，按照准市场租金定价，同时提供补贴；后者的收入、财产和住房门槛相对放宽，租金定价为成本微利。与市场租赁住房相比，保障性租赁住房有公共利益目标，准入群体和租金受到了政府的管制，享受政府的土地、财税、金融政策支持。例如澳大利亚联邦住房、规划和地方政府部认为"保障性住房是指针对中等收入以下的家庭，为其提供合适的住房；规定其价格以便使中低收入者承担得起他们的其他生活必需成本"。该定义包括：住宅在大小、质量、便利性和地理位置对目标群体是合适的；它能够融入一个多样性的地方社区；它不会带来与维护、使用与交通相关的不必要成本；它在合理的期限内能够提供合法的占用权和价格保证。目标群体为中低收入水平的家庭，是家庭总收入低于家庭收入中位数的120%的那些家庭。住房可支付性的参考指标是抵押贷款或住房租金不超过家庭总收入（包括联邦政府对公民的房租补贴）的30%。韩国的公共住房则覆盖了低收入家庭和中等收入家庭，主要提供给中产阶级的周转住房覆盖人均收入的180%以下的家庭，并且周转住房面积标准要高一些，有些超过了85平方米。

　　建设部课题组于2007年提出了适应不同家庭需求的住房供应体系框架，其构想是将住房供应体系分为商品房和保障性住房两大体系可以其中商品房包括普通商品房和高档商品房，根据市场价格可租可售，面向中高、高收入家庭，此外还包括了政策性商品房，主要是房改过程中产生的经济适用房、限价商品房和拆迁棚改定向安置住房，在符合规定的条件后可以转化为商品房；保障性住房分为配售型保障房和配租型保障房，主要面向中低收入家庭、新市民、青年人等，并且配租型保障房按照产权关系分为公租房和其他保障性租赁住房，前者为政府或下属企事业持有。完善我国住房制度体系可以采取住房梯度消费的方式，实现住房消费和家庭生命周期、经济能力相适应。一是低端有保障。对于通过自身努力无法解决住房问题的城镇低收入住房困难家庭（双困），主要提供公共租赁住房方式解决，同时根据承租家庭收入水平给予不同程度的租金补贴，确保租金可承受，并做到"应保尽保"；同时允许困难家庭选择市场承租房屋后发放租金补贴解决住房问题。二是中端有支持。其他中低收入住房困难家庭可以按照成本微利的租金租赁配租型保障房，例如拆迁安置家庭的租赁住房和单位职工的周转住房，或者通过配售型保障性住房或购房补贴等解决购买力不足问题。三是高端有市场。放开普通商品房和高档商品房需求，加大财税政策等经济手段调节力度。

表 5-10　　　　　　　　　适应不同家庭需求住房供应体系框架构想

供应类型		供应对象	政策导向	租赁市场
商品住房	高档商品住房	高收入者	用土地供应、税收、信贷等政策调节消费	市场租售并举
	高档别墅	少数高收入者	用土地供应、税收、信贷等政策调节消费	
	普通商品住房	中等偏上、中等、中等偏下收入家庭	对中小套型和大套型住房实行不同的土地供应、财税、信贷政策，中小套型住房占一定比例	
	政策性普通商品住房	主要满足当地中等收入以下的住房困难家庭、拆迁户的自住需求	由房改公房、经济适用房、限价商品房、定向安置房等转化	只售不租，可上市

续表

供应类型		供应对象	政策导向	租赁市场
保障型住房	配售型保障房	有一定支付能力、住房困难的中低收入家庭	严格建设标准，以中小套型为主；明晰产权关系；土地、税费、金融政策支持	只售不租，内部流转
	配租型保障房	住房困难的中低收入家庭、新市民、青年人	按照成本微利定价；面积根据当地实际适度确定	符合条件的配租型保障房按照政策或合同约定可转化为商品房、配售型保障房；公共租赁住房只租不售
	公共租赁住房	主要是住房困难的低收入家庭	政府或下属企业投资建设，准市场租金，按照家庭住房支付能力递减补贴；补贴标准（面积）根据当地实际适度确定	

资料来源：根据建设部课题组（2007）提出适应不同家庭需求的住房供应体系框架修改。

2. 加强租购联动的机制设计

目前发展租赁住房的主要政策着力点是扩大租赁住房的供给量。但对于居民家庭离开租房市场进入购房市场时该如何衔接，还缺乏相应的制度安排。只有打通租房市场和商品房市场、住房保障和商品房市场之间的最后连接点，才能使居民家庭平稳实现住房需求的过渡转换（邹琳华，2023）。

应加强租购联动。住房租赁市场和购买市场是两个相对分离同时又密切互动的市场。在市场供求关系平衡的时候，可考虑将公租房、保障性租赁住房转换为配售型保障性住房；在严重供大于求的时候，配售型保障性住房还可以转换为销售型商品住房；在租赁住房相对不足的时候，机构投资者可以收购、长期租赁商品住房、工厂、商场写字楼改造为商品租赁住房，在享受政策优惠支持后需在限定时间内作为保障性租赁住房出租；政策支持个人购买的商品住房作为保障性租赁住房出租；政府可以通过购房补贴或者共有产权住房的方式支持个人购买商品房，或者团购商品房按照折扣价格销售给保障对象作为配售型保障房。

中共中央政治局 2024 年 4 月 30 日召开会议，会议强调，要持续防范化解重点领域风险。继续坚持因城施策，压实地方政府、房地产企业、金融机构各方责任，切实做好保交房工作，保障购房人合法权益。要结合房地产市场供求关系的新变化、人民群众对优质住房的新期待，统筹研究消化存量房产和优化增量住房的政策措施，抓紧构建房地产发展新模式，促进房地产高质量发展。建议探索先租后买，并且设计相应的住房公积金和共有产权政策支持，有利于化解当前房企债务风险，促进风险房产的处置。一方面商品住房市场上有较大量的库存房源难以去化，另一方面，保障性租赁住房房源的筹集困难，进展缓慢。支持对先租后买的政策探索，此外，在城市更新中发展租赁住房，同时通过以旧换新引导改善性需求外移。

3. 倡导住房消费健康发展理念，保护出租双方的合法权益

一是基于生命周期，家庭应树立"先租后买，先小后大"的合理住房消费理念，采取梯度消费的方式，实现住房消费和家庭生命周期、经济能力相适应。在老年阶段，还可以采取"卖大换小，先卖后租"的方式。在一些欧美发达国家，自有住房的比例是 60% 左右，其余人通过租赁解决住房问题。而在我国，自有住房的比例远高于租赁住房，租赁住房比例偏低，不利于劳动力的自由流动和满足租房群体的消费需求。中国家庭喜欢住房消费一步到位，如果手头略有余钱，哪怕家庭收入并不宽裕，也要先买房，早买房；还有人认为，房产是家里最大的资产，它是社会地位的象征；有些年轻人心目中还有"无房不婚""一步到位""低龄购房""啃老购房"等思想。正是由于这些观念的存在，各种住房需求叠加起来了，正常自住需求中叠加了投资需求，现时需求中叠加了未来需求。但这些投资性、保值避险性、超前性等需求的增加给市场供给造成了很大压力，也使正常的住房需求空间受到挤压。各种需求的集中释放，导致供求关系长期处于不平衡之中，房价上涨就难以避免。也就是说，不合理的住房消费理念导致购房需求提前释放，这也是推动房价上涨的原因之一。不健康的住房消费观念不仅造成我国的租赁住房的有效需求不足，也造成了早买房和买大房等超前性消费带来的住房的空置闲置，不利于住房资源的合理利用。除了寄希望于房地产市场发展出现房价平稳甚至大幅下降之外，还希望需要政策鼓励租房，规范租赁市场秩序，提供高品质的租房服务，营造租房生活的良好舆论环境。

　　二是保护出租双方的合法权益。这需要提升租房群体的维权意识。目前一些租房群体出现了贪便宜租赁不合格的住房，以及租赁住房过程中权益受到了黑房东、黑中介的损害。如果采取忍气吞声的做法，就会助长非法行为的进一步蔓延，并形成租房受骗和转向买房的认识。应该在官方网站和一些宣传活动中，提醒消费者选择合法的机构、合格的房屋，如果出现纠纷问题要及时维权。另外还需要保护出租住房房东的合法权益，采取住房租赁立法、合同指导、宣传教育、加强监管等方式及时解决和化解纠纷等问题。

　　从需求端考虑住房租赁群体的可支付能力和市场歧视等问题，在市场供求平衡的情况下，政府可通过发放租房补贴鼓励保障对象到市场租房，还需要制定法律禁止住房市场歧视。在无法完全禁止住房市场歧视的情况下，还需要政府或公共机构须持有一定比例的配租型保障房，支持租不起和市场租不到住房的群体，例如老年人、有妇女儿童的单亲家庭、残疾人等。对非政府持有的保障性租赁住房也应有一些准入限制，例如产业园区配套的保障性租赁住房通常要求产业园区就业的职工才能申请，企事业单位自建的保障性租赁住房通常要求本单位就业的职工才能申请。对于这些限制需要充分论证其公平性和合理性。

　　从供给端设定合理的住房标准。从供给端需要考虑市场供求关系和市场结构等问题，目前很多城市出现了低品质城中村住房、非正规住房占比较高，这些住房租金低但居住品质较差存在安全隐患等问题。

　　因此，从住房租赁体系的长期发展战略来看应制定住房法，明确租赁住房的质量标准，禁止住房歧视。例如美国《公平住房法》是一项于1968年通过的联邦法律，旨在保护人们在购买或租赁住房时的权利，禁止因种族、肤色、宗教、国籍、性别、家庭状况和残疾等因素而遭受歧视。这项法律适用于销售、出租、融资或其他任何形式的住房交易。

　　三是加强租购同权。《国家新型城镇化规划（2014—2020）》提出，有序推进农业转移人口市民化，推进农业转移人口享有城镇基本公共服务。为了让大量租房居住的流动人口在城市留下来，党的十九大报告提出构建"多主体供给、多渠道保障、租购并举"的住房制度，积极培育和发展住房租赁市场。其中一项重要目标，就是要给予租赁群体市民化待遇，与买房一道平等地让这部分群体享受城市公共服务。《国务院办公厅关于加快培育和发展住房租赁市场的若干意见》

（国办发［2016］39 号）提出，"非本地户籍承租人可按照《居住证暂行条例》等有关规定申领居住证，享受义务教育、医疗等国家规定的基本公共服务"。2017 年 7 月，住建部、发改委、公安部等 9 部委发布的文件《关于在人口净流入的大中城市加快发展住房租赁市场的通知》再次提出，"承租人可按照国家有关规定凭登记备案的住房租赁合同等有关证明材料申领居住证，享受相关公共服务"。广州市《广州市加快发展住房租赁市场工作方案的通知》率先提出"租购同权"概念，目的就是实现上述要求。

租赁的权利指的是公平交易权作为一项服务的权利，以及作为公民的基本权利。"租购同权"中"权"是指居民享受基本公共服务的各项权利。一般包含子女受教育权、公共就业服务、公共卫生等多项权益。这里的租赁既包括公共租赁，也包括私人市场租赁。我国《宪法》规定的社会经济权利，包括劳动权利，劳动者休息权利，退休人员生活保障权利，因年老、疾病、残疾或丧失劳动能力时从国家和社会获得社会保障与物质帮助的权利；社会文化权利和自由，包括受教育权利，进行科研、文艺创作和其他文化活动的自由。国家《居住证暂行条例》里对居住证持证人在城市享有的权利、基本公共服务和便利作出了明确规定。居住证持有人在居住地依法享受劳动就业，参加社会保险，缴存、提取和使用住房公积金的权利。县级以上人民政府及其有关部门应当为居住证持有人提供下列基本公共服务：义务教育；基本公共就业服务；基本公共卫生服务和计划生育服务；公共文化体育服务；法律援助和其他法律服务；国家规定的其他基本公共服务。

随着户籍制度的不断改革，就业、医疗、文化体育等方面的服务差异性已不大，核心差异就是子女义务教育权利。户籍对于基本公共卫生服务和计划生育服务的影响已经很小，对于国家规定的五险一金，只有生育险存在户籍的差异，如北京市有一些免费的体检、打流感疫苗等福利只对北京户籍家庭开放。同时各城市针对本地户籍人群会提供补贴，如北京市 2019 年发布的《北京市老年人养老服务补贴津贴管理实施办法》，为具有本市户口且符合相应条件的老年人提供老年人养老服务补贴津贴。但我国《宪法》规定，公民不分民族、性别、出身、职业、宗教信仰、教育程度、财产状况和职位高低，都一律平等地享有宪法和法律规定的权利，包括受教育权。任何国家机关不得以任何理由歧视任何公民，公民有权要求得到平等的对待和平等的服务。目前子女受教育权并没有排除租赁家庭，所有家庭子女都公平地享有接受义务教育的机会。但实际上，由于教育资源的稀缺性，一些城市在分配教育资源时往往向本地户籍家庭、有房家庭倾斜，造成许多的不平等。有些城市承租人必须持有人才绿卡或子女拥有本市户籍或符合积分入学条件其中一项才能租售同"教育权"。

基本公共服务均等化是指全体公民都能公平及时地获得大致均等的基本公共服务，其核心是促进机会均等，重点是保障人民群众得到基本公共服务的机会。自从党的十六届六中全会提出"逐步实现基本公共服务的均等化"以来，如何实现基本公共服务的均等化，便成为社会各界广为关注的话题。按照《"十四五"公共服务规划》，到2025年基本公共服务均等化水平明显提高，到2035年基本公共服务实现均等化的部署要求。这要求按照居住区规划设计配套学校等基本公共服务，并且将教育权利和房屋产权分开，例如在本居住区合法租赁、合法购买的住房人群的子女均可以上学。

理性认识住房需求多样化，促进住房需求不断提升。短期内我国租赁住房的主要客群仍将以单身青年群体为主，预计小户型单间还会是未来市场主流。从中长期来看，随着更多市场参与主体的新一代产品入市，真正实现租售同权，有望吸引部分年轻夫妇和家庭型客群，这样，家庭型客群的比例才有可能大幅提升，进而带动对中高端租赁住房的需求。对比成熟的美国长租公寓市场，由于其客群年龄段覆盖较广，从单身白领、年轻夫妇到有孩家庭和老年夫妇均有入住长租公寓，其主流户型以一室一厅和两室一厅为主。未来租赁住房产品力将体现在更好的户型设计、更高的装修品质及更优的软性服务上来满足多层次的住房需求。

4. 完善多主体、多渠道和多层次的租赁住房供给

从中国的政策来看，未来将出现保障性租赁房和商品性租赁房并存的二元格局。保障性租赁房包括覆盖户籍中低收入住房困难的家庭的公租房，以及覆盖部分非户籍中低收入住房困难的新市民家庭和青年的单位周转房、蓝领公寓和人才公寓等，其他群体则进入商品性租赁房。并且随着住房供求走向平衡和供大于求，一些城市地方政府会通过发放租房补贴、租房券等方式让被保障对象进入到商品性租房市场。这样就形成了多主体、多渠道和多层次的租赁住房体系。

从多主体来看，由政府供应的公租房、企事业单位提供的周转房、产业园区

提供的租赁房、开发企业和租赁企业提供的租赁房、个体房东提供的租赁房、金融机构投资运营的租赁房。从多渠道来看，有政府保障的渠道，单位保障的渠道，非营利组织保障的渠道，个人和家庭的自助保障渠道，以及依托住房公积金的互助保障渠道。从多层次来看，会出现从一张床、一间房到一套房的多层次空间，从低到高的价位档次来适应不同的群体。

（二）加强国家治理能力

国家治理能力体现为国家在应对治理任务时所掌握的综合资源要素、在具体任务的实际治理效能以及在心理特征上所呈现出的自由度和主动性，并将国家治理能力的内涵概括为国家秩序能力、国家赋权能力和国家创新能力三部分（高奇琦，2023）。

一是加强国家秩序能力。国家秩序能力主要涉及政治秩序的初始构建，需要通过建立基本的暴力机制和财政系统来实现对社会资源的获取，从而维持政治机器的基本运作。从国家层面需要认识到发展住房租赁是促进经济发展和社会稳定的重要环节，能有效地缓解政治稳定压力。进而形成发展住房租赁体系的社会共识，国家为发展住房租赁提供必需的土地、资金、财税资源。

二是加强国家赋权能力。赋权能力的理想状态是，为社会大众提供更多的公共物品以及更为合理的社会分配机制，同时可以通过对社会大众个体权利的保障，使得社会大众更加积极地参与政治过程。这需要在共同富裕的导向下，合理设定保障性住房的规模，在公平有效的原则下公平分配住房资源以及相应的社会资源。

三是加强国家创新能力。国家创新能力主要涉及社会财富的再创造及再分配。通过社会财富的再创造以及帕累托改进式的再分配，使得全体社会人众在相对满意的情况下推动社会变迁。这需要通过新技术、新产品的研发和推广，推动住房资源以及相应的社会资源数量增加和质量提升，让人民群众有更大的获得感和满意度。

国家介入社会经济生活不同领域的能力并不相等，需要在动态中保持平衡。国家治理能力在不同的国家职能领域总是呈现出一定的不平衡性。我国国家治理体系中的各种能力尚不平衡，不平衡实则也表明了彼此之间协调性还不够。国家治理能力就是国家运用其所拥有资源的过程，本质上，是一种对治理资源如何配置和使用的能力。治理能力强意味着对治理资源分配上合理和使用上有效，这需要在动态发展过程中补短板，提高协调性。

三、加强中央和地方层面的顶层制度设计和层级治理能力

（一）加强中央和地方层面的顶层制度设计

对于一些人口众多、地域广阔的大国，内部差异巨大，需要有中央和地方层面的顶层制度设计和加强层级治理能力。

我国《宪法》第 3 条第 4 款规定了中央和地方国家机构职权划分的原则，即"在中央的统一领导下，充分发挥地方的主动性、积极性"。以程序的视角观察可见：一方面，地方的国家机构有权提出中央需要研究、回应的议程；另一方面，中央国家机构在最后环节有对地方动议的否决权。"主动性、积极性"区别于"灵活性"。"灵活性"与"原则性"相对，意味着制定特殊规则、采取变通措施。国家机构所实行的民主集中制和执政党的民主集中制仍可一致地解释。两种民主集中制都允许从属方提出意见，而主导方仍可拍板定案（屠凯，2024）。虽然地方官员拥有很大的自主权，但他们仍然只是中央政府的代理人，中央对他们有相当的控制力，尤其是在人事的选拔和任命上。中央一直坚持"党管干部"的原则，强调党对干部任命的绝对控制。党对干部的日常管理相当集权，每一级干部的考核、任免、调动都必须由上一级党委和组织部决定和执行。人事权是中央控制地方最后的王牌，是对地方官员最根本的制约。

在经济事务方面，我国采取了分税制。1993 年 11 月 14 日，中国共产党第十四届中央委员会第三次全体会议通过了《关于建立社会主义市场经济体制若干问题的决定》，其中第 18 项指出要将包干制改为"在合理划分中央与地方事权基础上的分税制"。我国的分税制与世界上主流国家相仿，在明确划分中央与地方事权和支出责任的前提下，按照事权与支出责任相匹配的原则，考虑税种特性、税收方式、征管效应等财政事项，妥善划分中央和地方税收管理权限及税收收入，以给中央政府和地方政府提供完成职责内公共服务的财政权限和政策类型的制度。同时，我国也建立了通盘考虑、统一调配的转移支付制度和"一地一议"的

财政返还制度，以平衡地区之间的财政收入差异，促进国家协调发展。就中央层面而言，分税制的设立是为了解决中央财政紧缺的问题，分税制的成功施行使这一现象得以缓解，但地方也相应减少了财政收入。与此同时，中央在派发分配行政事项时仍然按照原有的财政权力进行安排，造成了央地事权财权不匹配的问题。就地方层面而言，中央通过财政权力、行政权力的分配，给予地方自主权限，激发地方积极性主动性，中国经济也得以保持了长年的高速发展。

我国幅员辽阔、人口众多，且地方间发展不平衡，决定了我国的行政体系必定会层级较多、权限冗杂、分配不明。目前我国拥有国省市县乡五级财政层级，拥有三十多个省级行政区划，以及特别行政区、民族区域自治地区的多样化地方样态，并且地区间发展程度不平衡、贫富差距较大，各地区诉求、行政能力的不同又带来了职权的不同样态，这些都是掣肘国家推行统一财政体制及进行财政分权的原因。财政作为国家重要工作内容也应具备高度民主性，但目前我国财政事项的民主程度仍有待于提高。一方面是中央和地方财政分权的民主性有待提高，地方在中央和地方财政分权过程中处于劣势，大多数时间被动听从安排，中央对地方困难、需求的了解需进一步提高。另一方面是财政作为国家重要工作内容，虽然在各级人民代表大会中审议批准财政预决算，但是对于具体财政收支事项，民众了解仍极为有限，政府针对财政事项的听证调研仍有待加强，公民知情权、监督权行使仍有困难。

应从中央和地方间关系这一逻辑起点出发，确保国家单一制央地政治体制稳定的前提下，科学界定中央政府与地方政府在国家治理体系中的定位，以及二者之间在住房租赁体系的权责关系、权属关系、上下关系。

一是科学界定中央政府与地方政府在国家治理体系中的定位。以德国为例。从德国社会住房的发展历程看，政府在其中起到了主导作用，包括出台法律法规、明确发展目标、给予财税信贷用地等支持政策、调节供应数量、明确供应政策等。在这个大框架内，联邦、州与城市三级政府，又各司其职、分工协作：联邦政府负责制定法律法规和具体政策，明确社会住房政策框架，提供财政支持；州政府参与社会住房政策框架的制定，确定本地区发展目标，提供财政及其他融资支持；城市政府负责用地供应、项目审批、准入审核和租金水平的确定等具体事宜。市政府综合考虑建造和维护成本、住房价值、承租人收入以及市场租金水平等因素，确定社会住房起始租金上限，一般相当于市场租金水平的 70%、按成本测算的租金水平的 50%；社会住房租金可逐年上调，但允许的调整幅度很小，如汉堡市规定租金上涨每年按月平均不得超过 0.15 欧元/平方米；当市场租金低于成本租金时，市政府采取无息、低息贷款或者税收减免、拨款等方式给予差额补贴。总体来看，联邦和州政府主导社会住房发展，城市政府主要负责具体执行。但进入 21 世纪以来，社会住房发展的决策权同执行权一样，都在向市政府转移，联邦和州政府开始转为提供必要援助。参照德国等国家案例，我国政府负责制定住房租赁方面的法律法规和具体政策，明确保障性租赁住房的政策框架，并且为地方发展保障性租赁住房提供财政支持。省政府则是起到了细化国家政策和制定适合本省的政策实施办法和财政支持方案。市政府则是负责政策实施和项目的执行和监管。

　　二是合理划分二者之间在住房租赁体系的权责关系、权属关系、上下关系。中央和地方政府都有发展住房租赁市场和加强监管的权利和责任，但是地方有更具体的责任。保障性租赁住房是一种准公共产品，公共支出责任应该是中央政府和地方政府共同承担。住房保障从根本上讲是收入的再分配，因此主要是中央政府的职责。保障房是政府为社会提供福利的一个重要举措，它具有有限的非竞争性和有限的非排他性。如果住房保障由地方政府提供，地方政府则需提高税率来获得资金来源，这将使得本地区被征税（高技能）的群体离开，而符合住房保障条件的低技能群体的不断进入，使得本地区财政收入的减少，从而逐渐无力维持这样一个住房保障政策。因此地方政府没有实施此类保障政策的动力，这要求住房保障的公共支出责任应主要由中央政府来承担。在地方政府大力实行住房保障后，本地基础设施和公共服务得到较大改善，本地劳动力素质会得到总体提升，社会更加和谐，给本地区带来较大的社会收益。因而地方政府也要承担起一定的住房保障公共支出责任。此外，在中国，城市土地所有权归国家所有但是由地方政府代管，并且后者获得了主要的土地出让净收益，因此地方政府需要合理分担保障性住房的支出责任。一些国家出现了国家所有的保障性租赁住房，地方所有的保障性租赁住房，并且前者可能由中央政府所属的企业来所有和运营，后者可能由地方政府所属的企业来所有和运营。在中国，则出现了城市政府所有和区县政府所有的保障性租赁住房。再以英国为例，英国的中央和地方政府在住房保障的财政资金支持方面有明确的分工,并且中央政府的出资比重越来越大。其环境交通区域部根据中央财政每年的建房预算安排,综合各个地方政府的建房情况和低收入居民住房需求情况,按年度向地方政府拨款,由地方政府负责进行社会住房的建设。中央财政主要采取向地方政府和其他相关社会机构发放补贴的方式,地方政府则对住房保障提供固定资产投资和金融支持。固定资产投资包括土地和房屋的收购、住宅的翻新、住宅周边公用设施的修建和其他项目;金融支持主要包括补贴的发放、贷款和其他金融资助等。

(二)加强层级治理能力

要提高国家治理能力,就必须保障国家治理过程中运行所需的各种资源,并与政府各职能的定位相互匹配,尤其要让中央与地方的权责资源匹配起来。

一是促进中央和地方之间的财权和事权匹配。从财权上来看,中央和地方大体上各占一半,可是在事权方面绝大多数是由地方来承担,即使中央多年来试图通过转移支付来解决这种不匹配的问题,但始终没有得到有效的解决,并且在转移支付过程中极有可能出现效率的损失和腐败等问题。这里以保障性租赁住房为例。该任务不仅是一项经济任务,"更是一项政治任务"。虽然中央财政分批下达了一些专项补助资金,但大部分的建设运营资金需要地方政府解决。地方政府可以将土地出让净收益10%、住房公积金增值收益和从银行的可能贷款投入保障房建设中,但剩余的资金缺口还非常大,这也导致了地方政府的积极性不高。

二是加强中央向地方分权,加强对地方政府的制约和监管,提高层级治理能力。充分认识地方的差异巨大,不同地方的供给和需求都有明显的差异,因此需要地方政府积极主动地承担发展租赁住房的责任,中央政府出台改革措施允许地方政府开展政策试验,并且总结推广。在国家层面的长期的、战略的、统一的顶层住房制度设计下,允许地方有地方特色。在地方保基本和保发展的双目标下,可能会出现地方为了保发展,重购轻租,保障房优先保障人才,而中低收入住房困难群体排队轮候等偏差。这需要允许中央政府加强政策大方向的常规督导,加强中央和地方干部的互动,加大对保障性租赁住房的中央专项资金支持,加强法治建设,明晰参与各方的权利义务,规范地方政府的行为。

四、加强市场社会层面的顶层制度设计和社会合作能力

（一）加强市场社会层面的顶层制度设计

从全球保障性租赁住房的发展趋势来看，随着住房供求关系的变化，出现了从政府建设运营的公共租赁住房到非政府组织建设运营的社会租赁住房，再到发放需求方补贴利用市场租赁住房的趋势。在我国住房供求平衡甚至部分地方供过于求的情况下，需要考虑政策的转向。

治理本身包含共管、共治的意思，指政府和社会、市场共同合作，共管共治。因此，应加强政府和社会、市场共同合作的顶层制度设计。这要求政府的简政放权，即在党政主导国家与社会治理的情形下让多方参与，吸纳更多的力量，让更多的资源进入。

一是明确政府在住房市场的职责和提供住房保障的责任。政府应建立明晰的产权制度和市场规则，促进市场机制发挥住房资源配置的基础性作用；在市场失灵的领域，政府需要承担提供保障性住房等公共产品的责任，修正市场失灵和提高市场效率。在住房体系的顶层制度设计方面，明确市场型住房、保障型住房的关系。在自有住房体系方面，明确配售型保障房和商品房的比例关系，以商品房为主，持有一定比例的配售型保障房，在房价收入比较高的城市，适当提高配售型保障房占比；在租赁住房体系方面，明确配租型保障房和商品房的比例关系，以市场租赁房为主，持有一定比例的配租型保障房，在租金收入比较高的城市，适当提高配租型保障房占比。在住房供求平衡或者供大于求的城市，采取加大发放购房补贴、租房补贴的方式利用商品房来提供保障。

二是在政策设计和决策方面，吸纳大众参与。鼓励非政府组织的保障性租赁住房的建设和运营，建立保障性租赁住房的认定机制，并采取相应的财政补贴、税费、金融贷款贴息等方式予以支持，同时要求对准入对象、租金定价和增长幅度予以限制。发展保障性租赁住房和发放市场租房补贴利用市场房源实现住房保障的目的。

"新公共管理理论"源于20世纪80年代西方发达国家推行的公共行政改革运动。在此之前，传统的政府提供公共服务源于萨缪尔森的经典"公共产品理

论",由于公共产品所具有的非排他性和非竞争性特征使得公共产品供给面临失灵,政府就合乎逻辑地成为公共产品供给主体。然而随着公共服务(产品)需求规模的大幅增长,在公共服务领域政府供给也面临着资金短缺、多样化的消费需求难以满足"政府失灵"问题。在社会演变下,政府的角色也从传统的政治统治(rule)演变为现代政治管理(administration),再转向治理(governance)、善治(good governance)。公共治理(public governance)成为时下的发展趋势,"新公共管理理论"应运而生。2009 年诺贝尔经济学奖获得者、美国著名经济学家埃莉诺·奥斯特罗姆(Elinor Ostrom)的"多中心治理理论"是新公共管理理论诸多流派中最具代表性的一支,代表多元主体互动合作的善治模式。它打破了政府与市场非此即彼的定式,消解了传统公共物品供给只有交由权威机构或完全私有化后才能实现有效管理的极端观念。"多中心治理理论"强调治理主体的多元化、主体的广泛参与和独立的自主决策,以及治理手段的多样性。

与此相呼应的是,美国著名学者 E·S·萨瓦斯(E. S. Savas)早在 1987 年的《民营化:改善政府的要径》一书中便提出了政府服务的"民营化"理论。"民营化"指此前由政府拥有或实施的功能逐步回归到私人领域的过程。"民营化理论"的核心,是公共服务的实现更多依靠民间机构,更少依赖政府来满足公众的需求。不同的服务提供模式"可以单独或联合运用以提供服务",包括多样化安排、混合式安排和局部安排等。"不同的安排方式差别很大,没有一种安排是十全十美的。每种服务的有效提供方式不止一种,规划新服务或审视现有服务时应充分认识到这一点。服务供应方式的选择应该基于理性而非灵感。"萨瓦斯教授(1987)认为,政府的职责是掌舵而不是划桨。政府应当扮演操舵手,而直接提供服务就是划桨。

萨瓦斯将公共服务的参与者划分为三类:消费者、生产者和安排者,并由此提供公共服务的 4 类 10 种制度安排。消费者直接获得或接受服务,他们可以是个人、特定地理区域的所有人、政府机构、私人组织、拥有共同特征的社会阶层或者获得辅助性服务的政府机构;生产者直接组织生产,或者直接向消费者提供服务。它可能是政府单位、特别行政区、市民志愿组织、私人企业、非营利机构,有时甚至是消费者自身。安排者(提供者)指派生产者给消费者,指派消费者给生产者,或选择服务的生产者;安排者通常是政府单位,但也有例外。

　　目前我国政府提供住房保障主要通过政府服务、政府间协议、合同承包（政府购买服务）、特许经营（公私合作伙伴）、补助、凭单等方式实现，具体内容如表 5-11 所示。

表 5-11　　　　　　　　多主体供给、多渠道保障的住房制度分析

多主体			多渠道	
供给侧				
生产者	安排者	住房类型	服务类型	使用路径
公共部门	公共部门	政府提供的公租房/政府主导的棚户区改造和农村危房改造	政府服务	典型的政府服务是区县政府自建保障性住房和政府提供资金进行棚户区改造和农村危房改造，此时政府同时扮演了服务安排者和服务生产者的角色
公共部门	公共部门	城市内跨行政区的保障房/跨城市的保障房	政府间协议	如保障性住房在不同区划间如存在供需不匹配，即可通过政府间协议重新配置和调整，以解决地区性问题并降低成本
私人部门	公共部门	企业或非营利组织提供的保障房	合同承包	合同承包也称为"政府采购"或"政府购买服务"，政府雇佣物业管理公司管理保障房小区，政府雇佣建筑公司修建保障性住房等
私人部门	公共部门	企业或非营利组织运营的保障房	特许经营	如政府将垄断性或非垄断性特权基于某一私营企业，让它在特定领域里提供特定服务，即属于特许经营，我国目前大力推广的 PPP 模式即基于特许经营权合同展开

续表

多主体			多渠道	
私人部门	公共部门	个人、企业、非营利组织提供的租赁房	补贴	政府给予生产者的补贴减轻了消费者的成本负担，使其有能力购买特定物品，如政府可以采取土地使用权出让金优惠等方式补助私营房地产开发商以建造保障性住房即属于补贴模式
私人部门	私人部门	住房券	凭单	凭单（voucher）是指围绕特定物品对特定消费者实施补贴。与补贴相比，补贴的对象是生产者，而凭单是补贴消费者。为防止承租人不缴纳或者迟延缴纳租金，北京市公共租赁住房补贴是直接发放给已按期缴纳租金的承租人
公共部门	私人部门	公租房出售/经济适用房、共有产权住房出售	政府出售	/
私人部门	私人部门	市场租赁房/市场销售商品房	自由市场	/
私人部门	私人部门	提供给家庭成员的住房	自我服务	给直系亲属免费租赁或赠予的自有产权住房
私人部门	私人部门	慈善组织提供的免费住房	志愿服务	/

　　此外，还应明确政府与市场、社会的协商程序，做到程序具体与明晰；通过公众参与加强协商结果的落实和监督。

（二）加强与市场和社会的合作能力

一是充分论证住房体系的合法性和合理性，形成市场和社会的共识。社会共识为政府公权力制定住房政策提供合法性证明，提供稳定的环境，提供持续动力，来促进住房体系继续完善，增强民众对住房政策合法性的信仰。

二是平衡利益、维护公正的能力。平衡利益就是让改革开放成果为广大国民所共享，就是合作共赢和社会公正的维系。公平正义是中国特色社会主义的内在要求，要在全体人民共同奋斗、经济社会发展的基础上，加紧建设对保障社会公平正义具有重大作用的制度，逐步建立以权利公平、机会公平、规则公平为主要内容的社会公平保障体系，努力营造公平的社会环境，保证人民平等参与、平等发展的权利。实现利益平衡、促进社会和谐、维系社会公平，关键是要形成制度化、法治化的解决机制。在国家住房体系构建之后，着重解决制度的执行及其能力问题，重点有以下五个方面的能力需要提升：一是政府有效地承担公共责任的能力，主要表现为住房保障等公共服务提供的能力；二是政府有效地调节公共利益的能力，主要涉及政府运用财政税收、金融政策、控制行业垄断等政策调节住房资源和收入分配的能力；三是政府有效地化解利益矛盾的能力，主要表现为政府面对住房资源分配方面的利益矛盾和冲突时快速反应，进行利益协商、仲裁调解等能力；四是政府让社会有效地表达利益诉求的能力，这主要是政府为畅通民意提供渠道和制度资源的能力；五是政府有效地执行利益补偿的能力，主要涉及政府为住房困难群体提供住房保障的能力等。

出台政策鼓励非政府组织、限制利润企业等参与建设运营保障性租赁住房，鼓励企业建设运营市场租赁住房，在地方住房市场提供多样化的住房类型和为目标群体提供多样化的选择。加强租赁群体的自组织，主动维权和提出需求，能够参与租赁住房政策、产品以及项目的决策，与供给方谈判协商共赢。增强提供租赁住房的私人部门和非营利部门的能力。加强政府对住房供应、管理和维护方面的补贴高效率的使用；支持和提高住房市场的运行效率。

五、围绕顶层制度设计完善政策体系和技术工具体系

以促进住房资源配置与优化为核心，围绕顶层制度设计完善政策体系和技术

工具体系，具体关系如图 5-4。一是围绕顶层制度设计，完善相应的立法、住房规划建设运营政策、财政金融政策体系。二是借助物联网、人工智能等新技术，形成以住房租赁信息服务平台为核心的技术工具体系，引入可量化的科学模型，支撑住房租赁资源优化配置。具体内容在下章详细展开。

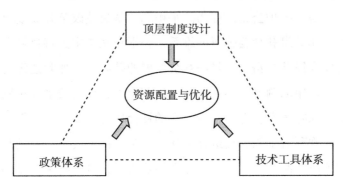

图 5-4　住房租赁资源配置和优化的系统设计

第六章　完善我国住房租赁的政策体系和技术工具体系

第一节　住房租赁体系的政策目标和手段

一、住房租赁体系的政策目标多元化

（一）住房租赁体系的政策目标

《住房城乡建设部关于加快培育和发展住房租赁市场的指导意见》（建房〔2015〕4号）提出：发挥市场在资源配置中的决定性作用和更好发挥政府的作用，积极推进租赁服务平台建设，大力发展住房租赁经营机构，完善公共租赁住房制度，拓宽融资渠道，推动房地产开发企业转型升级，用3年时间，基本形成渠道多元、总量平衡、结构合理、服务规范、制度健全的住房租赁市场。《国务院办公厅关于加快培育和发展住房租赁市场的若干意见》（国办发〔2016〕39号）提出：到2020年，基本形成供应主体多元、经营服务规范、租赁关系稳定的住房租赁市场体系，基本形成保基本、促公平、可持续的公共租赁住房保障体系，基本形成市场规则明晰、政府监管有力、权益保障充分的住房租赁法规制度体系，推动实现城镇居民住有所居的目标。这些文件很好地归纳出住房租赁政策的目标。

1. 住房租赁供求总量平衡

2024年2月27日，住建部发布了《关于做好住房发展规划和年度计划编制工作的通知》，提出一是各地要根据住房需求科学安排土地供应、引导配置

金融资源，实现以人定房，以房定地、以房定钱，促进房地产市场供需平衡、结构合理，防止市场大起大落。二是各地要完善"保障+市场"的住房供应体系，以政府为主保障工薪收入群体刚性住房需求，以市场为主满足居民多样化改善性住房需求，科学编制 2024 年、2025 年住房发展年度计划。三是住房发展年度计划要明确年度各类住房及用地供应规模、结构和区位，测算房地产项目合理融资需求。2024 年 4 月 30 日前、2025 年 3 月 31 日前，各城市要以适当方式向社会公布当年住房发展年度计划有关情况。提前谋划 2026 年至 2030 年住房发展规划。

通常用套户比来衡量总体的住房状况。一般而言，套户比小于 1，表明一国住房供给总体不足；套户比等于 1，表明一国住房总体基本供求平衡；考虑到休闲度假需求、因人口流动带来的人宅分离等情况，成熟市场的套户比一般在 1.1 左右。从国际看，当前美国、日本分别为 1.15、1.16，德国为 1.02，英国为 1.03，中国城镇住房套户比接近 1.1，表明住房供给总体平衡。

同样可以根据人口和家庭总量、结构分析租赁住房的需求，根据市场存量房屋和在途建设、土地供应情况分析租赁住房的供给，并且做到二者动态平衡。根据人口或者住房调查，可以分析租房的人口和家庭数量并进行趋势预测，可以分析租房的类型和数量，例如集体宿舍、单位周转房、工棚、市场租赁住房、保障性租赁住房，以及租住状态，例如独立租赁还是合租等，并分析租房的面积、质量、配套的设施和服务、空间布局等，做到供给总量和需求总量相匹配。

2. 住房租赁供求结构合理

一是住房租赁住房体系的市场和保障结构合理。从我国住房租赁体系的构成来看，目前已经形成了以公租房、保障性租赁住房和市场租赁住房为主体的租赁住房体系，三者在供应与保障对象、覆盖城市、政策支持等方面存在一定差异。这需要根据城市人口总体和结构特征、政府财政负担能力和住房供给情况确定合理的保障性租赁住房占比。

二是住房租赁住房体系的需求结构（户型、面积）和供给结构匹配。这包括需求群体的结构，例如单身、家庭，供给的结构，例如公寓、宿舍和成套住房，还有需求的面积、质量、配套的设施和服务与供给结构相匹配。

三是住房租赁的空间布局合理。租赁住房的空间布局需要优化，靠近主要交通干线和站点，便利基础设施和公共服务，接近主要就业区域，打造一刻钟生活圈。

3. 住房租赁价格相对稳定

一是成交的住房租赁价格保持相对稳定，并对租金上涨有一定的限制。二是租金收入比保持在合理区间。目前学界参考了国际的标准，一般认为租金收入比不高于30%比较合理。但是这个阈值是参照发达国家的水平，而且其他国家的租金除纯租金外，水、电、气等费用也包含在内，而在我国，一般认为是纯租金占收入的30%，因此，这个阈值的认定在我国需要进一步论证。

4. 住房租赁主体权益保障充分

一是通过法律明确租赁双方的权利义务关系，同等地保护双方权益。二是通过租赁合同示范文本，明确租赁双方的权利义务，加强对合同的监管，逐步实现租赁合同网上签约，落实《城市房地产管理法》《商品房租赁管理办法》等法律法规规定，住房租赁合同订立三十日内，到所在地住房租赁主管部门登记备案。要求在住房租赁合同期限内，租赁双方应履行合同约定，任何一方均不得随意解除、修改合同；出租人无正当理由不得解除合同，合同期内不得单方面提高租金，不得随意克扣押金，同时要积极履行安全管理责任；承租人应当按照合同约定的租赁用途和使用要求合理使用住房和室内设施，并按时支付租金。不仅要保障承租方在租赁行为上的正当权益，也要促进租购住房在公共资源与服务方面具有同等权利。

5. 住房租赁规范有序

一是建设运营有标准。长租房的建设与运营，应该有政府或行业设定的标准，例如长租房建设或改造要满足结构安全、消防安全、空气质量等基本要求，以及运营管理中对于出租信息的规范与报备等。

二是做到信息公开透明。搭建住房租赁信息服务平台，提供便捷的租赁信息发布服务，及时披露租赁住房供应总量、租赁人口、租金等信息，加强住房租赁价格指导，完善现有住房租赁指导价格制度，引导市场合理定价。

三是加强对住房租赁企业和经纪机构的监管，建立健全住房租赁企业和房地产经纪机构备案制度，强化住房租赁行业信用管理、通过行业组织实施自律管理，褒扬诚信、惩戒失信，推动租赁企业和经纪机构规范、诚信经营。市房屋租赁主管部门会同经纪、租赁行业协会，组织各住房租赁企业将从业人员信息、提供房屋租赁或中介服务的信息报送给住房租售交易服务平台。

四是企业经营可持续，金融风险有管控。利润是企业生存的根本，要让市场中的租赁机构合法经营有合理的利润，否则，企业就没有动力发展，甚至非法经营。目前的托管和包租模式出现了住房产权主体、出租主体和运营主体分离，在恶意诈骗、经营不规范、快速扩张失败等情况下会形成金融风险，并危及社会稳定。此外，出租运营主体利用房东的房产骗取装修贷款逃之夭夭，也会出现新的纠纷。因此要防止租金贷、长收短付、骗装修款等金融乱象的发生。

（二）更广义的政策目标

从全球住房政策的发展趋势来看，政策目标应从注重供应数量到住房质量，再到注重社区发展、社会融合、可持续发展等社会环境目标相结合。因此，我国的住房政策目标不只是促进住有所居，还需要促进社会公平、建设健康、和谐和可持续的城市目标相结合（刘志林，2016）。

二、住房租赁体系的政策手段多样化

（一）住房租赁体系的政策手段分类

吉野直行（2017）的著作提出了住房政策的一种概要。表6-1概述了各种住房政策，既有需求侧和供给侧政策，也有针对自有住房（第二列）和租赁住房（第三列）政策。对于自有住房的相关政策，这里首先列出了试图促进住房自有的政策措施（标有加号），比如从所得税中扣减抵押贷款利息。然后列出了意在抑制住房需求的措施（标有减号），比如对购买住房征收房产税。至于提升品质标准的政策，既有可能通过提出更高的标准而促进住房自有，也有可能因为成本更高而产生抑制作用，因此同时标有加号和减号。

对于住房租赁市场，这里列出了所有能使租赁更具可负担性的政策。比如，在需求侧的政策有，政府向承租户提供租赁补贴，发放现金补贴，提供租赁凭证和住房券，施加租金管制；在供给侧的政策有，提供公租房，向供应商提供补贴，改造贫民窟等。

表 6-1   **住房需求侧和供给侧政策概要**

自有住房市场	自有住房市场	住房租赁市场
需求侧	+对购买住房提供现金补助	+固定数额的现金补贴
	+购买住房补贴	+租赁补贴
	+降低抵押贷款利率	+租赁凭证
	+从所得税中扣减抵押贷款利息	+住房券
		+租金管制
	±提升品质标准	
	-对购买住房征收房产税	
	-管制货款价值比率（LTV）和债务收入比率（DTI）	
	-限制新购房行为	
供给侧	+公共住房	+公共住房
	+向供应主体提供补贴	+向供应主体提供补贴
	±提升品质标准	+改造贫民窟

资料来源：吉野直行（2017）。

（二）住房租赁政策手段的优缺点及其综合利用

吉野直行（2017）的著作用表 6-2 分析了该著作所涵盖的经济体的主要住房政策，并且简要分析了各种政策的优点和缺点，还简要列举了该政策在所涉及经济体中的应用情况。比如，在韩国，低收入群体有资格获得住房券以降低租金支出。但是住房券不是没有缺点，比如可能会被用作他途，而不是支付租金，也有可能加重公共预算负担。因此，从国际经验来看，很少有国家只是采取某一种政策来解决其住房问题，而是采用了多种供给方补贴和需求方补贴相结合的方式。

表 6-2   支持低收入承租户的住房政策

政策	租赁凭证	住房券	租金管制	公共住房	补贴供应者
需求侧/ 供给侧	需求侧		需求侧/供给侧	供给侧	
优点	增加住房消费；（对业主）激励维护	给家庭更多选择权；（对业主）鼓励维护	减轻租金负担	缓解住房短缺；保证最低（居住）标准	加快住房建设；缓解住房短缺
缺点	没有动力去寻找更廉价的住房；财政负担	补贴可能被用于其他目的；财政负担	过度需求；对新建租赁住房的激励太小；低效率配置（资源）	限制家庭的选择；挤出私营供应者；（设立）资格条件	过度投资；财政负担
国家示例	美国	韩国，美国	瑞士，美国	日本，美国	印度

资料来源：吉野直行（2017）。

第二节　完善市场租赁住房政策体系

一、推动上位法《住房租赁条例》出台

借鉴国际经验，政府需要依法行政，加快推动上位法《住房租赁条例》出台，规范住房租赁活动，维护住房租赁当事人合法权益，构建稳定的住房租赁关系，促进住房租赁市场健康发展。例如德国颁布《住房租赁法》《住房建设法》等规范租赁住房的建设、租金水平，以及对租赁双方权益的界定，对租赁市场发展起到了很好的指导作用。

当前我国针对住房租赁行业的部门规章制度法律层级不高，效力不够，各地方的管理办法不一，难以形成行之有效的准绳。特别体现在地方租赁部门由于没有上位法的支撑，其财权、事权相对较小，难以一部门之力，调动发展市场租赁

住房的其他政策资源。而且，由于没有明确的上位法，对于住房租赁企业的违规操作，主管部门缺乏相应处罚依据，不能对长租房市场的规范发展起到及时的监管。因而，需要出台上位法《住房租赁条例》，对租赁双方及相关利益人的权利与义务清晰界定，形成市场规则明晰、政府监管有力、权益保障充分的住房租赁法规制度体系，并给地方住房租赁管理提供法律依据。2020 年 9 月住建部公布了《住房租赁条例（征求意见稿）》，需要加快修改完善和出台。

同时考虑到中国地区差异巨大，《住房租赁条例》更多是一些原则性规定，需要地方政府出台一些配套细则才能落地实施。因此我国一些地方政府出台了住房租赁条例，例如 2022 年《北京市住房租赁条例》和《上海市住房租赁条例》。今年地方住房租赁立法文件出台进程加快，《武汉市住房租赁条例》表决通过、《郑州市住房租赁条例（征求意见稿）》出台。建议出台国家层面的立法文件，对于已经出台立法文件的城市，需进一步强化对租赁立法的监管执法与法律宣传，保障租客稳定居住。一方面在国家住房租赁立法层面明确租赁经纪、托管和转租三种经营模式的基本定义、区分其权利义务关系，转租和托管均属于住房租赁管理服务范畴，不应与住房租赁经纪业务混淆管理，同时完善租赁交易全过程中出租双方的权利义务关系，完善对住房租赁企业的经营监管。在租赁纠纷处理方面，发挥住房租赁相关行业协会处理租赁纠纷的作用，通过配备律师团队或与律师相关行业协会、律师事务所等合作的方式，为租客提供租赁纠纷处理的法律支持。

二、出台租赁住房运营管理标准

借鉴国际经验，需要出台租赁住房运营管理标准。例如德国对"可居性"严格规定，建立安全与健康标准的评估体系，包括面积、生活设施、生理心理需求等评定标准，有力地维护了租赁权益。现阶段，我国大中型城市住房缺口较大，住房租赁市场发展迅速，但在安全、健康、服务、运营等方面均存在一定问题，缺少对应标准、缺乏管理依据，为针对租赁住房突出问题提出具体要求，填补租赁住房标准空白，规范和指导租赁住房的建设与运营，推动租赁住房市场持续健康发展，引导租赁住房市场高质量发展，需要出台相关标准。

具体而言，租赁住房应符合该标准及相关国家标准中关于建筑、结构、消防、装修等方面的要求，并具备供水、供电等必要的生活条件。由于我国租赁住房来源有新建、改建和盘活存量房源三类，对于不同房源的建设运营标准也应该具有差异性。首先，针对一些城市推出的 R4 租赁住房地块和集体建设用地建设租赁房等新建住房、非居住建筑改建为居住建筑以及对于盘活存量房源都需要有相应的建设运营标准。其次，对于不同的类型，例如集体宿舍、公寓、非成套住宅和成套住宅的新建可以参考现有的宿舍、酒店和住宅的标准，但是改建的产品则需要参照实际情况有所修改，设立相应的运营管理标准。再次，对于改建的集中式和分散式租赁住房在改建和运营方面也存在一定的差异，因此设定标准也有所不同。此外，住房租赁企业作为生活性服务业，需要具备一定的准入条件。

考虑到中国地区差异大和具体租赁住房项目存在较大的差异，国家层面的标准应该规定一些基本原则和最低要求（例如人均最小使用面积等），各地住房城乡建设部门应根据具体城市住房租赁管理要求和实际情况，制定运营标准。建议根据我国租赁住房的实际情况，进一步完善对市场上各类租赁房源的房屋出租标准指引，同时住房租赁企业应当设置住房租赁房屋收房或验房标准。住房租赁房屋标准应当明确基础标准、品质标准，形成分类分级体系，标准内容涵盖空气质量要求、供水供热设备设施和房屋装配要求等，依托租赁住房标准指引的推行，引导住房租赁企业持续完善和迭代其租赁房源供给标准，为租客提供品质化租赁房屋，持续提升租客居住的安全性、舒适度和满意度。建议由住房租赁行业相关组织带头建立形成租赁服务行业服务标准，引导住房租赁企业持续迭代和完善租赁服务标准体系，同时促进居住服务者职业化发展，带动新的就业增长点。建议同时推动机构从业人员的职业化发展，设定专门的职业资格认证，在住房租赁企业申请备案时，对其员工的专业水平设置相应的门槛，如企业员工需接受过住房租赁相关专业培训或企业拥有一定比例多年从事住房租赁的员工。通过持续提升租赁服务业人员的职业化，不断提升从业人员的专业水平，形成诸如租务管家、签约经理、预勘察师等新职业。

三、增加财税政策支持力度

借鉴国际经验，加大对租赁住房的财政补贴和税费减免。例如德国柏林等城市政府均制定优惠政策，对出租住房进行相应的税收减免。美国在 1970 年以后，以租金券的形式，给予出租房主减征所得税、财产税等，以刺激个人房东出租住房，减少空置率，促进租房市场的繁荣。日本鼓励发展专业化的住房租赁机构，其运营租赁住宅的比例将近 80%。我国应出台政策鼓励房东将住房出租和住房租赁企业发展，扩大房地产税的试点，提高空置闲置的成本。一是对于个人通过政府租赁平台办理租赁合同网签备案的，其出租住房应缴纳的各项税费，在 5 年内采取综合征收方式征收，综合征收率为 0%；二是对于企事业单位向住房租赁企业出租住房以及住房租赁企业向企事业单位出租住房的，房产税按照 4%的优惠税率执行；三是对于以住房租赁为主营业务，租金及服务费、管理费收入占企业总收入 70%以上的住房租赁企业，经开业报告后，可减按 15%的税率征收企业所得税，减按 6%的税率征收增值税或选择简易计税方法减按 1.5%计算缴纳增值税；四是允许住房租赁企业在后期盈利阶段，增值税可以进项抵扣前期亏损，参考农业的做法，允许租赁企业取得（开具）租赁住房收租发票，以收租发票上注明的买价和 11%的扣除率计算进项税额；在托管和包租模式下，有客户要求开租赁发票，租赁企业不是业主，业主嫌麻烦还要交税，建议允许租赁企业委托代征代为开具发票；五是适当延长中央财政支持租赁试点城市的时间和增加试点城市，允许试点期间达到享受补贴条件但未在 3 年试点期间内完成运营的租赁企业，在企业运营后依然给予相应的补贴，或者由地方财政给予相应的补贴。六是按照国家政策，非居住建筑改造为租赁房，应享受民用水电价格，但是实际上很多城市无法落地，可以探索从财政角度向租客或者住房租赁企业提供水电补贴。七是研究出台合格的租赁住房缩短折旧年限的会计解释，允许租赁住房加速折旧，获得更大的减税优惠。

四、增加金融政策支持力度

2024 年 1 月，中国人民银行、国家金融监督管理总局发布《关于金融支持住房租赁市场发展的意见》（以下称《意见》），就金融支持住房租赁市场发展提出 17 条具体意见，包括支持住房租赁供给侧结构性改革、建立健全住房租赁金融支持体系、加强住房租赁信贷产品和服务模式创新等。一是住房租赁开发建设项目资金比例更加灵活。比如征求意见稿里的"项目资本金比例应不低于开发项目总投资的 20%"，被改为"应符合国务院关于固定资产投资项目资本金制度相关要求"。二是《意见》允许对住房租赁团体购房贷款按风险合理定价,明确住房租赁团体购房贷款利率由商业银行综合考虑借款人风险状况、风险缓释措施等因素合理确定。三是《意见》注重项目开发与运营融资的"可接续"——明确对于开发建设和持有运营为同一主体的租赁住房项目,商业银行在发放开发建设贷款时,可同时签订经营性贷款合同,与借款人约定后续经营性贷款的发放接续条件,经营性贷款可用于置换项目前期的开发建设贷款。《意见》还对住房租赁领域金融产品提出了更细致的管理要求,比如住房租赁开发建设贷款期限一般为 3 年,最长不超过 5 年,租赁住房建设的项目资本金比例应符合国务院关于固定资产投资项目资本金制度相关要求;此外,金融机构应满足团体批量购买租赁住房的合理融资需求,住房租赁团体购房贷款的期限最长不超过 30 年。《意见》还针对拓宽住房租赁市场多元化投融资渠道,提出了多项举措,包括支持拓宽住房租赁企业债券融资渠道;支持发行住房租赁担保债券;稳步发展房地产投资信托基金;支持金融机构、资产管理机构规范投资住房租赁相关金融产品;鼓励住房租赁企业、专业资产管理机构通过房地产投资信托基金长期持有运营租赁住房;支持保险资金等长期资金投资住房租赁市场等①。

借鉴国际经验,加大对租赁住房的金融支持。例如韩国首尔通过低息贷款等方式刺激租赁住房建设。针对政府住房租赁部门认定的信用好、运营优质的住房租赁企业,鼓励开发性金融等银行业金融机构按照风险可控、商业可持续的原则加大对租赁住房项目的信贷支持力度,住房租赁项目或企业为借款主体的贷款利率原则上不得超过当期基准利率的 1.1 倍,鼓励发放 10 年以上的长期贷款。住房租赁项目相关贷款不纳入银行业金融机构房地产贷款集中度管理。同时拓展住房租赁项目投资主体,引导保险资金、产业基金、信托、公积金等长期投资机构直接投资租赁住房项目,或者持有住房租赁金融产品。稳步推进以市场租赁住房为底层资产的房地产投资信托基金(REITs),适时出台房地产投资信托基金发行指引。在资产装入环节,满足 80% 以上收入来源于租金的房地产投资信托基

---

① 凤凰网地产.17 条金融举措支持住房租赁市场发展,多元化投融资渠道"大幕开启" [EB/OL]. (2024-01-08) [2024-09-04]. https://house.ifeng.com/news/2024_01_08-56571576_0.shtml.

金，可免征土地增值税及出售差价得利的企业所得税；在持有环节，满足将90%以上合并后基金年度可供分配金额以现金形式分配给投资者条件的房地产投资信托基金，对用于分红（或派息）的部分，可免征企业所得税。支持住房租赁企业发行企业债券、公司债券、非金融企业债务融资工具等公司信用类债券及资产支持证券（ABS），专门用于发展住房租赁业务。积极探索租赁房屋的房东财产险和租客的个人财产和责任险，以及建立对支持租赁住房的金融机构的风险补偿制度，给予财政贴息和税收优惠。

五、加强规划和土地支持，多渠道增加租赁住房供应

借鉴国际经验，加大对租赁住房的规划和土地支持。例如美国纽约等大城市结合税收优惠、容积率奖励等手段扩大住房租赁供给，英国伦敦则降低土地价格吸引机构投资建设租赁住房。我国在人口净流入且租赁住房存在较大供需缺口的大城市，应增加低成本的租赁住房用地供应，单列租赁住房土地供应计划，例如明确国有建设用地单列租赁住房用地、集体土地建设租赁住房用地等供应计划，以及允许企事业单位利用闲置用地建设租赁房。此外，还可以采取商品房配建租赁住房，并采取容积率等方面的规划奖励。对于非居住建筑改建租赁住房的，需要修改一些过时的规划标准，适当放松一些规划标准，推进联合验收工作的顺利进行。

加强城中村改造和平急两用公共基础设施建设。2023年4月28日，中共中央政治局召开会议，提出要在超大特大城市积极稳步推进城中村改造和平急两用公共基础设施建设。7月21日，国务院常务会议审议通过《关于在超大特大城市积极稳步推进城中村改造的指导意见》。7月24日召开的中央政治局会议再次强调加大保障性住房建设和供给，积极推动城中村改造和平急两用公共基础设施建设。7月28日，国务院召开超大特大城市积极稳步推进城中村改造工作部署电视电话会议，国务院副总理何立峰在讲话中指出，在超大特大城市积极稳步推进城中村改造是以习近平同志为核心的党中央站在中国式现代化战略全局高度作出的具有重大而深远意义的工作部署。要坚持问题导向和目标导向，以新思路新方式破解城中村改造中账怎么算、钱怎么用、地怎么征、人和产业怎么安置等难题，探索出一条新形势下城中村改造的新路子。推进城中村改造，面临着目标多

元、建立共识和动员启动、区域统筹和资金平衡等难题。在这种环境下，建议在深入进行现状摸底和实施模拟的基础上，采用分区分类施策的方式，近期应鼓励包容治理、自主更新，同时优选区位条件较好、土地市场成熟、住房去化能力更强的地区，开展拆改模式试点，坚持租购并举，安排一定比例的市场租赁住房和保障性租赁住房，保障外来就业人口特别是城市基本公共服务运行保障人员的可负担居住空间需求；同时，面向居民真实的住房改善型需求，合理增加高品质商品住房供给，优化房地产调控政策，加强成本收益统筹，努力寻求超大城市多重约束下的城中村改造的破局之道。

六、加强监管和服务，防范市场风险，稳定租赁关系

借鉴国际经验，政府应加强对住房租赁市场的监管，将那些不具备经营能力和资金实力的企业逐步淘汰出局，促进住房租赁市场的规范和平稳健康发展。

一是加强市场主体和从业人员动态化监管，逐步实现住房租赁市场主体的平台化管理。实现住房租赁企业、房地产经纪机构及其从业人员以及出租人和承租人在平台的实名备案管理和信用管理，他们的诚信记录纳入全国信用信息共享平台，并建立多部门守信联合激励和失信联合惩戒机制，加强行业诚信管理。加大住房租赁违法违规行为查处。严厉打击租赁企业、房地产经纪机构垄断房源、"炒租"等违法违规行为，对市场欺诈、投机、不公平交易、不公平竞争、控制市场或者滥用市场势力等进行严格监管，对存在明显"高收低租""长收短付"行为的高风险企业，房产管理部门应进行约谈，并建立多部门联合惩戒机制。对于存在非法集资等违法行为的，将具有严重违规行为的住房租赁企业及其法人代表、实控人、股东进入"黑名单"管理，并实施限制法人变更、限制股东股权转让、限制实控人出境等措施。建立住房租赁企业白名单，发挥规范经营的专业化规模化的住房租赁企业的引领、示范和激活作用。

二是加强住房租赁市场监测，探索建立稳定住房租金体制。美国联邦住房与城市发展部每年对530个大城市、2045个县的房价进行评估，并发布市场租金参考价。德国从法律层面侧重于保护承租人权益，只允许房东小幅涨价（2%左右），而且要有书面说明，对于3年内涨幅超过20%的，则会判定为违法。我国应学习国际经验，住房和城乡建设部应建立全国重点城市租金监测体系，并且将

稳租金纳入长效机制试点城市当中。大城市应定期公布不同区域不同类型租赁住房的市场租金水平信息，逐步建立住房租赁指导价格发布制度，引导租赁双方合理确定租金价格，稳定市场预期，强化规模化、专业化住房租赁企业在稳定住房租赁价格方面的示范作用。

三是发挥行业协会规范引导作用。建立住房租赁行业协会，行业协会应开展行业评估，协助政府制定实施完善的行业规范和有关技术标准，建立健全各项管理制度，加强企业自律管理。完善从业人员行为准则，促进住房租赁企业和人员依法经营、诚实守信、品质服务。加强企业交流和从业人员业务培训，不断提高行业发展水平和从业人员业务素质。

四是做好服务。房地产主管部门要会同有关部门共同搭建政府住房租赁交易服务平台。通过平台建设，提供便捷的租赁信息发布和房源信息核验服务，推行统一的住房租赁合同示范文本，实现住房租赁合同网上备案；建立住房租赁信息发布和审核标准，规范住房租赁交易流程，保障租赁双方特别是承租人的权益。建立住房租赁投诉维权渠道，便于日常租赁纠纷调解。参考国际经验，住房租赁纠纷维权事件绝大多数是通过专门协调机制解决而非法院起诉，当前政府服务热线和住建委信访热线在处理居民投诉方面已经获得了广泛的认可。建议量化分析现有政府服务热线和住建委新房热线的处理工作量和覆盖范围，考虑是否有必要下沉到区住建部门提供住房租赁投诉维权，或参考德国租户协会和英国 TPO、PRS 等申诉赔偿机构建立专门的非营利组织处理住房租赁的投诉维权。

七、加强部门间协同，探索高效并联审批

健全专班主管、部门协同的联动工作机制。加强住房租赁管理机构和人员保障，住房城乡建设部门设立专门的住房租赁管理机构，负责当地住房租赁市场管理、指导和监督工作。建立住建、自然资源规划、网信、市场监管、公安、发改、金融监管等部门协同联合的监管体制，明确部门职责分工，建立信息共享和工作联动机制，切实加大对城市住房租赁市场的监管和支持力度。

推进服务下沉、网格覆盖的基层管理机制。充分发挥社区、居民委员会和村民委员会等基层组织以及物业服务企业的作用，将住房租赁管理和服务的重心下移。街道（镇）按照规定职责负责本辖区内住房租赁市场管理的具体事务，以及

协调化解矛盾和协助监督等工作；社区（村）做好所属区域租赁住房的基础性管理。实行住房租赁网格化管理，网格员做好住房租赁信息采集、日常巡查、综合管理等工作。

探索新建和改建租赁房高效并联审批，优化快速审批通道。一是推进公安、卫生、规划、城管、消防、房管、环境等部门对于租赁企业从建设到运营的并联审批机制，让租赁企业少跑路、少跑弯路。二是审批流程应该更加透明化，明确审批时间期限。

八、营造住房租赁的健康消费环境

引导承租人选择白名单的住房租赁企业和正规的租赁住房，营造住房租赁的健康消费环境，完善租购同权导向下的公共服务政策，如保护承租人合法权益，稳定租赁关系，稳定住房租金，使住房租金可以抵扣个人所得税、提取住房公积金、办理居住证更加便利，以实际居住地享受义务教育等基本公共服务，使人们愿意租房住，而不是一味地要买房，推进建立租购并举的住房制度。

引导住房租赁企业、房地产经纪机构、网络信息平台建立投诉处理机制。相关行业组织要积极受理住房租赁投诉，引导当事人妥善化解纠纷。房产管理部门应当畅通投诉举报渠道，通过门户网站开设专栏，并加强与市长热线协同，及时调查处理投诉举报。

营造健康的舆论环境，用更开放的心态和更客观的认知来理解住房租赁市场的商业模式的正当性和合理性。住房租赁企业通过提供市场化的运营管理服务，能够解决以个人业主出租为主的住房租赁供应模式中长期存在的户型、产品、服务"错配"问题，在盘活存量市场、提高住房资源利用率，增加租赁供给、改善租户租住体验等方面发挥积极作用。作为一个关系到民生的行业，住房租赁市场服务场景多、服务链条长，加上庞大的用户群体，个体诉求复杂，很容易产生诸多问题，对于不合规、不合法的问题，理应受到监督改正，但不可否认，住房租赁企业依旧面临着多种多样的偏见。要促进租赁住房行业健康发展，迫切需要充分运用网络、电视、报刊、新媒体等渠道，加强宣传报道，营造遵纪守法氛围、诚信经营的市场环境。发挥正反典型的导向作用，及时总结推广经验，定期曝光典型案例，发布风险提示，营造住房租赁市场良好舆论环境。

形成住房消费健康发展的理念，一是需要加强公共服务和市场监管培育租房消费习惯，解决租房后顾之忧，保障租房生活尊严，促进人的全面发展。二是完善现有赋权政策口径，实现积分落户、子女义务教育入学、提取公积金三项赋权，并继续扩大基本公共服务的覆盖面，探索租赁住房满一定年限的，在购房资格、购车指标等方面享受与纳税、社保要求的同等待遇等鼓励性政策。进一步推动租赁备案信息用于申请公租房补贴、办理居住证卡、房租抵扣个税核查、金融机构审批租金贷款业务查询等公共服务。三是从增加租赁房源入手，改变供给总量不足和结构不匹配的问题。面向特定人群开展专题专项服务。针对新就业大学生、快递、餐饮、环卫等城市运行和服务保障人员，组织有关企业提供适配房源和优惠，保障租有所居。四是加强消费者权益保护。积极开展"租赁校园行"等形式多样的宣传教育活动，深入社区开展普法宣传，发布租房指南，提高消费者风险防范意识和能力。

九、鼓励租赁企业的健康发展

以消费者满意作为最高质量标准，督促住房租赁企业全面实施租赁住房建设运营标准，主动发布租赁住房产品和服务质量标准的声明，践行产品和服务质量诚信承诺，鼓励企业主动顺应个性化多样化、绿色环保、社会责任、消费友好等新潮流，积极倡导提高供给质量，引领企业全面提升产品和服务质量，以高质量提供优质供给，形成独有的比较优势。

一是鼓励企业增加租赁住房供给。国家有关部门支持在人口净流入的大中城市培育和发展住房租赁市场，并选取一定数量的城市先行试点，支持相关国有企业转型为住房租赁企业，以充分发挥国有企业优势来稳定租金和租期；搭建政府住房租赁交易服务平台，解决现在信息不透明的问题；鼓励各地通过新增用地建设租赁住房，在新建商品住房项目中配建租赁住房等方式，多渠道增加新建租赁住房供应。

二是鼓励企业提升租赁住房品质。为更好地改善人们租住环境，国家近年来在供地、税收、金融等方面给予规模化、专业化住房租赁企业诸多政策支持，相关市场主体得到快速成长。从事住房租赁的企业也纷纷推出统一装修、拎包入住的"品牌公寓"、长租公寓等在市场上颇受欢迎。

三是鼓励企业优化租赁住房供给结构。支持和鼓励租赁企业的发展，优化租赁住房供给结构，增加多层次租赁住房供给，从而满足不同层次的租赁住房需求。通过税收优惠、降低融资成本、支持 REITs 发行等方式支持市场化租赁企业的发展。同时推动和支持住房租赁企业商业模式迭代升级，从单纯追逐租金高溢价与用户争利，转向"向效率要红利"，即通过为租客和业主服务提供优质服务获得收益，企业更加重视运营指标，推动收房端和出房端的规模化、高效化，打造出品质、规模、效率的正循环。

四是鼓励企业增强租赁住房服务和配套。对于新时代的租房群体而言，租房选择不仅仅是居住上的满足，对于租赁住房的服务和配套设施的要求也成了重要考量，从租赁住房的选房到定制化服务以及对于周边设施的需求日益凸显。在租期服务上，保洁、搬家、维修已成为新时代租房"三大标配"。

第三节　完善保障性租赁住房政策体系

一、明确保障性租赁住房的定位和保障对象

保障性租赁住房的配置要追求全社会公共福利的最大化，优先考虑公平公正。保障性租赁住房分配制度设计应以保障公民基本住房权为目标，应重点面向城镇中低收入住房困难家庭，立足于基本住房保障，在此基础上，适当考虑其他群体的住房困难，例如企事业单位职工等。完善购租并举的住房保障体系要"守住底线"，就是要保障中低收入家庭基本住房需求，这是党和政府必须充分解决好的基础性工作，是民生安全网必须首先筑牢的"网底"，将住房保障的着眼点更多地放在保基本和"雪中送炭"上。在实现中低收入家庭"应保尽保"的基础上，逐步放宽保障性租赁住房准入条件，坚持公平与效率兼顾的分配机制，扩大到中等收入群体，例如企事业单位职工、人才等。

对不同群体采取不同的扶持方式，例如低端的住房救助，中端的扶持，高端的间接支持。对于中低收入群体，优先入住公租房，按照准市场租金方式缴纳租金和按照收入可支付的方式提供补贴。对于其他群体，入住保障性租赁住房按照准市场租金方式缴纳租金，不提供补贴。建议设定国家层面的中低收入群体的设

定条件，例如不高于人均月收入的70%，其他群体的设定条件，例如不高于人均月收入的180%，并由各地方根据住房及收入情况、政府财力、住房市场成熟度等情况的变化，自行设定收入、财产和住房准入标准。

同时有公租房和保障性租赁住房的城市面临着二者如何衔接的问题。一种思路是统一称作保障性租赁住房，按照产权单位来分，由政府或其国有企业所有和运营的保障房为公共租赁住房，其他为社会保障性租赁住房。另一种思路是，统一称作保障性租赁住房，并且分为低租金住房和成本租金住房，前者以政府所有的公共租赁住房为主，后者以非营利的社会组织和单位提供的成本租金住房为主。建议对于二者都有的城市，公租房定位调整为重点保障城镇户籍中低收入住房困难家庭，设定合理的收入、住房准入条件，对轮候家庭重新清查和排序；盘活公租房存量，依据现有政策不符合公租房准入条件的家庭退出转到保租房；通过实物公租房和货币补贴的形式，加大货币补贴力度，实现公租房轮候低收入家庭应保尽保。设定保租房享受政策的限制条件，例如租金定价和涨幅、准入人群等。

二、合理确定保障性租赁住房的保障标准

目前的保障性租赁住房的保障标准多是在公共租赁住房的标准上有所提高。要想最大范围、最高效率地满足保障对象住房需求，住房保障应定位为基本住房需求，并且应该按照家庭类型来设立住房标准，而不是按照人均面积。建议结合保障房设计来制定家庭住房面积标准。在制定住房标准的时候，还应考虑到多子女家庭、老年人和残疾人的独特需求，适当加大面积。另外，随着城市经济社会发展水平的提高，人均住房面积的提高，保租房的标准也应该提高。

三、合理确定保障性租赁住房的保障方式

保障性租赁住房未来的目标模式，应该是"使用权性质的保障房+货币补贴"。在住房供不应求的情况下，需要加大保障性租赁住房的筹集和供应；在住房供求平衡或供大于求的情况下，需要加大货币补贴的力度，利用市场租赁住房来实现住房保障的目的。

对不同类型保障群体提供多样化保障方式选择。对于本地户籍的中低收入住

房困难家庭，优先入住公租房和领取政府发放的补贴。对于其他群体则入住保障性租赁住房，不领取补贴。对于保障群体选择到市场租赁住房，可以领取市场租房补贴。

四、完善保障性租赁住房的实施机制

在保障性租赁住房的申请审核机制设计方面，从人口、住房、收入、资产等方面建立严格的审查制度来保证保障性租赁住房分配的公平与效率。为了体现保障水平的动态性，对于已享受住房保障的家庭，也要定期向住房保障部门申报其收入和资产等状况，并接受定期审核检查。

在保障性租赁住房的轮候机制设计方面，建议采用分队列轮候模式，将保障对象分为城镇户籍中低收入家庭和其他群体（例如新市民、青年人和人才等）。面向城镇户籍中低收入家庭，需要按照申请时间、入籍时间等确定排位顺序。对于其他群体，在供不应求的时候，则可以采用公开抽签方式确定排位顺序。

在保障性租赁住房的分配机制设计方面，当保障性租赁住房资源总量有限时，政府如何兼顾城镇户籍中低收入家庭和其他群体，分配比例如何确定？面积较小和收入准入标准低的公租房优先分配给城镇户籍中低收入家庭，其他群体主要进入集体宿舍、周转房等性质的保障性租赁住房。

在保障性租赁住房的使用监管机制设计方面，要实现保障性住房的可持续利用，需要定期检查住房使用情况，对保障性租赁住房进行分配后的动态监管，尤其是制定完善有效的退出机制。国内很多城市对于已经入住的住户，如果收入、资产等不再符合准入条件的，很难将其清退出去，有些拒不缴纳租金的租户，也因为保障房管理部门没有强制性措施征缴租金因而只能放任不管。建议定期复核保障对象家庭人口、住房和经济状况变化情况，及时调整保障方式、保障标准等；完善使用监管、退出、激励和惩罚体系。健全保障性租赁住房退出管理机制，对违规使用保障性租赁住房或不再符合保障条件的承租人，综合运用租金上调、门禁管控、信用约束、司法追究等方式，提升退出管理效率。加强保障性租赁住房的租金和物业管理费收缴工作，提升消费品质，实行精细化管理，加强监管工作，提升公租房的运营维护和物业管理水平。对于转租行为进行惩罚，不符合条件的家庭规定宽限期后提高市场租金，并加收惩罚金，强制搬离，提供贷款

贴息政策鼓励购买配售型保障房。

在保障性租赁住房的租金定价机制设计方面,保障性租赁住房的租金与市场租金差距不宜过大。一方面,差距过大容易产生政策套利,也容易产生租客入住后退租困难等问题;另一方面,如租金价格长期低于市场租金,企业很容易亏损,不得不退出市场,不利于政策长期运行。为此在保障性租赁住房的租金设计中需要同时注意两点:第一是本着租金可负担、企业经营可持续的原则,制定房租指导价。保障性租赁住房的房租应低于同地段同品质市场租赁住房租金,并由持有运营单位评估确定后报市、区住房城乡建设(房管)部门备案。其中,利用企事业单位自有土地建设的保障性租赁住房,应在同地段同品质市场租赁住房租金的九折以下定价。第二是建立保障性租赁住房动态调整机制,保障性租赁住房租金可随市场变化调整,但其调整价格不得高于市场平均租金的涨幅,合同期内不得调整租金。考虑企业定价与行政监管成本,建议每半年给予企业一次动态调整租金基准的窗口期。承租人与住房租赁企业签订租赁合同,并按有关规定办理租赁合同网签备案。合同期限一般不超过3年,合同期满后符合条件的可续签,不符合保障性租赁住房条件、承租人仍然要求续签的,住房租赁企业可变更租赁合同条件,按照市场化租金水平续签租赁合同。

五、加强保障性租赁住房的筹集和供应

合理设定保障性租赁住房的供应目标,以盘活存量房源为主,新建为辅的原则进行。保障性租赁住房可以从新建、改建和盘活存量等多渠道筹集。

对于新建保障性租赁住房,需要给予土地地价(例如专门的租赁住房地块)、容积率、信贷、税费等方面的政策支持。配建或者单独出让国有土地建设保障性租赁住房,专项核定其成本,加强非居住用地转化建设保障性租赁住房。鼓励村集体利用集体建设用地建设保障性租赁住房或者上市出让建设保障性租赁住房。规范企事业单位低效自有用地建设保障性租赁住房的分配,拿出一部分作为面向社会的保障性租赁住房。在产业园区、轨道交通站点附近、市区中心片区统筹推动基础设施建设和保障性租赁住房筹集,按照园区人员结构建设筹集,蓝领和白领比例可以灵活设定,申请对象相对灵活,充分利用保障性租赁住房。

对于转化改建租赁房,加强国有土地非居住房屋规模化、品质化改造提升。

鼓励住房租赁企业组织盘活利用城镇闲置工业厂房、商业办公区等进行改造和规模化出租经营。需要政府、行业协会制定转化改建保障性租赁住房的建设、使用标准，简化审批程序；优化住房租赁权益双方关系，提高规模化租赁经营比例，保障双方合法权益，强化租赁企业和产权房的主体责任。在城市更新范畴下，尽快出台涉及转化改建保障性租赁住房需要变更土地用途、奖励容积率、调整消防验收标准和工商注册地址数量等相关政策。

对于盘活存量住房用于保障性租赁住房，给予减免税费、以租换购提供限购下的购房指标支持。鼓励农村集体经济组织盘活利用闲置宅基地和住宅进行规模化出租经营，加强城中村规模化、品质化改造提升。发挥市场资源配置作用，发放市场租房补贴利用市场租赁住房来作为保障性租赁住房房源，在去库存中收购商品房作为保障性租赁住房。鼓励住房租赁企业组织盘活利用城镇闲置住宅进行规模化出租经营。建议推动分散式房源纳保，加强租购联动激活房地产市场的同时扩大保障性租赁住房有效供给。一方面出台税收优惠措施，或是"以旧换新"，在仍存在限购政策的区域开展"以租换购"等措施，促进个人业主房源纳入保障性租赁住房出租，另一方面根据管理能力、社会信用等条件选择专业化住房租赁企业提供居民自有住房运营服务。增加中心城区保租房房源的供应，提升职住平衡性，并激发郊区的住房流通，试点先租后售政策。

打通保障性租赁住房与配售型保障房转化链路，形成"住房阶梯"式的住房保障思路。通过"租购转化"能够满足不同时期新市民、青年人的居住需求。在不同的家庭生命周期下，新市民、青年人的收入水平、家庭人口结构不同，随着收入水平或是家庭结构的变化，新市民、青年人会更倾向于购买自有产权住房。建议允许承租人在租满 5 年后，将所承租的保障性租赁住房转化为配售型保障房，在一定次数内买断所承租房屋的相应比例产权。买断房屋的价格，可按照如果 5 年后房价上涨则以现在的保障房价格购买；如果房价下跌，则以 5 年以后的价格购买的原则进行设计，提高承租人的购买意愿。例如，2023 年 4 月 1 日武汉首批"先租后售"保障性租赁住房（汉寓·燕归园），优先供应来汉工作大学生等群体。据武汉市住保局官网信息，该项目首批推出的 100 套房源已经全部满租，租金价格约为周边项目租金的 7 折，两室的租金每月为 1300 元到 1600 元，三室为 1600 元到 1900 元不等。

完善保障性租赁住房管理服务平台，引导供给主体和企业需求信息对接，加强市场分析监测，提高供求匹配效率。强化市场规范管理，深化"放管服"改革，规范实施保障性租赁住房服务许可告知承诺制，探索机构和个人市场信用管理等新型监管模式，完善诚信激励和失信惩戒机制。深入开展清理整顿市场秩序专项执法行动，打击各类违法违规行为，更好维护承租双方的合法权益。同时，加强租赁风险案例宣传，提升承租双方的防范意识和自我保护能力。

六、加强保障性租赁住房的规划和土地政策支持

一是充分发挥住房发展规划的作用，实现供求总量平衡和结构合理。通过住房发展规划摸清总体的住房需求现状，并且推算未来的需求。这包括预测住户数量的增长、拆迁安置的住户数量、住房困难群体的数量、居住时间 1~6 个月的流动人口住房需求等测算新增需求。通过住房发展规划摸清总体的住房供给现状，并且推算未来的供给。这包括预测新建、拆除、非居住房屋改为居住房屋等测算新增供给。通过供求测算平衡，提出满足需求和增加供应的规划、土地供应和房屋开发政策建议。在此基础上，提出满足保障性租赁住房需求和增加供应的规划、土地供应和房屋开发的政策建议。

二是在城市控制性详细规划中明确将保障性租赁住房作为社会性基础设施规划和落实供应地块、规划设计要求，设定保障性租赁住房存量占到国有土地上正规成套住房存量的一定比例。如果达不到该比例，就要求房地产开发必须配建保障性租赁住房，或者缴纳土地出让金一定比例用来建设筹集保障性租赁住房。制定在商品住房、配售型保障房、棚户区改造定向安置房、老旧小区改造项目中配建一定比例的保障性租赁住房的政策。

三是多渠道利用土地建设筹集保障性租赁住房。通过集体建设用地筹集保障性租赁住房。当前农村地区住房过剩且村民有通过租赁房屋提高家庭收入的需求，可以通过统一筹集和改造为保障性租赁住房。另外，农村集体土地建设保障性租赁住房是为住房租赁市场筹集房源的有效渠道。在农村集体建设用地上建设租赁房涉及农村集体建设用地的确定，农村集体建设用地相关权能的重新界定创设，以及需要对租赁房建设投资主体的选择、利益相关方的收益分配、用地流转程序的设定、市场流转的界定、产权确权登记等制度进行提前设计。此外，通过

企事业单位自有用地、产业园区配套用地、国有土地出让建设筹集保障性租赁住房。

2023 年年初放宽防疫政策后，那些斥巨资建设的方舱隔离设施何去何从，一度成为舆论焦点。有研究报告指出，参考福建古田、福建莆田、湖南长沙、浙江温州、山西朔州等城市的数据，全新建设的隔离设施，单个床位的成本很可能超过 9 万元。济南是最早实现方舱再利用的城市之一，2023 年 1 月已经把方舱改为人才公寓，成为部分地区参考的改造模式。浙江温州也把当地的隔离设施改为保障性租赁住房，用于解决住房问题。北京金盏七彩家园总面积约 28 个足球场大，有 4910 个单位，9 个楼栋群分别漆上红、橙、黄、绿等七彩颜色。金盏七彩家园是 2022 年年中建设和启用的隔离方舱，疫情期间累计接待了 38000 多名隔离人员。中国松绑防疫政策后，各地政府为方舱寻找后续处置方案，七彩家园被改造为人才公寓，并在 2023 年 9 月底开始对外出租，专门用于解决新市民和年轻人的住房问题，月租只要 1200 元，最短的租期为半年。这个总面积约 20 万平方米的小区如今有 4910 个单位，每个单位 18 平方米，小区的房间内设有独立卫生间、冷气，以及崭新的床、电视和沙发。小区的住户以年轻学生和北漂打工族为主。七彩家园小区内还设有健身房、超市、保安和食堂等设施。七彩家园大部分区域已拆除防疫标志，但租户在入住时签署的知情同意书中，仍列了一项特别的条款——项目房屋建设初期为朝阳区疫情集中隔离观察用房，如遇疫情、不可抗力等因素，政府可能会紧急征用该项目，租户所租住房如遇该类情况，应无条件配合腾退。①

七、完善保障性租赁住房的财税和金融支持政策

在中央财政支持的基础上推动各城市加大地方财政对保障性租赁住房的支持力度，形成多方参与的新局面。根据各地租赁市场情况、住房保障需求、市场租赁房源和地方财政状况，进一步明确财政资金使用范围、补贴比例与补贴金额上

---

① 中国经济网. 北京一方舱变身保租房：给新市民一个"七彩的家"［EB/OL］.（2024-01-19）［2024-09-04］. https：//baijiahao. baidu. com/s？id＝1788469508860989260&wfr＝spider&for＝pc.

限，提高补贴使用效率。明确存量改造与新建保障性租赁住房财政资金补贴的使用范围清单，按照实际改造工程量按比例进行补贴。可参照日本经验，中央财政补贴比例为项目费用 1/3，地方财政补贴 1/3，剩余资金由责任企业自行负担。另外，各地也应结合实际，制定本地财政补贴限额，将财政资金控制在限额以内。综合研究财政补贴方式进一步提高住房保障的针对性和实效性。

《财政部 税务总局 住房城乡建设部关于完善住房租赁有关税收政策的公告》（财政部 税务总局 住房城乡建设部公告 2021 年第 24 号）要求：住房租赁企业中的增值税一般纳税人向个人出租住房取得的全部出租收入，可以选择适用简易计税方法，按照 5% 的征收率减按 1.5% 计算缴纳增值税，或适用一般计税方法计算缴纳增值税。住房租赁企业中的增值税小规模纳税人向个人出租住房，按照 5% 的征收率减按 1.5% 计算缴纳增值税。住房租赁企业向个人出租住房适用上述简易计税方法并进行预缴的，减按 1.5% 预征率预缴增值税。对企事业单位、社会团体以及其他组织向个人、专业化规模化住房租赁企业出租住房的，减按 4% 的税率征收房产税。对利用非居住存量土地和非居住存量房屋（含商业办公用房、工业厂房改造后出租用于居住的房屋）建设的保障性租赁住房，取得保障性租赁住房项目认定书后，比照适用第一条、第二条规定的税收政策，具体为：住房租赁企业向个人出租上述保障性租赁住房，比照适用第一条规定的增值税政策；企事业单位、社会团体以及其他组织向个人、专业化规模化住房租赁企业出租上述保障性租赁住房，比照适用第二条规定的房产税政策。建议对申请"非改租"的项目减免房产税；为了鼓励居民闲置房屋出租，减免房地产税。建议为低收入租客群体提供租房补贴或租房券的方式，提升租房困难群体的租金支付能力，同时鼓励住房租赁企业为低收入群体提供一定程度的服务费优惠或 0 押金支持。

对从事租赁住房开发的企业，给予一定比例的贷款贴息或者提供政府担保低息贷款，降低开发和运营成本，提高企业参与租赁住房开发建设和运营管理的积极性。积极搭建银企对接平台，支持金融机构为保障性租赁住房项目推出长期、低利率专项信贷产品；大力推行不动产投资信托基金（REITs），发挥保险基金、私募基金等权益资金作用，更好支撑保障性租赁住房建设；加大住房公积金支持力度，畅通提取公积金支付租金的渠道，在优先保障缴存职工提取和贷款资金的前提下，向符合条件的保障性租赁住房项目提供低利率和长期限的贷款。

八、完善保障性租赁住房的行政审批政策

一是在做好常态化申请受理机制的同时，强化部门协同和信息共享，加强资格审核，确保保障对象符合相应的准入条件。在现有规划变更、土地改变性质较难的情况下，建议利用政府会议纪要赋予改造项目合规性，降低非居住房屋改为保障性租赁住房的审批难度。

二是把企业参与保障性租赁住房建设情况作为参与土地拍卖、城市更新的前置条件，引导大型房地产企业积极投资建设保障性租赁住房。组建以主管部门、行业领军企业、行业专家等构成的保障性租赁住房交易平台指导委员会，开展行业指导、规范等工作。鼓励所有权和运营管理权分离，支持具备较好运营管理水平的专业机构服务保障性租赁住房。定期对保障性租赁住房运营管理机构进行第三方测评，督促其提高服务质量。

三是明确新建与改造类保障性租赁住房建设导则，允许地方在经过批准后适当降低改造标准。尽快明确并完善适合的"非改租"建筑设计标准，在保障建筑居住安全的基础上，各地可以根据本地情况在经过批准后适当放松保障性租赁住房建设标准，可参考日本东京根据既有建筑建设年代设定相应最低居住面积标准和项目改造总面积的要求，降低企业改造成本。在租赁户型设计上，以开间、一室一厅和两室一厅为主。开间、一室一厅主要对应单人和双人的居住需求，两室一厅主要对应家庭居住需求。保障性租赁住房租赁群体以未婚状态为主，户型应以开间和一室一厅为主，同时考虑到未来租赁人群的家庭结构会更加丰富，根据项目需求调研也应适当增加两室一厅的户型供给。超大城市在租赁产品结构上，可进一步扩大集体宿舍产品供给。集体宿舍产品单价低、区位优，可以有效解决超大城市第三产业服务行业职工租金价格过高和通勤时间过长的痛点。

第四节　完善我国住房租赁的技术工具体系

一、完善租赁住房的供求匹配数字化平台的系统设计

国家的关键是"注定要来确认公共利益和私人利益，并在这两者之间进行协

调"。应通过数字革命加强国家在租赁住房方面的治理能力。一是加强数字秩序
能力，要求国家以自身为中心来构建新的数字秩序，例如搭建住房租赁数字化平
台，来连接供给和需求，加强二者的匹配。二是加强数字赋权能力，旨在实现更
为公平的住房资源的社会分配和权利赋予。赋权能力体现在国家能及时识别住房
资源的供求缺口以及权利的不平衡等问题，并且在整个人口中对于经济增长的收
益和成本进行有效分配。数字创新能力旨在激发社会参与技术创新的积极性，例
如在物联网技术、社会网络技术、人工智能等技术的开发和应用上。具体如图 6-
1 所示。

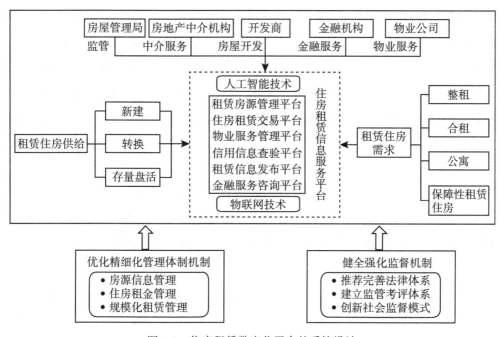

图 6-1　住房租赁数字化平台的系统设计

二、加强住房租赁业务的全流程监管

租赁住房的监管和政策措施需要从租赁全流程审视。首先是租赁房源的供应
环节，这包括租赁房源的生产和上市供应，前者包括新建、改建和盘活存量房
源，后者需要房源核验和供应主体资格认定；其次是租赁信息发布环节，这包括

房源供应方在各种信息渠道推送房源信息，以及房源需求方在各种信息渠道发布求租信息；再次是租赁双方签约环节，包括签订合同和补充协议，以及到相关部门办理登记备案；然后是租赁住房的运营维护环节，这包括住房租赁期间的设施设备维修保养等；最后是租赁退出环节，也就是租期的结束，需要处理租赁期间房屋和设施毁损的责任，以及维修费用、租金和押金的结算等，还涉及有关部门对租赁企业的信用评价、租赁企业对租客的信用评价等。

租客群体庞大，流动性强，租赁管理部门人力有限，因此市场监管是一个难题，需要政策从全流程开展应对。首先是从房源生产环节，需要从法律和政策层面增加房源的合法合规供应，这需要确定租赁住房的建设运营标准，并且从土地、规划、财政、金融、行政审批等方面加强支持；然后是房源上市供应环节，这需要设定房源核验和市场准入认定，包括政府公布房源标准和经过核验的房源供公开查询，以及要求住房租赁企业除了在市场监管部门登记注册还需要到住房租赁部门登记备案和符合相应的准入要求，并且可以在线公开查询企业开业报告信息，以及将无照经营、超范围经营的企业列入异常经营、未报送开业信息、信用不良、存在违法违规记录的企业黑名单中，提醒租客要谨慎选择，避免遭遇"黑中介""不良中介"。

其次是租赁信息发布环节，目前的信息渠道众多，信息良莠不齐。需要从法律和政策方面要求信息发布方提供真实准确的信息，打击虚假信息；以及提供政府经过核验的真实房源、租客的信息发布平台，并且和企业的互联网信息平台一起做好链接和及时更新。

再次是签约环节，这需要政府提供住房租赁合同指导文本，可有效预防和减少房屋租赁过程中出现的风险，维护租赁当事人的合法权益，并且设立相应的网站给租户提供风险提示、在线咨询和法律援助。

然后是运营维护环节，需要在立法和合同层面明确租赁期间的房屋、设施设备运营维护的责任，提供租赁纠纷的处理机制，鼓励租赁双方购买保险减少租赁纠纷。

最后是租赁退出环节，需要在立法和合同环节明确租期结束的相关责任认定、纠纷处理和资金结算等问题，以及对租赁企业的信用评价，同时规范租赁企业对租客的信用评价，保护租客的合法权益。

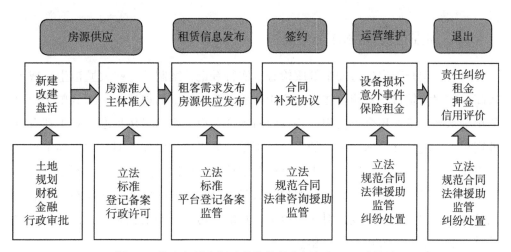

图 6-2　住房租赁市场政策管控的分析框架——政策端

资料来源：易成栋，陈敬安．政策助力长租房市场规范发展［C］//中国房地产估价师与房地产经纪人学会．中国住房租赁发展论坛论文集．2023：5.

政府官方平台应公开租赁知识，推广宣传提高普及居民认知。租户在实际生活中需要有便捷官方渠道了解租赁相关的权利义务。建议参考英国政府、德国政府、租户协会等官方网站，在政府网站或住建委设置住房租赁栏目，或住房租赁服务平台公开住房租赁流程、注意事项、维权等基本知识，并加强宣传普及教育工作。此举有利于居民在住房租赁时有规则可依，便于交易过程中懂得自我保护。

住房租赁与信用系统打通，向出租利益相关方提供信用、公安信息查询。住房租赁是信用产生和应用的场景，承租人租金缴纳行为可纳入信用系统，同时出租利益相关方为确保潜在承租人的信用，存在查询信用和公安信息的需求。建议住建委的住房租赁备案系统与信用系统互通（建立租金缴纳功能，或租赁双方确认功能），将租金缴纳行为信息纳入信用评价，并向出租相关利益人提供依申请查询承租人信用服务；住房租赁备案系统和公安系统互通，向出租相关利益人提供依申请查询承租人公安信息服务和线索举报功能。

总之，需要从法律法规和政策方面维护租赁双方的合法权益。由于租户为相对的弱势群体，且缺乏相应的法律知识，因此需要加强租客的自我保护意识和维权能力，并且提供相应的法律救助。

三、加强租赁住房的安全监管

对于大型合租房进行安全健康检查，实行登记备案制。一些大城市生活成本较高，住房租赁市场普遍存在多户合租住房、分担租金的现象。为降低单个租户的租金水平，确保租金可负担，建议政府允许多户合租的居住状态，对于拥有对外窗户、环境良好、适合居住的客厅，可单独分隔租赁居住。但是，市场上也存在不良房东、二房东将安全卫生环境糟糕的住房，或储藏室、阳台等不适合居住的空间出租给众多租户。为确保租户的人身安全和体面的生活，建议参考采取英国政府的合租房牌照制度，对3户以上租户的住房进行安全健康检查，检查通过的进行登记备案后方可对外出租。

四、建立住房租赁市场的监测指标体系

在中国住房租赁市场的发展现状和问题分析的基础上，结合相关研究，本章通过宏观环境、市场发展、企业运行以及微观业态四个方面建立了我国住房租赁发展的监测指标体系，以评估住房租赁市场健康发展情况。宏观环境、市场发展、企业运行和微观业态四个层面的测度相辅相成、相互联动。具体来说，宏观环境是整个住房租赁市场的发展背景，测度市场的发展潜力。市场发展层面关注市场供需状况及价格特征，测度市场发展动态。企业运行层面根据住房租赁企业的发展规模和市场占有率以及利润率来衡量企业是否健康运行、发展态势良好。微观业态层面基于个体对于住房租赁生活的体验和主观评价，参见表6-3。

表6-3　　　　　　　　　**我国住房租赁市场发展监测指标体系**

监测层面	监测方面	监测指标	指 标 描 述
宏观环境	政策环境	发展战略	监测住房租赁政策的稳定性和连续性
		支持力度	土地、金融、财税、法律法规等住房租赁政策的实施强度
	经济环境	经济发展水平	GDP 的总量和增速
		金融环境	货币供应量、信贷规模等
	社会文化环境	租赁人口占比	住房租售比例及变化趋势
		租赁消费观念	不同教育背景和年龄的租赁群体消费观念和趋势

续表

监测层面	监测方面	监测指标	指　标　描　述
市场发展	供求关系	供需规模	租赁住房供给和需求的总套数、总间数、总建筑面积
		供需结构	房源、户型结构供需匹配性
		供需权益	供给方权利、租户的居住权利以及匹配的子女教育、医疗等资源赋权程度
	价格特征	租金价格水平	租金单价/年租金涨幅
		房价租金比	每平方米的房价/每平方米的年租金
	交易特征	市场活跃度	房源租赁挂牌、带看和成交数量
		租房空置率	房源租赁挂牌未出租占租赁房源总数的比例
企业运行	发展规模	住房租赁企业发展状况	租赁企业的发展规模以及市场占有率
	企业绩效	租赁企业利润率	(年总收益-年成本)/年成本
	风险管控	住房租赁资金监管	住房租赁企业的资金链管控
微观业态	安全性	房源品质	房源结构安全、消防安全
	舒适性	服务品质	住房功能、服务规范和周边设施配套
	经济性	可支付性	租金收入比
	便利性	生活、工作便利	工作地与居住地通勤距离和时间;一刻钟便民生活圈的配套设施完备程度
	稳定性	租赁关系	租赁周期、租赁合同纠纷数、租赁合同规范化、管理流程规范化

以下对各个层面的指标体系和具体设计进行说明。

（一）宏观环境

宏观环境包括住房租赁市场的政策环境、经济环境和社会文化环境。

政策环境。住房政策作为政府干预和解决住房问题的规定性安排对住房市场产生重要影响,因而,租赁住房政策特别是住房制度、发展战略对于住房租赁市场的长期发展起到极大的推动作用。具体到政策和发展规划层面,中央和地方政府对于住房租赁市场出台的支持政策，例如规划调整、标准制定、土地供应、财税补贴、金融贷款支持以及确立相应的法律法规，有利于促进住房租赁市场的发展。

经济环境。宏观经济基本面影响了住房租赁市场的行情。其中 GDP 代表的经济发展水平决定了住房租赁市场的发展阶段。而金融环境对于拓宽住房租赁市场多元化投融资渠道产生重要的作用。

社会文化环境。社会文化环境也是研判当前住房租赁市场规模和发展潜力的重要指标，它包括了租赁人口占比和租赁消费趋势。

（二）市场发展

住房租赁市场发展受市场供给和需求共同影响，因此用供求关系、价格、交易特征来衡量。

租赁住房供求关系。一是租赁住房供给和需求规模，包括租赁住房的供给和需求总面积、总套数、总间数，用以衡量供需的总量平衡。二是租赁住房供给和需求结构的匹配性，涉及住房租赁市场多种类、多价位的房型结构（0 居室、1 居室等）的供给和不同主体的多层次需求匹配情况，用以衡量供需结构方面的匹配度。三是供需双方的租赁权益的保护情况。租户的居住权利和享受相应的公共服务依法受到保护，出租方的权益也应依法得到保障。

价格特征。价格特征主要包含租金单价及其年度涨幅、房价租金比等方面。住房租金是体现住房租赁市场供需关系的主要指标。租金的平稳增长是住房租赁市场平稳有序发展的重要保障。2021 年 8 月，住建部发布《关于在实施城市更新行动中防止大拆大建问题的通知》，明确城市住房租金年度涨幅不超过 5%。房价租金比即房价/租金，其中年租金/房价可以用来描述住房出租的投资收益率，从而衡量租赁住房建设与投资的风险和收益。

交易特征。交易特征包括市场活跃度、房源空置率两个方面。住房租赁市场活跃度可以有效监测市场供求双方的发展动态和市场运行状况。个人房东是我国住房租赁市场的主体，他们通常会委托互联网租赁平台发布信息，或者委托房地产中介发布信息和带客户看房。因此依据定期（例如一月）租赁住房挂牌量、带看量和成交量来衡量住房租赁市场活跃度。租房空置率可以直观地反映住房租赁市场的供需关系，直接影响住房租赁企业的经营利润和发展压力。可以依据房源挂牌未出租数量占据房源供给总量的比例来衡量租房空置率。

（三）企业运行

长租房市场的发展在很大程度上取决于住房租赁企业的发展，培育和发展住房租赁企业对于住房租赁市场的发展具有重要的支撑作用。对于住房租赁企业的平稳健康发展的监测有三个方面。一是租赁企业的发展规模。我国主要以个人房东为主，专门化的租赁经营企业占比还比较低，因此住房租赁企业的发展数量、房间套数的规模以及机构占有率可以作为衡量长租房市场租赁企业发展规模的重要指标。二是租赁企业绩效，利润是企业生存的根本，可以将利润率作为租赁企业绩效的衡量指标。三是租赁企业风险管控。自"租金贷""装修贷"等经营风险引发的爆雷事件后，众多省市住房和城乡建设部门会同当地金融监管部门建立了住房租赁资金监管制度。这对规范住房租赁企业经营行为，促进住房租赁市场健康有序发展具有重要意义。

（四）微观业态

租赁住房微观业态评价包括租赁住房的安全性、舒适性、经济性、便利性、稳定性五个方面。租赁住房的安全性是居民最基本的生存需求，主要包括房屋主体结构安全、消防安全等，特别是非正规住房的安全隐患不可忽视，因而需要对安全性进行监测。居住舒适性强调居住体验，主要包括房间的宽敞程度、功能齐全、配套设施和公共服务完善等，可以依据租户满意度调查进行监测。经济性以租房可支付性为衡量指标，用房租占收入的比例来表示居民的租房负担和压力。租客的生活和工作便利性主要考察生活便利程度和通勤情况。建成社区居民"幸福圈"是商务部提出的要建设多业态生活服务体系的重要指标，要求打造一刻钟便利生活圈，满足居民日常生活基本消费和品质消费，因此可以用租户的一刻钟生活圈来评价其生活便利性。"45分钟"是衡量城市通勤状况的关键时间维度。纽约市政府曾发布《纽约2040——规划一个强大而公正的城市》，提出45分钟以内通勤人口的比重达到90%，是一个城市实现繁荣、公平、可持续发展的目标。因此，通勤时间可以衡量租户的通勤距离和拥堵程度，反映了他们的职住关系。租赁关系稳定性是指租赁双方遵守租赁合同，不存在出租人以违背法规和合同等非正常解除租赁关系。租赁关系稳定性监测可以依据 12345 投诉量、法院起诉和仲裁、网上曝光租赁企业爆雷等租房纠纷案件数量等进行监测。

参 考 文 献

[1] Agbola T., Egunjobi L., Olatubara C. O. Housing development and management [EB/OL]. (2016-08-31) [2024-05-09]. https://www.researchgate.net/publication/343430573_Rental_ Housing.

[2] Ahmed M. A., Hammarstedt M. Discrimination in the Rental Housing Market: A Field Experiment on the Internet [J]. *Journal of Urban Economics*, 2008, 64 (2): 362-372.

[3] Allen C. Gallent, et al. The Limits of Policy Diffusion: Comparative Experiences of Second-Home Ownership in Britain [J]. *Environment & Planning C: Government &Policy*, 1999, 17 (2): 227-244.

[4] Ambrosius D. J., Gilderbloom I. J., Steele J. W., et al. Forty Years of Rent Control: Reexamining New Jersey's Moderate Local policies after the Great Recession [J]. *Cities*, 2015, 49: 121-133.

[5] Apgar W. C. *Rethinking Rental Housing: Expanding the Ability of Rental Housing to Serve as a Pathway to Economic and Social Opportunity* [M]. Joint Center for Housing Studies, Graduate School of Design [and] John F. Kennedy School of Government, Harvard University, 2004.

[6] Ball M., Harloe M., Martens M. *Housing and Social Change in Europe and the USA* [M]. Routledge, 1988.

[7] Boeing G. Online Rental Housing Market Representation and the Digital Reproduction of Urban Inequality [J]. *Environment and Planning A: Economy and Space*, 2020, 52 (2): 449-468.

[8] Brown L. A., Holmes J. Search Behavior in an Intra-urban Migration Context: A

Spatial Perspective [J]. *Environment & Planning*, 1971, 3 (3): 307-326.

[9] Chen C., Lin H. Intra-household Dynamics and Sequential Moves in a Housing Search Process [R]. Washington, D. C.: Transportation Research Board 90th Annual Meeting, 2011: 11-30 .

[10] Chen C., Lin H. How Far Do People Search for Housing? Analyzing the Roles of Housing Supply, Intra-household Dynamics, and the Use of Information Channels [J]. *Housing Studies*, 2012, 27 (7): 898-914.

[11] Chen J., Yang Z., Wang Y. P. The New Chinese Model of Public Housing: A Step Forward or Backward? [J]. *Housing Studies*, 2014, 29 (4): 534-550.

[12] Chen J., Yao L., Wang H. Development of Public Housing in Post-reform China [J]. *China & World Economy*, 2017, 25 (4): 60-77.

[13] Chiu L. R., Ho H. M. Estimation of Elderly Housing Demand in an Asian City: Methodological Issues and Policy Implications [J]. *Habitat International*, 2005, 30 (4): 965-980.

[14] Christensen P., Timmins C. The Damages and Distortions from Discrimination in the Rental Housing Market [J]. *The Quarterly Journal of Economics*, 2023, 138 (4): 2505-2557.

[15] Clark W. A. V., Smith T. R. Housing Market Search Behavior and Expected Utility Theory: 2. The Process of Search [J]. *Environment and Planning A*, 1982, 14 (6): 717-737.

[16] Dang Y., Liu Z., Zhang W. Land-based Interests and the Spatial Distribution of Affordable Housing Development: The Case of Beijing, China [J]. *Habitat International*, 2014, 44137-145.

[17] De Leeuw F., Ekanem N F. The Supply of Rental Housing [J]. *The American Economic Review*, 1971, 61 (5): 806-817.

[18] Doling J., Ronald R. Home Ownership and Asset-based Welfare [J]. *Journal of Housing and the Built Environment*, 2010, 25: 165-173.

[19] Early W. D. Rent Control, Rental Housing Supply, and the Distribution of Tenant Benefits [J]. *Journal of Urban Economics*, 2000, 48 (2): 185-204.

[20] Eriksen M. D. , Ross A. Housing Vouchers and the Price of Rental Housing [J]. *American Economic Journal*: *Economic Policy*, 2015, 7 (3): 154-176.

[21] Esping-Andersen G. *The Three Worlds of Welfare Capitalism* [M]. Princeton: Princeton University Press, 1990.

[22] Fan Y. , Fu Y. , Yang Z. , et al. Search Frictions in Rental Markets: Evidence from Urban China [J]. *China Economic Review*, 2024, 83: 102100.

[23] Friedman J. , Weinberg D. H. The Demand for Rental Housing: Evidence from the Housing Allowance Demand Experiment [J]. *Journal of Urban Economics*, 1981, 9 (3): 311-331.

[24] Gabriel S. A. , Nothaft F. E. Rental Housing Markets, the Incidence and Duration of Vacancy, and the Natural Vacancy Rate [J]. *Journal of Urban Economics*, 2001, 49 (1): 121-149.

[25] Genesove D. , Han L. Search and Matching in the Housing Market [J]. *Journal of Urban Economics*, 2012, 72 (1): 31-45.

[26] Geoff B. , Max B. , Ariela S. , et al. Housing Search in the Age of Big Data: Smarter Cities or the Same Old Blind Spots? [J]. *Housing Policy Debate*, 2021, 31 (1): 112-126.

[27] Gete P. , Reher M. Mortgage Supply and Housing Rents [J]. *The Review of Financial Studies*, 2018, 31 (12): 4884-4911.

[28] Gilbert A. Rental Housing: The International Experience [J]. *Habitat International*, 2016, 54: 173-181.

[29] Goodman A. C. , Kawai M. Estimation and Policy Implications of Rental Housing Demand [J]. *Journal of Urban Economics*, 1984, 16 (1): 76-90.

[30] Gyourko J. , Linneman P. Rent Controls and Rental Housing Quality: A Note on the Effects of New York City's Old Controls [J]. *Journal of Urban Economics*, 1990, 27 (3): 398-409.

[31] Hanson A. , Hawley Z. Do Landlords Discriminate in the Rental Housing Market? Evidence from an Internet Field Experiment in US Cities [J]. *Journal of Urban Economics*, 2011, 70 (2): 99-114.

[32] Harloe M. *The People's Home? Social Rented Housing in Europe and America* [M]. Oxford: Blackwell, 1995.

[33] Harten G. J., Kim M. A., Brazier C. J. Real and Fake Data in Shanghai's Informal Rental Housing Market: Groundtruthing Data Scraped from the Internet [J]. *Urban Studies*, 2020, 58 (9).

[34] He S., Chang Y. A Zone of Exception? Interrogating the Hybrid Housing Regime and Nested Enclaves in China-Singapore Suzhou-Industrial-Park [J]. *Housing Studies*, 2020, 36 (4): 592-616.

[35] Heo Y. C. The Development of Housing Policy in Singapore and the Sources of Path Dependence [J]. *Housing, Theory and Society*, 2014, 31 (4): 429-446.

[36] Hills J., Hubert F., Tomann H., et al. Shifting Subsidies from Bricks and Mortar to People: Experiences in Britain and West Germany [J]. *Housing Studies*, 1989, 5 (3): 147-167.

[37] Hoekstra J. *Divergence in European Housing and Welfare Systems* [M]. Amsterdam: IOS Press, 2010.

[38] Holliday I. Productivist Welfare Capitalism: Social Policy in East Asia [J]. *Political studies*, 2000, 48 (4): 706-723.

[39] Hudson J., Kühner S. The Challenges of Classifying Welfare State Types: Capturing the Protective and Productive Dimensions of Social Policy [J]. *American Biology Teacher*, 2008, 33 (4): 237-238.

[40] Huff J. O. Geographic Regularities in Residential Search Behavior [J]. *Annals of the Association of American Geographers*, 1986, 76 (2): 208-227.

[41] Ihlanfeldt K. R. Income Elasticities of Demand for Rental Housing: Additional Evidence [J]. *Urban Studies*, 1982, 19 (1): 65-69.

[42] Ikejiofor U. The Private Sector and Urban Housing Production Process in Nigeria: A Study of Small-scale Landlords in Abuja [J]. *Habitat International*, 1997, 21 (4): 409-425.

[43] Jones C. Hong Kong, Singapore, South Korea and Taiwan: Oikonomic Welfare

States1 [J]. *Government and Opposition*, 1990, 25 (4): 446-462.

[44] Jung K. H. *New Perspectives on the Welfare State in Europe* [M]. London: Routledge, 1994.

[45] Kemeny J. Home Ownership and Privatization [J]. *International Journal of Urban and Regional Research*, 1980, 4 (3): 372-388.

[46] Kemeny J. Comparative Housing and Welfare: Theorising the Relationship [J]. *Journal of Housing and the Built Environment*, 2001, 16: 53-70.

[47] Kemeny J. "The Really Big Trade-off" Between Home Ownership and Welfare: Castles' Evaluation of the 1980 Thesis, and a Reformulation 25 Years on [J]. *Housing, Theory and society*, 2005, 22 (2): 59-75.

[48] Kemeny J. Corporatism and Housing Regimes [J]. *Housing, Theory and Society*, 2006, 23 (1): 1-18.

[49] Kissick D., Leibson D., Kogul M., et al. Housing for All: Essential to Economic, Social, and Civic Development [C] //Prepared for the World Urban Forum III, Vancouver. 2006.

[50] Kwon H. Transforming the Developmental Welfare State in East Asia [J]. *Development and change*, 2005, 36 (3): 477-497.

[51] Li C., He S. Changing Roles of the State in the Development of Long-term Rental Apartments under a Transitional Housing Regime in China [J]. *International Journal of Housing Policy*, 2023: 1-25.

[52] Liu R, Li T, Greene R. Migration and inequality in rental housing: Affordability stress in the Chinese cities [J]. *Applied Geography*, 2020, 115: 102138.

[53] Liu Y., He S., Wu F., et al. Urban Villages under China's Rapid Urbanization: Unregulated Assets and Transitional Neighbourhoods [J]. *Habitat International*, 2010, 34 (2): 135-144.

[54] Luo Z., Zhang M., Yeh A., et al. Diffe Rentiation of rental Housing Financialisation and Its Socio-spatial Impact in China: Interplay Between the State and Financial Sectors [J]. *Cities*, 2024, 146: 104778.

［55］ Max B. , Ariela S. , John K. The Unequal Availability of Rental Housing Information Across Neighborhoods. ［J］. *Demography*, 2021, 58 (4): 1197-1221.

［56］ Midgley J. Industrialization and Welfare: The Case of the Four Little Tigers ［J］. *Social Policy & Administration*, 1986, 20 (3): 225-238.

［57］ Migozzi J. The good, the Bad and the Tenant: Rental Platforms Renewing Racial Capitalism in the Post-apartheid Housing Market ［J］. *Environment and Planning D: Society and Space*, 2023: 02637758231195962.

［58］ Palm R. , Danis M. A. Residential Mobility: The Impacts of Web-based Information on the Search Process and Spatial Housing Choice Patterns ［J］. *Urban Geography*, 2001, 22 (7): 641-655.

［59］ Phang S. Y. Singapore's Housing Policies: Responding to the Challenges of Economic Transitions ［J］. *The Singapore Economic Review*, 2015, 60 (3): 1550036.

［60］ Quigley J. M. , Raphael S. Is Housing Unaffordable? Why Isn't It More Affordable? ［J］. *Journal of Economic Perspectives*, 2004, 18 (1): 191-214.

［61］ Ranson R. *Healthy Housing: A Practical Guide* ［M］. Oxford: Taylor & Francis, 2002.

［62］ Rebecca D. , Tim M. , Franklin Q. The Effects of Rent Control Expansion on Tenants, Landlords, and Inequality ［J］. *The American Economic Review*, 2019, 109 (9): 3365-3394.

［63］ Ronald R. , Chiu R. L. H. Changing Housing Policy Landscapes in Asia Pacific ［J］. *International Journal of Housing Policy*, 2010, 10 (3): 223-231.

［64］ Rubaszek M. , Rubio M. Does the Rental Housing Market Stabilize the Economy? A Micro and Macro Perspective ［J］. *Empirical Economics*, 2020, 59 (1): 233-257.

［65］ Saiz A. The Geographic Determinants of Housing Supply ［J］. *The Quarterly Journal of Economics*, 2010, 125 (3): 1253-1296.

［66］ Shao X. , Cao Y. , Teng Y. , et al. The Consumption—stimulating Effect of

Public Rental Housing in China [J]. *China & World Economy*, 2022, 30 (1): 106-135.

[67] Stephens M. How Housing Systems are Changing and Why: A Critique of Kemeny's Theory of Housing Regimes [J]. *Housing, Theory and Society*, 2020, 37 (5): 521-547.

[68] Stephens M., Lux M., Sunega P. Post-socialist Housing Systems in Europe: Housing Welfare Regimes by Default? [J]. *Housing Studies*, 2015, 30 (8): 1210-1234.

[69] Sweeney J. L. A Commodity Hierarchy Model of the Rental Housing Market [J]. *Journal of Urban Economics*, 1974, 1 (3): 288-323.

[70] Tiwari P., Hasegawa H. Effective Rental Housing Demand in the Tokyo Metropolitan Region [J]. *Review of Urban & Regional Development Studies*, 2000, 12 (1): 54-73.

[71] Torgersen U. Housing: the Wobbly Pillar under the Welfare State [J]. *Scandinavian Housing and Planning Research*, 1987, 4 (sup1): 116-126.

[72] The World Bank. Housing For All by 2030 [EB/OL]. (2016-05-13) [2024-05-09]. https://www.worldbank.org/en/news/infographic/2016/05/13/housing-for-all-by-2030.

[73] Tu Y, Li P., Qiu L. Housing Search and Housing Choice in Urban China [J]. *Urban Studies*, 2017, 54 (8): 1851-1866.

[74] Wachsmuth D., Weisler A. Airbnb and the Rent Gap: Gentrification through the Sharing Economy [J]. *Environment and Planning A: Economy and Space*, 2018, 50 (6): 1147-1170.

[75] Wang Y. P., Shao L., Murie A., et al. The Maturation of the Neo-liberal Housing Market in Urban China [J]. *Housing Studies*, 2012, 27 (3): 343-359.

[76] Watson V., McCarthy M. Rental Housing Policy and the Role of the Household Rental Sector: Evidence from South Africa [J]. *Habitat International*, 1998, 22 (1): 49-56.

［77］ White G. , Goodman R. , Kwon H. *The East Asian Welfare Model*：*Welfare Orientalism and the State* ［M］. London：Routledge，1998.

［78］ Yang X. , Dong X. , Yi C. Informal Housing Clearance, Housing Market, and Labor Supply ［J］. *Labour Economics*, 2022, 78：102199.

［79］ Yip N. M. *Housing, Crises and Interventions in Hong Kong* ［M］//Housing East Asia：Socioeconomic and Demographic Challenges. London：Palgrave Macmillan UK, 2014：71-90.

［80］ Zhang M. , Luo Z. , Qiao S. , et al. Financialization, Platform Economy and Urban Rental Housing：Evidence from Chengdu, China ［J］. *Applied Geography*, 2023, 156：102993.

［81］ Zheng X. , Xia Y. , Hui C. E. , et al. Urban Housing Demand, Permanent Income and Uncertainty：Microdata Analysis of Hong Kong's Rental Market ［J］. *Habitat International*, 2018, 749.

［82］ Zhou J. , Ronald R. Housing and Welfare Regimes：Examining the Changing Role of Public Housing in China ［J］. *Housing, Theory and Society*, 2017, 34 (3)：253-276.

［83］ Zhou J. , Ronald R. The Resurgence of Public Housing Provision in China：The Chongqing Programme ［J］. *Housing Studies*, 2017, 32 (4)：428-448.

［84］ 蔡昉. 户籍制度改革的效应、方向和路径 ［J］. 经济研究, 2023, 58 (10)：4-14.

［85］ 柴铎, 林梦柔, 范华. 集体土地建租赁住房的利益影响机理与多中心治理机制 ［J］. 经济地理, 2018, 38 (8)：152-161.

［86］ 陈杰. 大都市租赁住房发展模式的差异性及其内在逻辑——以纽约和柏林为例 ［J］. 国际城市规划, 2020, 35 (6)：8-15.

［87］ 陈俊华, 吴莹. 公租房准入与退出的政策匹配：北京例证 ［J］. 改革, 2012 (1)：75-80.

［88］ 陈立中, 唐恬. 住房租赁平台中的定价行为与策略——来自 X 平台企业的证据 ［J］. 当代财经, 2023 (2)：3-14.

［89］ 陈卫华, 林超, 吕萍. "租购同权"对住房市场的影响与政策改进——

基于改进"四象限模型"的理论分析 [J]. 中国软科学, 2019 (11): 86-95.

[90] 陈卓, 陈杰. 租住家庭占比、租房供应主体与房价 [J]. 统计研究, 2018, 35 (7): 28-37.

[91] 崔裴. 中美房地产业比较研究内涵, 属性与功能 [M]. 北京: 光明日报出版社, 2010.

[92] 邓红平, 罗俊. 不完全信息下公共租赁住房匹配机制——基于偏好表达策略的实验研究 [J]. 经济研究, 2016, 51 (10): 168-182.

[93] 段阳, 杨家文. 深圳市人才保障住房新实践——以水围村综合整治为例 [J]. 中国软科学, 2019 (3): 103-111.

[94] 冯辉. 住房租赁市场法律治理的演进、反思与完善——以租金稳定和合同解除领域的公共政策为视角 [J]. 政治与法律, 2023 (10): 146-161.

[95] 高奇琦. 国家数字能力: 数字革命中的国家治理能力建设 [J]. 中国社会科学, 2023 (1): 44-61, 205.

[96] 顾昕. 中国福利国家的重建: 增进市场、激活社会、创新政府 [J]. 中国公共政策评论, 2016, 11 (2): 1-17.

[97] 郭金金, 夏同水. 租购并举政策下住宅适应性预期价格演化及仿真——兼论项目建设开发速度与土地供给速度对住宅价格的影响 [J]. 中国软科学, 2019 (9): 51-60.

[98] 郭永沛, 贺一舟, 梁湉湉, 等. 集体土地建设租赁住房试点政策研究——以北京市为例 [J]. 中国软科学, 2020 (12): 94-103.

[99] 郭玉坤. 中国城镇住房保障制度研究 [D]. 成都: 西南财经大学, 2006.

[100] 郝前进, 周仁. 住房可支付能力的多维评判标准 [J]. 中国房地产, 2008 (9): 13-15.

[101] 何兴强, 费怀玉. 户籍与家庭住房模式选择 [J]. 经济学 (季刊), 2018, 17 (2): 527-548.

[102] 胡光志, 张剑波. 中国租房法律问题探讨——现代住房租住制度对我国的启示 [J]. 中国软科学, 2012 (1): 14-25.

[103] 黄燕芬, 王淳熙, 张超, 等. 建立我国住房租赁市场发展的长效机制——

以"租购同权"促"租售并举"［J］.价格理论与实践,2017（10）：17-21.

［104］吉野直行,赫布尔.亚洲新兴经济体的住房挑战：政策选择与解决方案［M］.北京：社会科学文献出版社,2017.

［105］建设部课题组.多层次住房保障体系研究［M］.北京：中国建筑工业出版社,2007：9-10.

［106］金朗,赵子健.我国住房租赁市场的问题与发展对策［J］.宏观经济管理,2018（3）：80-85.

［107］况伟大.中国城市住房可支付指数研究报告［EB/OL］.（2023-12-21）［2024-5-9］.http：//nads.ruc.edu.cn/zkcg/ndyjbg/3c417101af10422b998f1a5e82bb3e28.htm.

［108］郎友兴.新形势下加强国家治理能力建设的几个重点领域［J］.国家治理,2020（32）：32-37.

［109］李国庆,钟庭军.中国住房制度的历史演进与社会效应［J］.社会学研究,2022,37（4）：1-22.

［110］李进涛,孙峻.住房政策变化与市场背景策应：观照英国做法［J］.改革,2013（5）：97-105.

［111］李君甫.中国生产性住房政策的渊源与发展——基于人才住房政策的研究［J］.北京工业大学学报（社会科学版）,2022,22（4）：151-160.

［112］李自典.民国时期城市租房生活管窥［J］.民国研究,2019（1）：85-98.

［113］凌维慈.保障房租赁与买卖法律关系的性质［J］.法学研究,2017,39（6）：61-73.

［114］刘波,赵继敏.世界城市住房保障政策比较研究［J］.国际城市规划,2012,27（1）：16-20.

［115］刘洪玉.什么因素阻碍了租房市场健康发展［J］.人民论坛,2017（24）：88-90.

［116］刘华,黄安琪,陈力朋.房地产税对住房租赁价格的影响：来自重庆的经验证据［J］.中国软科学,2020（1）：143-153.

［117］刘美霞.城镇居民住房消费研究［D］.北京：中国人民大学,2002.

[118] 刘晓君，郭晓彤，李玲燕，等．基于改进高维多目标优化算法的中国住房租赁市场政策工具组合 [J]．系统管理学报，2020，29（3）：532-540.

[119] 刘志林，景娟，满燕云．保障性住房政策国际经验：政策模式与工具 [M]．北京：商务印书馆，2016.

[120] 龙婷玉，王瑞民．发放租房券缓解大城市新市民住房困难：理论基础、国际经验与政策构想 [J]．国际经济评论，2023，163（1）：90-113.

[121] 娄文龙，高小平．政策试点中整体性治理的生成机制研究 [J]．社会科学研究，2023（6）：60-67.

[122] 罗忆宁．住房租赁经营模式分类方法研究 [J]．建筑经济，2020，41（7）：87-91.

[123] 马秀莲，范翻．住房福利模式的走向：大众化还是剩余化？——基于40个大城市的实证研究 [J]．公共管理学报，2020，17（1）：110-120.

[124] 毛泽东．在莫斯科共产党和工人党代表会议上的讲话 [M] //中共中央文献研究室．毛泽东文集（第七卷）．北京：人民出版社，1999：332.

[125] 倪娜，易成栋．公共租赁住房租金定价方法比较研究及其借鉴 [J]．中国房地产，2011（24）：66-73.

[126] 钱坤等．房屋建筑学 [M]．武汉：武汉大学出版社，2015.

[127] 秦萧，甄峰．信息渠道对城市居民迁居空间的影响——以南京为例 [J]．地理研究，2016，35（10）：1846-1856.

[128] 萨瓦斯．民营化与PPP模式：推动政府和社会资本合作 [M]．周志忍等，译．中国人民大学出版社，2015：64，98，101.

[129] 邵挺．中国住房租赁市场发展困境与政策突破 [J]．国际城市规划，2020，35（6）：16-22.

[130] 沈洁，谢嗣胜．公共租赁住房融资模式研究 [J]．经济问题探索，2011（1）：87-93.

[131] 石海峰，郭雁．我国金融支持住房租赁市场现状及国际经验 [J]．债券，2018（8）：79-85.

[132] 苏虹，陈勇．REITs对培育租赁市场的意义及发展路径探讨 [J]．城市发展研究，2016，23（4）：118-124.

[133] 孙杰，赵毅，王融．美国、德国住房租赁市场研究及对中国的启示［J］. 开发性金融研究，2017，12（2）：35-40.

[134] 孙淑芬．日本、韩国住房保障制度及对我国的启示［J］. 财经问题研究，2011（4）：103-107.

[135] 孙伟增，张思思．房租上涨如何影响流动人口的消费与社会融入——基于全国流动人口动态监测调查数据的实证分析［J］. 经济学（季刊），2022，22（1）：153-174.

[136] 汤腊梅．基于住房支付能力的住房保障对象的界定［J］. 城市发展研究，2010（10）：5.

[137] 陶然．人地之间：中国增长模式下的城乡土地改革［M］. 沈阳：辽宁人民出版社，2022.

[138] 田莉，夏菁．国际大都市租赁住房发展的模式与启示——基于 15 个国际大都市的分析［J］. 国际城市规划，2020，35（6）：1-7.

[139] 屠凯．我国《宪法》第三条第四款的程序意蕴［EB/OL］.（2024-02-14）［2024-05-09］. https：//www.aisixiang.com/data/149225.html.

[140] 王海纳．市场化住房租赁机构融资模式研究［J］. 金融纵横，2018（1）：89-94.

[141] 王金明，高铁梅．对我国房地产市场需求和供给函数的动态分析［J］. 中国软科学，2004（4）：69-74.

[142] 王婧磊，于洋．新西兰"双轨并行"公共住房政策制度的经验与启示［J］. 国际城市规划，2024，39（1）：74-82.

[143] 王绍光．中国仍然是低福利国家吗？——比较视角下的中国社会保护"新跃进"［J］. 人民论坛·学术前沿，2013（22）：70-94.

[144] 王世涛，吕孟泽．央地财政关系的宪制变迁与法制调适［EB/OL］.（2024-03-21）［2024-05-09］. https：//www.aisixiang.com/data/150058.html.

[145] 王卫东，胡以松．一线城市住房租赁市场调查研究［J］. 调研世界，2019（4）：6.

[146] 吴海瑾．城市化进程中流动人口的住房保障问题研究——兼谈推行公共租

赁住房制度 [J]. 城市发展研究, 2009, 16 (12): 82-85.

[147] 项军, 刘飞. 特大城市青年房租客的结构、境遇与心态 [J]. 中国青年研究, 2021 (9): 79-88.

[148] 许德风. 住房租赁合同的社会控制 [J]. 中国社会科学, 2009 (3): 125-139.

[149] 闫曼娇, 陈利根, 兰民均. 集体建设用地建设租赁住房政策供给路径分析——基于北上广 "三力作用模型" 的实证研究 [J]. 华中农业大学学报 (社会科学版), 2023 (3): 180-193.

[150] 杨春志, 易成栋, 陈敬安, 等. 中国城市住房问题测度研究 [J]. 城市问题, 2023 (5): 93-103.

[151] 杨高, 金万富, 林浩玉, 等. 城市长租公寓的空间布局与影响机制实证研究——以深圳为例 [J]. 人文地理, 2023, 38 (1): 108-117.

[152] 杨芸, 彭千芮. 保障性住房供给对新型城镇化的影响研究——基于城市面板数据的实证分析 [J]. 城市问题, 2023 (5): 65-74, 92.

[153] 杨赞, 张蔚, 易成栋, 等. 公共租赁住房的可支付性和可达性研究: 以北京为例 [J]. 城市发展研究, 2013, 20 (10): 69-74.

[154] 叶剑平, 李嘉. 完善租赁市场: 住房市场结构优化的必然选择 [J]. 贵州社会科学, 2015 (3): 116-122.

[155] 叶裕民. 公租房、集租房、民租房三足鼎立: 大城市租赁住房新格局 [J]. 探索与争鸣, 2023 (4): 24-27.

[156] 易成栋. 中国城市家庭住房选择的时空变动和社会分化研究 [M]. 北京: 北京大学出版社, 2012: 5.

[157] 易成栋. 优化机制补足住房租赁短板 [N]. 经济日报, 2022-12-9 (9).

[158] 易成栋, 陈敬安. 增加租赁住房有效供给的现实困境和优化路径研究 [J]. 行政管理改革, 2021, 9 (9): 50-59.

[159] 易成栋, 陈敬安, 毕添宇, 等. 中国房地产租赁经营业发展研究——基于第四次经济普查资料 [J]. 中国房地产, 2021 (21): 16-22.

[160] 易成栋, 陈敬安, 黄卉, 等. 我国大城市长租房市场规范发展面临的困境

和政策选择 [J]. 经济研究参考, 2021 (24): 46-62.

[161] 易成栋等. 供求协同演化视角的人口变动对中国房地产业的作用机制和效应研究 [M]. 武汉: 武汉大学出版社, 2023.

[162] 易宪容, 郑丽雅. 中国住房租赁市场持续发展的重大理论问题 [J]. 探索与争鸣, 2019 (2): 117-130.

[163] 郁建兴, 刘涛. 超越发展型国家与福利国家的共同富裕治理体系 [J]. 政治学研究, 2022 (5): 3-12, 151.

[164] 余凌志. 廉租住房保障水平研究 [D]. 上海: 上海交通大学, 2007: 271.

[165] 于洋, 李艺琳, 余孟璇, 等. 集体土地租赁住房开发中的利益相关者及其网络分析——以北京市十八里店乡项目为例 [J]. 城市问题, 2022 (11): 84-93.

[166] 于洋, 万成伟, 焦永利, 等. 存量时代公共租赁住房供给机制创新——来自深圳水围村的启示 [J]. 公共管理与政策评论, 2023, 12 (3): 86-100.

[167] 湛东升, 虞晓芬, 吴倩倩, 等. 中国租赁住房发展的区域差异与影响因素 [J]. 地理科学, 2020, 40 (12): 1990-1999.

[168] 张泓铭. 住宅经济学 [M]. 上海: 上海财经大学出版社, 1998: 143.

[169] 张齐武, 徐燕雯. 经济适用房还是公共租赁房？——对住房保障政策改革的反思 [J]. 公共管理学报, 2010, 7 (4): 86-92, 126-127.

[170] 张慎娟, 石志高, 龙良初, 等. 工业城市保障性租赁住房需求及策略——以柳州为例 [J]. 桂林理工大学学报, 2023, 43 (4): 617-623.

[171] 赵路兴, 浦湛. 中低收入家庭住房保障收入线划分研究 [J]. 城市开发, 2003 (1): 59.

[172] 郑思齐, 刘洪玉. 从住房自有化率剖析住房消费的两种方式 [J]. 经济与管理研究, 2004 (4): 28-31.

[173] 邹琳华, 颜燕, 黄卉, 等. 重点城市住房租赁市场发展分析与展望 [J]. 中国国情国力, 2023 (8): 23-29.

[174] 朱玲. 德国住房市场中的社会均衡和经济稳定因素 [J]. 经济学动态, 2015 (2): 98-107.

［175］朱亚鹏，孙小梅．重新理解中国住房模式：基于深圳住房发展的案例研究
　　　　［J］．社会学研究，2022，37（3）：1-22．

［176］邹琳华．中长期城镇化趋势与房地产市场新形势——增长空间、制约因素
　　　　及对策［J］．人民论坛，2023（20）：48-54．